가족의 굴레

L'emprise familiale

가족의 굴레
문 열린 새장에 갇혀 사는 사람들

마리 안더슨 지음 | 김희경 옮김

이숲

누구를 위한 책인가?

> 삶을 이해하려면 뒤를 봐야 한다.
> 삶을 살아가려면 앞을 봐야 한다.
> —키르케고르

누구에게나 어린 시절의 영향은 매우 중요하다.

우리는 살아가면서 겪게 되는 기쁨과 슬픔, 온갖 우여곡절의 인생 수업이 시작되는 지점이 바로 어린 시절이다. 이 시기에 성격이 형성되고, 감수성과 상상력이 길러진다. 또한, 주변의 환경과 사람들, 특히 부모와 맺는 복잡한 관계를 통해 서서히 한 사람의 인격이 결정된다.

어린 시절에 처음 경험한 것들은 마치 조각가가 작품을 만들 때 찰흙 덩이에 남긴 손가락 자국처럼 평생 지워지지 않을 만큼 깊은 인상을 남긴다. 조각가는 이 자국을 매만지고, 고유한 스타일로 표현하며, 이후 다른 작품에서도 계속 발전시킬 특징을 남긴다.

그런데 솜씨가 서투르면 어떻게 될까? 작업은 불안정하고, 작품은 불완전할 것이다. 그럴 때 조각가는 어떻게든 개선하려고 노력하지만, 어려운 과제 앞에서 자신감을 잃고 분노하거나 절망에 빠질 수도 있다. 인격도 마찬가지다. 우리가 세상과 사람들을 이해하고 거기에 적응하는 방식에는 첫 경험과 그 첫 경험이 발전한 과정이 그대로 반영돼 있다.

성년이 돼 자기 힘으로 날개를 펴고 하늘로 날아오르려고 둥지 끝에 설 때 그 새내기의 내면에는 가족과 함께 보낸 20년 세월이 오롯이 새겨져 있다. 지난 세월 그는 자신감과 욕망과 야심을 품었고, 수치심과 죄책감과 절망감을 경험했으며, 두려움과 소심함과 불안감에 시달리기도 했다. 가족과 함께 지낸 이 시기는 그가 앞으로 살아가면서 때로 불처럼 화를 내거나, 툭하면 징징 짜거나, 예민한 감수성을 드러내거나, 쓸데없이 허세를 부리거나, 멋진 유머를 구사하는 근원이 된다. 또한, 이 시기는 앞으로 직업을 찾고, 배우자를 선택하고, 가정을 꾸리고 싶어 하는 욕구의 뿌리이기도 하다.

아이는 부모와 영향을 주고받으면서 자신도 모르게 부모에게 자신을 맞추고, 유아기에 겪는 일들을 순순히 받아들인다. 아이는 상처받기 쉽고 민감하지만, 조각가의 찰흙 덩이와 달리 수동적인 존재가 아니기에 그의 인격을 조각하는 사람과 상호 작용하고, 시간이 흐름에 따라 스스로 변화한다.

과거에 우리가 그랬듯이 지금 우리 아이에게도 유년기의 영향은 결정적이다. 아이는 이 시기에 끔찍한 정신적 상처를 입기도 한다. 이때 입은 상처는 성인이 됐을 때 어쩔 수 없이, 혹은 자발적으로 선택한 삶에서 짊어지고 가야 할 정신적 짐이 된다. 그리고 바로 이런 사정이 현재 그의 삶을 조율하고 있다.

우리는 이런 짐을 감당할 수 있을 만큼 잘 준비돼 있을까? 이 무거운 짐을 들고 목표한 방향으로 가는 기차를 탈 수 있을까? 그 기차를 타야 한다는 것을 몰랐거나, 알면서도 몇 차례나 놓치고 지금도 플랫폼에 서 있다면, 그것은 달리 방법이 없어 계속 끌고 다니는 그 무거운 짐 때문이 아닐까? 우리는 지금 남들이 보고 있는 자신의 모습과 실제 자신의 모습을 구별할 수 있을까? 어린 시절의 굴레에서 빠져나올 수 있을까?

설령 의식하지 못한다고 해도 치유되지 않은 어린 시절의 상처는 나중에 학대와 오해의 원인이 된다. 성인이 됐을 때 누군가가 자신을 치유해주기를 기대하고, 과거를 보상받으려는 욕구로 부적절한 행동을 하기도 한다. 그런 행동을 할 때 가장 먼저 희생되는 사람은 배우자나 자녀처럼 가장 가까운 사람들이다.

우리는 은연중에 배우자가 자신의 결핍된 부분을 채워주기를 원한다. 어떻게 보면 이것은 지극히 정상적인 현상이고 한편으로 두 사람을 더 친밀하게 이어주기도 하지만, 과거의 일로 보상받으려는 욕구를 현재에 충족할 수는 없다. 퍼내고 또 퍼내도 마르지 않는 우물 같은 상대가 아무리 채워주려고 애써도 그런 욕구는 결코 채워지지 않는다.

감정도 판단력도 불안정하고, 여리고 순종적인 아이는 절대적으로 사랑받고 보호받아야 하는 존재다. 무방비 상태로 살아가는 아이는 전적으로 부모에게 의존할 수밖에 없기에 부모의 마음에 들려고 안간힘을 쓴다. "생존하기 위해 해를 따라 움직이는 작은 식물처럼 아이는 태어나는 순간부터 부모를 실망시키지 않으려고 최선을 다한다."[1] 아이는 자신의 정체성과 전혀 무관하게 부모를 위해 장식용 꽃이 되기도 하고, 부모가 일방적으로 감정을 표출하는 배출구가 되기도 하고, 경쟁자, 행복의 걸림돌, 펀칭볼, 강장제 노릇을 하기도 한다. 심지어 아이는 부모 역할을 하기도 하고, 성폭력의 희생자가 되기도 한다.

사람들이 어린 시절에 자신이 당한 것을 자기 자식에게 그대로 되풀이하거나 자신이 겪었던 것과 정반대로 행동하는 이유는 이해받지도 못하고 치유하지도 못한 과거에 여전히 매여 있기 때문이다. 우리는 성인이 돼서도 여전히 과거에 끌려다니며 거기서 헤어나지 못한다. 그런 사실을 분명히 자각하는 것만이 억압된 고통과 왜곡된 희망에서 벗어나는 방법이다. 자기 삶의 굴레가 된 과거에서 풀려나야만 자기 자식에게 같은 잘못을 저지르지 않는다.

우리는 대부분 이런 질문을 던지지 않는다. 어느 정도 행복을 느끼며

---

1) 알리스 밀러, 『천재가 될 수밖에 없는 아이들의 드라마』, 프랑스 대학 출판사, 1996.

그럭저럭 살아가고, 슬럼프에 빠지거나 어려움에 봉착하면 임기응변으로 대충 넘어간다. 겉으로는 꽤 행복해 보인다. 그러나 진정으로 행복한 사람도 있겠지만, 대부분 남몰래, 때로 자각하지 못할 정도로 교묘하게 고통을 숨기고 살아간다. 잔뜩 웅크린 채 감정을 억제하면서 몸을 혹사하거나 망상 속으로 도피한다. 지치도록 자신과 싸우지만, 아무리 노력해도 소용없을 때가 많다. 너무 힘겨워서 모든 책임을 남에게 돌리는 사람도 있다. 그들은 자신이 느끼는 고통이 자기 책임이 아니라고 생각하기에 세상에 대고 불만을 터뜨리는 것밖에는 다른 도리가 없다.

하지만 고통 속에서도 더 나은 삶을 원하는 예민한 사람들은 이런 의문을 품는다.

'나를 나약하게 하고, 내가 원하는 것을 이루지 못하게 하는 이 불안과 두려움의 원인은 무엇일까? 어떻게 하면 나를 닦달하는 완벽주의에서 벗어날 수 있을까? 나는 왜 내 한계를 인정하지 못하고, 내 의견을 펼치지 못하고, 버림받을까 봐 두려워하면서 명확하게 좋고 싫음을 표현하지 못할까? 노력했지만, 친구가 없는 것도 내 잘못일까? 변화를 시도하는 순간, 나는 이상하게도 심한 죄책감이 든다. 왜 나만 매번 희생자가 되는 것일까? 왜 나는 자신을 지치게 하고 어떤 방식으로든 내게 전혀 도움이 되지 않는 일에 내 영혼을 팔고 있을까? 어떻게 해야 나 스스로 나 자신을 파괴하는 짓을 멈출 수 있을까? 나는 왜 내 아이들이 나를 사랑해주지 않을까 봐 겁내고 있을까? 나는 어떻게 해야 남과 잘 지낼 수 있는지, 내가 좀 더 나은 인간이 될 수 있는지도 모른다. 남에게 실망을 안겨줄지도 모른다는 끈질긴 두려움에서 벗어나려면 어떻게 해야 할까? 내게 성적인 매력이 부족한 이유는 무엇일까? 나는 왜 평생 나 자신을 돌보지 않고 다른 사람들을 걱정하며 사는 것일까? 솔직해질 수 없는 내 소심함을 어떻게 해야 고칠 수 있을까? 나는 내게 피해만 끼치는 사람을 만나 여러 번 상처받았지만, 여전히 그런 사람들만을 만나는 이유는 무엇일까? 주체할 수 없는 이 분노를 어떻게 통제하고, 뒤이어 찾아오는 후회를 어떻게 해야 할까? 나는 왜 한 사람을 사랑하게 되면 다른 사람들과 관계를 단절하는 것일까?'

나는 이 책을, 스스로 질문을 던지고 해답을 찾으려고 애쓰는 사람들, 체념하고 복종하기보다 자유롭게 살기를 원하는 사람들, 삶에서 얻을 수 있는 것을 만끽하며 성숙해지고 싶지만 왜 그렇게 되지 않는지 이해하지 못하는 사람들, 행복할 수 있는 모든 조건을 갖추고도 불행한 사람들, 훌륭한 부모가 되고 싶은 사람들, 계속되는 헛된 노력에 지친 사람들, 더는 힘겹고 초라한 삶을 근근이 이어가고 싶지 않은 사람들, 아무리 저항해도 끌려간다는 느낌을 지울 수 없는 사람들에게 바친다.

그리고 매일 가방에 넣고 다니는 무거운 돌덩이들이 어디서 왔는지 모르는 사람들, 혹은 어디서 왔고 얼마나 무거운지를 잘 알지만, 그것들을 어떻게 처리해야 좋을지 모르는 사람들에게도 이 책을 바친다. 그들은 이제 더는 이런 짐을 진 채 살아가고 싶지 않다. 가방을 열고 돌덩이들을 꺼내 산산이 조각내고 싶을 것이다. 하지만 그들은 무력감을 느끼고, 자신이 나약하고 하찮은 존재라는 사실이 드러날까 봐 두려워한다.

뭔가를 바꾸기는 쉽지 않다. 그들은 오래전부터 달라지기를 원했지만, 어떻게 해야 할지를 모른다. 그들은 이런 정신적 유산, 부모의 비판이나 강요·분노·실망·조종의 기억에서 벗어나고 싶어 하고, 사랑받지 못했다고 느끼는 끈질긴 슬픔을 극복하고 싶어 한다. 그들은 자신이 어린 시절에 받았던 상처를 치유하고 극복해서 자신이 원하는 대로 아이들을 기르고 싶어 한다. 스스로 선택한 길을 죄의식 없이 행복하게 걸어가고 싶어 한다.

이 책의 목적은 가해자였던 부모를 비난하거나 피해자였던 자식을 옹호하는 데 있지 않다. 그보다는 과거가 지금도 우리를 억압하고 있는 심리적 조건화에서 벗어나기 위해 좋은 추억과 나쁜 추억이 모두 서려 있는 어린 시절을 냉정하게 바라보고, 그것이 지금 우리를 어떤 존재로 만들어놓았는지를 분명히 알자는 데 있다.

인식하지도 못하고 이해하지도 못하는 것과 맞서 싸울 수는 없다. 자신의 과거를 규명하면 부모를 원망하는 단계를 넘어설 수 있다. 우리를 자유롭지 못하게 하는 여러 가지 장애에는 분명히 부모의 책임이 있고, 이런 사실을 인식하는 것은 매우 유익하다. 하지만 상처를 치유하고, 진실하고 일관된 삶을 살려면 부모의 잘못을 비난하거나 나열하기보다는 상처가 아물었건 아니건 간에 어린 시절이 자신에게 남긴 흔적을 규명하는 일이 더 중요하다.

우리는 과거를 바꿀 수도 없고, 이미 받은 상처를 되돌릴 수도 없지만, 스스로 자신을 치유하고, 잃어버린 상태를 회복할 수는 있다. 자신의 과거를 분명히 이해하면, 눈에 보이지 않는 어린 시절의 족쇄에서 벗어나 영원한 희생자가 아니라 자유로운 인간으로서 자신의 문제를 정확하게 자각하고 인정하며 책임지는 성인이 될 수 있다.

우리는 모두 부모의 자식이고, 자식의 부모다. 나는 지금 부모로 살아가는 사람들이 어린 시절에 겪은 고통과 조건화를 자기 아이에게 대물림하지 않도록 도움을 주고자 한다. 이 과정에서 다시 떠올리고 싶지 않은 고통스러운 기억과 대면해야겠지만, 아이에게는 좋은 본보기가 된다. 좋은 부모가 되기는 쉽지 않다. 몹시 어려운 임무이지만, 아무도 어떻게 하면 좋은 부모가 될 수 있는지 가르쳐주지 않는다. 좋은 부모가 된다는 것은 더없이 막중한 책무이기에 부모와 아이의 관계를 진지하게 살펴봐야 한다. 누구도 자녀 교육의 모든 것을 알 수 없다. 이 책이 적절한 치료를 대신할 수는 없어도 어린 시절 상처를 이해하려는 시도에 자극제가 되기를 바란다.

나는 이 책을 독자가 읽어가면서 자연스럽게 문제를 제기하고 스스로 사고하도록 구성했다. 그래서 먼저 자신이 품고 있는 불만을 명확하게 인식하는 데서 출발해 자기 가족이 겪고 있는 기능 장애와 여전히 고통스러운 어린 시절의 상처를 냉철한 시각으로 바라보게 했다. 이어서 아이가 우여곡절을 겪고 성장하면서 갖추게 되는 보호 기제를 살펴보고, 과거의 해로운 영향을 극복하고 회복하는 실마리를 찾도록 했다. 또한, 부모가 겪은 고통의 위험에 아이가 노출되지 않고 건강하게 자랄 수 있도록 이정표를 몇 개 설치하고, 자신 또한 성숙한 인간이 되는 정신적 성장에 관해서도 이야기했다. 마지막으로 자신과 화해하는 방법을 모색하고, 그런 노력이 삶에 긍정적인 영향을 미치게 하는 방법을 제시했다.

차례

1장. 어린 시절의 무게

어린 시절의 시간은 우리 안에 영원히 쌓여 있다.
그 시간은 아름다웠거나 해로웠던 만남,
피할 수 없었거나 스스로 선택했던 이별,
살면서 무수히 많았으나 몇 가지만 실현한 꿈,
그리고 크고 작은 계획들로 채워져 있다.

-자크 살로메

작은 불행, 큰 아픔

자신이 지금 겪는 어려움을 어린 시절과 연관해 생각하는 사람은 많지 않다. 그간 심리학 분야에서 발표한 정신적 상처에 관한 많은 연구가 이런 연관성에 주목하지만, 실제로 그 관계가 명백하지는 않다.

불행히도 어린 시절을 유린당한 사람들이 엄연히 존재하고 그런 비극적 경험을 고백하는 작가도 많지만, 그 영향이 선명하게 드러나지 않는 비참한 어린 시절, 혹은 자신도 모르는 채 학대받으며 자란 사람은 무수히 많다. 어린 시절은 많은 사람에게 어둠을 비추는 희미한 빛이다. 그 희미한 빛은 우리 것이지만, 우리가 아이에게 전하는 것이 될 수도 있다.

우리는 부모가 그들 나름대로 최선을 다했다고 생각한다. 물론 실수하지 않는 사람은 없다. 우리 부모도 실수했고, 우리 자신도 마찬가지다. 인생이 원래 그런 것이다. 그런데 어느 날부터 인생이 꼬이기 시작한다. 비틀거리고, 실패하고, 뭔가 불만스럽다. 그동안 진정으로 행복했던 순간이 거의 없었다는 사실을 인정할 수밖에 없지만, 그런 사실조차 모른 채 하루하루를 살아간다. 평온한 시기에는 위태로운 균형이 그나마 유지되지만, 돌풍이 불면, 이 균형은 여지없이 깨지고 만다. 지금도 두렵고, 혼란스럽고, 실패를 거듭해 불안해하거나 우울증에 걸리고, 부부 관계에도 문제가 있다. 처음에는 문제를 과소평가하고, 남들도 다 그렇게 산다고 생각하면서 참는다. 그리고 아예 생각하지 않으려고 관심을 다른 데로 돌리거나, 자기보다 더 불행한 사람들을 보면서 잊으려고 하거나, 열심히 생업에만 몰두하거나, 운동으로 기분을 푼다. 하지만 이런 의지가 무색하게 모든 것이 뜻대로 되지 않을 때가 있다. 아주 오래전부터 우리 마음속에 자리 잡은 고통이 스멀스멀 퍼지며 끈질기게 괴롭힌다. 그러면 더는 어쩔 수 없는 상황이 돼버린다.

나는 주변에서 흔히 볼 수 있는 '평범한' 사람들의 사연을 살펴보려고 한다. 이들은 한결같이 조금씩 일상을 잠식해서 부부 관계를 악화하거나, 아이를 억압하게 하거나, 삶을 망쳐놓는 불만을 털어놓는다. 이들은 과연 무엇이 자신을 괴롭히는지 알지 못한 채 혼란을 겪고, 우울해하고, 지치고, 때로 자살을 생각할 만큼 절망한다. 이들은 자신이 방황하는 이유도 모르고, 전에 실제로 존재했지만 이미 오래전에 사라진 위험이 두려워서 도망치고 있다는 사실도 모른다. 그러나 상담이 진행되면 이들은 기억을 자세히 더듬어보면서 지금까지 자신이 어린 시절 영향을 얼마나 심각하게 받으며 살아왔는지를 이해하기 시작한다. 자기 자신도 이해하지 못하는 감정에 사로잡혀 있고, 무의식중에 자기 행동을 결정하는 억압된 욕구에 따라 움직인다는 사실을 드디어 깨닫는 것이다.

제1장에서는 한 개인이 장성했을 때 왜곡된 어린 시절이 어떤 특정한 유형의 피해를 유발하는지를 살펴본다. 하지만 이 둘 사이의 인과관계를 단정적으로 규정하지는 않을 것이다. 각자가 걸어온 길은 일반화할 수 없는 고유한 삶이며, 서술(내가 확인한 것)을 처방(내가 예상하고 권고하는 것)에 교묘하게 반영하는 것은 위험한 일이기 때문이다. 많은 사람이 남을 잘 알고

있다고 제멋대로 판단한다. '우리 아버지도 너희 아버지랑 똑같아. 난 이렇게 아버지한테서 벗어났어. 그러니까 너도 나처럼 하면 돼.' 우리 주변에는 자신의 삶을 근거로 남을 진단하고, 치료하려 드는 '정신 치료사'가 너무도 많다.

아이의 기질, 형제들 사이에서의 위치, 가까운 사람들과의 관계, 살면서 겪는 사건들은 청소년기 삶의 방식을 결정한다. 이 책에서 계속 살펴보겠지만, 아이가 유년기에 겪은 정신적 상처를 극복하는 능력은 여러 요인에 달려 있다. 예를 들어 부모가 아이를 무시하고 함부로 다루는 폭력적인 가정에서 자란 아이들은 소심해서 남들 앞에 잘 나서지 않거나, 분노를 억누르지 못하는 반항적인 성격이 되기 쉽다. 그런 가정에서 자란 형제들이 성인이 돼 함께 어린 시절에 관해 이야기해보면, 그들의 기억은 제각각이며, 함께 자란 형제들이라고 말할 수 없을 정도로 부모에 대해 품고 있는 인상도 전혀 다르다는 사실에 놀라게 된다. 그것은 있는 그대로의 부모가 아니라 그들이 남겨준 각기 다른 인상을 간직하고 있기 때문이다. 부모의 태도가 아이의 인생에 가장 중대한 영향을 미친다는 점을 고려할 때 그들이 아이에게 끼치는 해로운 행동은 반드시 짚고 넘어가야 한다. 하지만 그 행동을 해석하고 이해하는 방식에 따라 아이에게 미치는 영향이 달라진다는 사실을 잊지 말아야 한다.

원인에 대해 문제를 제기했다면, 결과에 대해서도 문제를 제기해야 한다. 바로 여기에 치유의 첫 번째 열쇠가 있다. 이 책에서는 부모를 자주 언급하는데, 그 '부모'라는 대상은 조부모, 부모의 형제, 자신의 형제, 교사, 보모 등 아이를 양육하는 모든 이를 말한다.

넌 이제 내 친구가 아니야

예술가 스타일의 삼십 대 여성 조에의 친구 관계는 자못 이상하다. 그녀는 어떤 여성에게 마음이 끌리면 곧바로 상대방을 이상화한다. 그녀는 매번 첫눈에 반하고, 열정적으로 관계를 맺다가, 친구가 예기치 못한 행동을 하면 갑자기 환멸을 느낀다. 그녀도 자신이 느끼는 감정이 지나치다는 것을 인정하지만, 달리 방법이 없다. 그녀는 감정을 주체하지 못하고 친구를 비난하며 관계를 단절한다.

이처럼 조에는 쓰라린 아픔을 남긴 결별을 몇 차례 거듭하면서 직장 생활은 물론이고 제대로 사회생활을 할 수 없는 상태가 되자 마침내 시선을 자기 내면으로 돌렸다. 그녀는 자신을 돌아보면서 과거에 어머니와 맺고 있던 특별한 관계가 현재 다른 여성들과의 관계에 얼마나 큰 영향을 미쳤는지를 점차 알게 됐다. 늘 우울했던 그녀의 어머니는 아버지와 자주 다퉜는데 부모의 부부 싸움은 어린 조에의 마음에 공포를 심어줬다. 조에는 자신에게 속내를 털어놓는 어머니를 보호하고 도와야 한다고 생각했다. 조에는 부모가 가장 심하게 싸운 날 어머니와 단둘이 숲을 거닐던 때를 기억했다. 어머니는 울었고, 여섯 살짜리 조에는 극도로 비참한 상황에서 어머니를 구해낼 방법을 찾지 못했다. 그녀는 꼭 잡고 있던 어머니 손에 키스했다. 괴로워하던 어머니는 눈물을 흘리며 조에에게 말했다. "내 곁에 네가 있어서 정말 다행이다, 아가야. 넌 나의 전부란다!"

매우 감동적인 이 기억은 몇 년 후 상호 의존관계로 형성된 모녀 관계로 요약된다. 조에에게 이 기억은 다른 여성들과의 관계를 억제하는 상징으로서 영향력을 행사한다. 그녀는 왜 자신이 흠모하는 여자들에게서 완벽한 우정을 꿈꾸고, 거기서 본능적으로 괴리를 느끼는 경향이 생겼는지를 이해하게 됐다. 조에는 '연약한 영혼'의 구원자가 돼 헌신적인 애정을 쏟아부었지만, 그녀의 행동은 결국 친구의 사생활을 침해했고 친구는 그녀와 거리를 두게 됐다. 그녀는 자신을 거부하는 상대의 이해할 수 없는 행동에 상처받고, 결별이라는 돌이킬 수 없는 선택을 할 정도로 예전에 어머니를 구하지 못했다는 죄의식에 사로잡혀 있었다.

모든 우정 혹은 애정 관계에는 예전 감정이 영향을 미치는 무의식적인 근거가 있다. 우리가 어떤 사람을 잘 알기도 전에 그에게 마음이 끌리는 데에도 이런 이유가 있다. 억제된 과거의 감정에서 비롯한 열정이 현재 그 사람을 좋아하게 된 이유와 조화를 이룬다면 전혀 문제될 것은 없다. 다행히도 친구의 무의식적인 성향이 자신의 성향과 잘 어울리고 서로 보완한다면 더 바랄 나위가 없다. 하지만 상대에 대한 우정이나 사랑이 반복적으로 파국을 맞는다면 자신을 돌아봐야 한다. 상대에게 자신의 무의식적인 욕구를 충족하라고 은연중에 강요하고, 상대를 지배하려고 압력을 가했을 수 있기 때문이다. 과거의 상처에서 비롯한 자신의 기대는 상대의 기대와 어긋날 수도 있다. 그럴 때 실망하고, 상대를 이해하지 못해 결국 헤어지게 되는 것이다.

흔히 볼 수 있는 부부 역학은 이 점을 설명해준다. '평범한' 가정에서 어린 시절을 보낸 미래의 배우자를 상상해보자. 늘 집에 있는 어머니와 거의 집에 없는 아버지, 여성이 해방됐다지만 일하지 않는 어머니는 여전히 유효한 전통적인 가정의 모델이다. 자신을 거의 돌봐주지 않았던 아버지의 부재, 남자 시선의 부재는 어린 소녀의 정신 구조에 선명하게 새겨지고, 그녀의 무의식적인 기억에 자신이 중요한 존재가 아니라는 인상이 강하게 남을 것이다. 따라서 그녀가 성인이 됐을 때 자신의 존재 가치와 자질에 대한 불신에서 벗어나도록 용기를 북돋아줘야 할지도 모른다. 어린 소년은 전능하고 언제나 곁에 있는 어머니의 존재를 마음에 새긴다. 성인이 돼 결혼한 남녀는 모두 비슷한 어린 시절을 보냈음을 알게 되지만, 그들의 욕구는 상반된다. 아내는 남편이 늘 자신을 지켜주기를 바라지만, 이런 집요한 요구는 자유를 갈망하는 남편에게 질식할 듯한 기분이 들게 할 뿐이다. 이들의 상반된 욕구는 본인이 의식할 수도 없고 치유할 수도 없지만, 관계에 무의식적으로 중요한 역할을 하는 과거와 밀접한 관련이 있다. 의식적으로는 서로 존중하고 아낀다는 사실을 생각할 때 이것은 참으로 안타까운 일이다.

이런 어려움은 특히 사소한 일로 시작되는 부부 싸움 형태로 많은 부부에게 나타난다. 싸움의 원인이 너무도 하찮아서 싸울 가치조차 없지만, 감정을 조절하지 못해 싸웠다는 사실을 그들 자신도 인정한다. 문제는 이들 부부의 갈등에서 싸움의 명목보다 무의식적으로 상대를 통제하고 지배하려는 욕구, 병적인 질투, 위로받으려는 욕구, 버림받을까 봐 두려워하는 마음이 더 크게 작용한다는 점이다. 따라서 어린 시절부터 마음속에 자리 잡고 자신의 일부를 이뤄서 상처받기 쉬운 약점과 욕구를 배우자에게 잘 설명하는 것은 지극히 당연하고 부부 관계에도 유익한 일이다. 하지만 이처럼 자기 상처를 치유하는 일에 상대를 끌어들이면 상대는 곧 지쳐버린다. 기대는 끝이 없고 결코 충족될 수도 없으니 상처 치유는 정신 치료 전문의에게 맡기는 편이 현명하고, 그래야 부부 관계가 지속할 수 있다.

무의식은 우리가 생각하는 것보다 훨씬 더 강력하게 우리를 지배한다. 인격을 빙산에 비유한다면 의식은 수면에 보이는 작은 부분이고, 물에 잠긴 대부분은 무의식이다. 수면 아래 숨은 거대한 무의식이 빙산의 위치와 움직임에 큰 영향을 미친다. 우리는 남을 볼 때 수면에 드러난 빙산 일부처럼 우리가 볼 수 있는 면만을 본다. 게다가 때로는 렌즈가 투명하지 않은 안경을 쓰고 있어 선명하게 볼 수 없기에 상대 모습에 자신의 욕망, 욕구, 해석을 마음껏 투사하고 '드라마'를 제멋대로 만든다. 그리고 상대와 관계를 맺으면 무엇인지는정확히 모르나 물속에 잠긴 부분이 영향을 미친다는 것을 감지한다. 상대에게도 자신에게도 있는 이 커다란 덩어리는 은연중에 두 사람에게 영향을 미친다. 이 부분 때문에 격앙되고, 부딪치고, 상처를 주고, 때로는 일시적으로 서로 결합하기도 한다. 바로 이 부분이 우리의 이해력을 벗어나고 또한 우리를 매혹한다. 사람들이 이런 보이지 않는 부분의 균열과 상처받기 쉬운 자신의 나약함을 자각하면 바로 이 부분이 자신의 행동을 규제하고 "나도 어쩔 수 없었어."라고 말하게 한다는 사실을 깨닫게 될 것이다.

생텍쥐페리의 작품에서 어린 왕자는 "중요한 것은 눈에 보이지 않아." 라고 말한다. 가장 좋은 점도, 가장 나쁜 점도 눈에 보이지 않는다.

난 행복해지려고 최선을 다했는데

삼십 대 멋진 여인 올리비아는 어느 날 복잡한 표정으로 내게 상담하러 왔다. 그녀가 보기에 자신에게는 아무 문제 없지만, 행복을 느낄 수 없다고 했다. 그녀는 안정적인 부부 생활을 유지하고, 직장에서 중요한 직책을 맡고 있으며, 상사와 동료에게 좋은 평판을 얻고 있었다. 주변에 좋은 친구도 많고, 잘 꾸민 집에서 윤택하게 사는 올리비아의 삶은 한마디로 성공적이었다. 하지만 친구들이 질투할 정도로 성공한 삶의 이면에는 자신이 원해서 선택한 것이 아닌 상황에 갇힌 여인의 모습이 조금씩 드러나고 있었다. 그녀는 우아한 정장과 하이힐 차림으로 늘 긴장한 상태에서 열정적으로 일하는 완벽한 전문가였다. 집에서나 사무실에서나 늘 일에 파묻혀 지내고 유일한 휴식은 모든 것을 내던지고 휴가를 떠나 야자나무 그늘에서 지내는 것이 전부였다.

그녀는 일관성 있게 말하고, 자기주장을 명확하게 표현하며, 상사나 부하 직원에게도 신뢰감을 줬다. 이처럼 세련된 모습의 이면 어디에 흠이 있는 걸까? 그녀는 매사에 최선을 다했다. 부모에게도 매일 전화해서 안부를 묻는 등 모자람이 없이 처신했다. 하지만 불만족스러운 현실에 어린 시절이 얼마나 중요한 역할을 하는지 모르는 그녀는 자기 어린 시절에 관해서 끝내 입을 열지 않으려고 했다. 그녀는 어린 시절을 아름답게 꾸미려고만 했으며, 부모에 대해서도 절대 불평하지 않으려고 했다. 그녀의 부모는 아무 때나 그녀를 불렀고, 그럴 때마다 그녀는 주저 없이 달려갔다. 부모가 전화하지 않으면 그녀가 먼저 전화해서 소식을 물었고, 고객을 응대하는 사이에도 짬을 내서 부모 집에 들르곤 했다.

올리비아는 자신의 생활을 침범하는 부모가 현재 자신의 불만과 관련 있음을 꿈에도 생각하지 못했다. 그녀는 대수롭지 않게 말했지만, 일상생활에서 화가 나면 의무감으로 참는다는 사실을 인정했다. 그녀는 부모의 요구, 욕망, 심지어 변덕까지도 충족해주지 않으면 죄책감에 시달렸다.

어린 시절 그녀는 독립적인 성격의 오빠가 부모에게 반항하다가 감당하기 어려운 사태가 벌어진 현장을 목격했기에 부모의 사랑을 받으려면 그들의 마음에 들어야 한다는 결론에 일찍이 도달했다. 그녀는 대학에 가고 싶다는 소망을 살짝 비쳤다가 거절당하자, 부모의 의견에 따라 회사에 입사했고, 결국 사회인으로서 성공을 거뒀다. 부모는 딸을 자랑스럽게 여겼고, 무척 흡족해했다. 모든 것이 좋았다. 이 길이 그녀에게 금전적 여유도 주고, 부모의 총애도 얻게 해줬기에 올리비아는 최초의 이상 신호가 나타날 때까지 아무런 문제도 감지하지 못했다.

그러나 한 가지 문제를 인식하자 마치 도미노처럼 그다음 문제들이 잇따라 드러났다. 자신이 여태껏 해온 모든 것이 부모 욕망의 산물에 지나지 않는다는 사실을 깨닫는 순간, 그녀는 큰 충격을 받았다. 그녀는 부모가 좋아하는 것을 좋아하고, 그들이 자랑스럽게 생각하는 직업을 가졌고, 부모의 조언 없이는 자기 마음대로 옷 한 벌 살 엄두도 내지 못했다. 그렇게 그녀는 결국 부모가 좋아하는 남자와 결혼했다. 그녀의 의지는 부모의 기대에 어긋나지 않겠다는 단 한 가지 목표에 집중돼 있었다. 가끔 반응을 시험해보려고 부모의 기대와 상반된 행동을 해봤지만, 그들이 잔소리, 무관심, 실망한 표정으로만 반응한다는 것을 알고는 제자리로 돌아오고 말았다. 이처럼 그녀가 좌절하게 하는 데에는 작은 동작 하나면 충분했다.

자신이 부모 마음에 들지 않는다는 생각은, 특히 온순한 아이에게는 거의 죽음과 같은 것이다. 이 점은 아이 자신에게나 실망한 부모에게나 모두 마찬가지다. 아이는 아주 어릴 적부터 부모에게 의존해야만 살아남을 수 있다는 것을 잘 알뿐더러 부모의 허약함, 자식에게서 위로받고 싶어 하는 욕구도 감지하며 자신이 제대로 처신하지 않으면 부모가 실망해 자신을 버릴 수도 있다고 믿는다.

많은 부모가 자신이 만족스럽게 생각하는 행동을 기준으로 삼아 아이를 교육하고, 아이는 이 기준을 당연한 것으로 받아들이며 자란다. 따라서 부모를 실망시키지 않는다는 것이 아이가 선택하는 모든 것의 기준이 된다. 부모의 '잘했어'와 '실망했어' 사이에서 아이는 자신의 기준을 세우지 못하고, 성인이 돼서도 자신이 진정으로 원하는 것이 무엇인지, 좋아하는 것이 무엇인지를 알지 못한다. 그는 지금 가는 길이 자신과 전혀 맞지 않는 곳으로 향하고 있다는 사실을 깨달을 때까지 다른 사람들의 주관적이고 유동적인 의견을 이정표로 삼아 따른다.

"전 우리 부모님을 저 자신보다 더 잘 알고 있는 것 같아요. 언제나 그분들이 제게 바라는 대로 해왔죠. 달리 어떻게 해야 할지를 모르겠어요. 때로는 그분들이 아무 말씀 하지 않으셔도 제가 그분들 생각을 미리 알아서 그분들이 원할 만한 것을 해요."

실망시킬까 봐 두려워하는 마음은 우리 안에서 떠나지 않는 생각의 표현, 우리의 정체성, 우리의 감정을 가로막는 차단 장치가 된다. 우리는 성인이 돼서까지도 실망감을 드러내거나, 우리를 평가하거나, 화를 내거나, 싫어하거나, 거부하는 부모의 시선에 두려움을 느낀다. 그래서 이제 부모와는 전혀 다른 위치에서 전혀 다른 기능을 하는 사람들을 만나도 아무것도 달라지지 않는다. 여전히 과거의 영향을 받고 있기 때문이다.

나는 진짜 내가 아니다

"전 제가 진짜 사장이 아니라 단지 사장 역할을 연기하는 듯한 기분이 듭니다. 사람들이 알고 있는 것과는 달리 제가 신용 있고 확실한 사람이 아니라는 사실이 탄로 날까 봐 늘 두렵습니다. 그래서 전 말할 때 늘 조심합니다. 누군가가 절 지켜보면서 제가 헛발 디디기만을 기다리고 있는 것 같기 때문이죠."

현명하고 감수성이 풍부한 사십 대 남성 랄프는 다국적 기업에서 정기적으로 승진하며 성공 가도를 달렸다. 세련된 정장, 멋진 구두, 가는 줄무늬 셔츠와 아주 잘 어울리는 넥타이 차림의 그는 외국어로 섬세한 의미를 표현할 줄도 알고, 과거 운동 경력으로 체격도 훌륭했다. 누가 봐도 그는 자신감이 넘치기에 충분했다. 하지만 랄프는 계속해서 자신의 정체가 탄로 날지 모른다는 두려움에 사로잡혀 사람들이 자신에게 무엇을 기대하는지 알려고 작은 낌새도 잡아내는 고성능 레이더를 머리에 달고 다닌다고 고백했다. 랄프는 자신이 무엇을 느끼는지, 무엇을 원하는지 모른다는 사실조차 모르고 있었다.

균형 잡힌 외모의 이 남자 마음속에는 늘 다른 사람의 마음에 들려면 무엇을 해야 하는지를 알기 위해 지시를 기다리는 어린 소년이 숨어 있었다. 랄프는 어린 시절에 상대가 만족하지 않는 한 자신이 존중받는다고 느껴본 적이 단 한 번도 없었다. 랄프는 다른 조건 없이 단지 자식이라는 이유만으로 부모에게서 사랑받고 싶었을 것이다. 그의 마음속에는 타인의 욕망을 정확히 충족해주지 못한다면 자신은 아무 가치 없는 인간이라는 확신이 깊이 새겨져 있었다. 사랑받으려면 상대의 마음에 들어야 했고, 상대에게 자신의 능력을 입증해야 했고, 상대가 만족하게 해야 했다.

그래서 랄프의 직감은 매우 예리하게 발달했다. 그는 이 고성능 감지 시스템을 수십 년간 작동했으며, 그 결과도 상당히 효과적이었다. 그러나 세월이 흐르고, 납득할 수 없는 실망을 느끼자 '내가 원하는 것은 무엇일까? 외모, 재산, 사회적 지위 같은 것 말고 내가 진정으로 원하는 것은 무엇일까? 나의 이런 의구심을 고백해도 사람들은 여전히 날 좋아해줄까? 왜 내겐 진정한 친구가 없을까? 왜 난 두 번이나 이혼했을까? 왜 내 인생이 전부 거짓처럼 느껴질까?'라는 의문을 품게 됐다.

랄프가 품은 의문은 몇 년 동안 '전력을 기울여' 일해서 안락한 생활이 보장된 유능한 사람들이 자주 던지는 질문이다. 그런 사람들은 자기 삶의 의미에 대해 생각하지 않고, 자신이 해야 한다고 믿는 것을 어떻게든 해내려는 강박에 쫓기며 산다. 그들은 과로와 피로에 찌들고, 부부 생활의 즐거움도 자녀를 키우는 기쁨도 누리지 못한 채 살다가 어느 날 문득 '내 삶은 텅 비었어…'라며 후회할 수도 있다.

왜 내가 나를 방해할까

알리제는 진지하고, 현명하고, 용감한 젊은 여성이다. 그런데 빛나는 대학 졸업장을 손에 쥐고도 직업 현장에 뛰어들지 못했다. 알리제는 변함없이 자신을 사랑하고 지지해주는 남자친구와 함께 작은 아파트에서 살고 있다. 얼핏 보면 행복할 조건을 다 갖춘 것처럼 보인다. 사실 알리제도 자신이 취업에 충분한 조건을 갖추고도 왜 직장을 구하지 못하는지 이해할 수 없어 몹시 당황했다. 사실, 알리제는 취업 인터뷰를 뒤로 미루거나, 일자리를 열심히 찾아보지 않거나, 면접 날짜를 잊곤 했다. 한마디로 스스로 자신을 망치고 있었다.

나와 상담하는 동안 알리제는 자기 의지대로 하고 싶은 공부를 하기 위해, 그리고 아무리 부모가 자신의 능력을 깎아내려도 자신이 가고 싶은 길을 막지 못한다는 것을 증명하기 위해 열여덟 살에 부모를 떠나 독립했다는 사실이 자랑스럽다고 몇 차례나 강조했다.

예상치 못했던 늦둥이로 태어난 알리제는 살면서 자신이 존중받는다는 느낌도, 지지받는다는 느낌도 들지 않았다. 유복한 중산층 가정에서 자랐으면서도 그녀는 자신의 어린 시절이 실망스러웠다고 기억한다. 청소년기에는 늘 부모와 갈등했고, 학교에서는 교칙을 어기고, 성적은 형편없는 수준이었다. 결국, 열네 살에 가출해 문제를 일으킨 그녀가 어렵사리 부모에게 도움을 요청했을 때 그들은 별다른 관심을 보이지 않았다.

"제게는 부모님의 바람을 충족하는 것이 바로 성공이었죠. 하지만 그건 불가능한 일이었어요. 전 제가 진정으로 사랑받지 못한다고 느꼈어요, 부모님이 저를 냉혹하게 대했으니 저도 부모님을 기쁘게 하고 싶지 않았죠!"

이런 일들이 알리제를 단호하고 호전적인 여성으로 자라게 했다.

"부모님에게 기쁨을 주지 않으려고 하다가 제 인생도 망쳐버렸다는 사실을 깨닫는 데 몇 년이 걸렸어요. 하지만 제가 다시 공부를 시작하기로 했을 때 부모님이 '괜찮아, 우리 딸 괜찮아. 지난 일은 별것 아닌 사춘기 시절의 실수였을 뿐이야.'라면서 안심할 걸 생각하니 전혀 즐겁지 않았죠. 전 부모님이 저에 대해 안심하게 하고 싶지 않았거든요. 부모님은 저에 대해 아무것도 이해하지 못했으니까요!"

성년이 되자 알리제는 대도시로 나와 일자리를 구하고 오래전부터 꿈꿔온 대학에서 공부했다. 그녀에게 대학은 독립과 자유로 향하는 문이었다. 하지만 일과 학업을 병행하기가 몹시 힘들었기에 젊은 여인은 치열하게 살아야 했다. 그녀는 돈이 떨어져 할 수 없이 휴학할 때에도 이를 악물고 불평 한마디 없이 새벽부터 저녁까지 일했다. 근근이 유지하는 부모와의 관계는 스트레스를 주기도 했지만, 자극이 되기도 했다. 부모의 비난과 무관심은 알리제를 단련했고, 그녀의 도전이 성과를 거두게 부추겼다. 하지만 대학을 졸업한 알리제는 어영부영하며 취업을 연기하고 식당이나 카페에서 임시직 종업원으로 일했다. 남자친구는 그녀에게 용기를 북돋아 줬으나 결국 낙담했고, 부모는 딸의 태도를 비웃었으며, 이런 상황이 그대로 굳을 것만 같았다.

알리제는 결국 자신의 발목을 잡고 있는 것이 역설적으로 자신의 용기라는 사실을 인정했다. 너무 강하고 단호해 보여서 그토록 원했던 사람들의 관심을 받을 수 없었던 것이다. 애정이 없는 어린 시절과 외로운 청소년기는 너무나 가혹했다. 사랑받지 못한 채 부모 곁에 있으니 차라리 떠나고 싶을 정도로 힘들었다. 낮에 공부하기 위해 밤에 일하고, 누구의 도움도 없이 혼자 가정을 꾸리고, 학업과 일을 병행하기는 너무도 힘겨웠다. 아무도 그녀가 얼마나 처절하게 노력하고 있는지 알아주지 않았다.

"전 모든 사람에게 제가 얼마나 부당한 상황에 놓였는지 보여주고 싶어요! 그리고 제가 불리한 조건에서 시작한다는 걸 알리고 싶어요!"

알리제는 인정받고 싶은 욕구를 숨길 수 없었다.

"전 사람들이 '알리제는 문제없어, 괜찮아. 쉽게 이겨낼 거야.'라고 이야기하는 걸 더는 참을 수 없어요. 그래서 어디서든 제가 희생자라는 걸 알리려고 하죠. 이제 그건 제 꼬리표가 됐어요!"

일한다는 것은 사람들에게서 이해와 동정을 받을 실낱 같은 희망을 완전히 잃어버린다는 것을 뜻했기에 그녀는 방황을 끝낼 수 없었다. 알리제에게 성공이란 누군가 자기 말을 들어주고 지지해주기를 원하는 외롭고 용감한 그녀 내면의 아이에게 관심을 보이는 날이 오리라는, 영원히 충족되지 않는 기대를 포기한다는 것을 의미했다. 부모에 대한 분노가 너무 컸기에 그것을 받아들이기 쉽지 않았지만, 알리제는 자신이 그런 일은 결코 일어나지 않으리라는 사실을 잘 알고 있는 성인이 아니라 여전히 이해와 동정을 바라는 어린아이에 불과하다는 것을 깨달았다. 그러니 기대를 버려야 했다.

알리제의 사례는 어린 시절에서 비롯한 희망을 버리지 않으려다가 어떻게 삶을 망치게 되는지를 여실히 보여준다. 이런 희망은 우리의 정신적 구조물에 부족한 벽돌 하나를 누군가가 가져다주기를 한없이 기다리는 것과 같다. 이것은 자신을 상대로 벌이는 일종의 태업(self-sabotage)으로서 충만한 삶에 결핍됐던 시선, 관심, 찬사를 얻기 위해 계속 불편을 감수하는 행동이다. 그래서 의식적이지는 않더라도 이런 행동이 원인이 돼 삶에서 실패를 거듭한다. 설령 주변 사람들이 애정을 쏟고 지지해도 이런 기대가 항상 어긋나는 이유는 이미 오래전에 좌절된 욕구를 지금 해소할 수 없기 때문이다. 상처는 과거의 사건 때문에 생겼는데 지금 위로하는 말은 현재의 젊은 여성에게 하는 말일 뿐, 내면에 숨어 있는 상처받은 아이에게는 전달되지 않는다. 따라서 그런 상황을 모르는 배우자나 친구들이 아무리 안심시키고, 지지하고, 도우려고 애써도 소용없는 것이다. 친구들이 보는 것은 수면 아래 있는 빙산의 거대한 뿌리가 아니라 수면에 떠 있는 작은 꼭대기일 뿐이다. 그들은 알리제를 꼼짝 못 하게 하는 근심, 거부 반응, 혹은 두려움을 이해하지도 못하면서 그녀를 안심시킬 수 있다는 듯이 노력을 기울인다. 하지만 그들의 노력은 아무도 자신을 이해하지 못한다고 생각하는 알리제의 절망을 심화하고, 오히려 역효과를 낼 뿐이다. 알리제는 '할 수 있다'고 자신을 다독이지만, '할 수 없다'는 것을 다시 한 번 확인할 뿐이다. 사람들은 알리제에게 '단지' 노력하면 된다고, 어려운 일이 아니라고 말하지만, 이런 격려의 말은 그녀에게 죄책감을 가중할 뿐이다. 이것이 바로 몰이해의 악순환이다. 친구들은 알리제를 이해하지 못하고, 알리제역시 자신을 이해하지 못한다.

살기 위해 실패하기

다음에 소개할 일화는 흔히 볼 수 있지만 매우 역설적인 현상을 잘 설명해준다. 이것은 행위자들은 절대 인정하지 않으려고 하고, 증인들은 분명히 인정하는 이상한 현상이다. 영국의 정신 치료 전문의들은 사람들이 자신을 스스로 불행하게 하는 이 기제를 '자기실현적 예언(self-fulfilling prophecy)'이라고 부른다. 우리가 걱정하는 일은 반드시 실현된다는 것이다. 즉, 미리 써놓은 시나리오에 문제를 제기하지 않기 위해서, 그리고 이런 확신이 있어야만 오래전부터 자신에게 일어난 사건들을 이해할 수 있기에 무의식적으로 나쁜 일이 실현되도록 노력한다는 것이다. 그리고 그런 결과를 보면서 자신이 옳았음을 확인하고, 비록 나쁜 일이 일어났지만, 자신의 예측이 적중했음을 공개적으로 인정받는다는 것이다!

안과 다른 형제들 사이의 갈등은 수개월 전부터 증폭되고 있었다. 그들이 함께 해결해야 할 유산 상속 문제가 불거지자 안은 엄청난 스트레스를 받았다. 그녀는 나이가 오십 대 중반이었지만, 마치 성난 소녀처럼 발을 구르며 문제를 더 복잡하게 만들었고, 자신이 집착하고 있는 것 외에 다른 것들은 전혀 생각하지 않으려고 했다. 언니와 오빠들은 더 많은 재산을 차지하고, 기득권을 행사하려고 안을 불리한 상황으로 몰아붙였다.

안은 정당한 사유 없이 격분하고, 괴로워하고, 지금 보면 전혀 이치에 닿지 않는 주장을 고집했다. 상담 중에 그녀는 가족의 테두리 안에서 자기 자리를 찾을 수 없었음을 불평하면서도 어릴 때 언니와 오빠들이 모든 면에서 자기보다 우월했고, 그것이 지금도 자신을 괴롭히는 고통으로 마음속에 자리 잡고 있음을 인정했다. 안은 아무리 노력해도 언니와 오빠들을 따라잡을 수 없었던 어린 시절을 미련 없이 잊어버릴 수 없었다. 그녀는 실패해야만 부모의 관심을 받을 수 있다고 생각했으며, 실패는 사람들의 관심을 끄는 가장 효과적인 방법이 됐다. 학업, 직업,

금전, 가정, 부부 관계, 자녀 관계까지 모든 분야에서 그녀의 인생은 실패로 점철됐다.

반세기가 지난 지금까지도 안은 자신이 가장 큰 희생자라는 유치한 시나리오에 발목이 잡혀 옴짝달싹 못 하고 있었으며, 이제는 인내심에 한계를 느낀 형제들의 짜증과 거부감만 사고 있었다. 이 시나리오는 자신이 사랑받지 못했고, 가족 안에서 설 자리가 없으며, 다른 사람들과 똑같은 권리를 누리지 못했고, 자신이 늘 생각하듯 세상이 불공평하다는 믿음을 늘 확인해줬다.

성인이 돼서도, 특히 형제들과 관련된 문제에서는 이처럼 유아적인 상황이 집요할 정도로 계속된다. 식구들이 모여 식탁 앞에 둘러앉을 때 다행히 상황이 좋다면 웃으면서 어릴 적 기억을 떠올리며 이야기하고 서로 동질감을 확인지만, 최악의 경우에는 또다시 형제간에 악의와 질투심을 그대로 드러낸다. 맏이는 여전히 우두머리 역할을 하려고 들면서 동생들을 무시하고, 다른 형제들은 여전히 자신이 혜택받지 못했다고 생각하고, 막내는 아직도 자신만이 뒤처졌다며 낙담한다. 형제들의 경쟁심은 여전하지만, 세월이 흐름에 따라 그들이 갖춘 무기는 때로 잔인해지기까지 한다.

가족 내부에서 특혜와 고역의 분배를 받아들이는 방식도 아이마다 다르고, 그것이 정당했는지 아닌지를 표현하는 방식도 저마다 다르다. 가족 구성원 중 누구도 특혜와 고역의 분배를 혼자 결정할 수는 없고, 합의가 필요하다는 것은 두말할 여지가 없다. 그런 합의를 거부하는 것은 수치스러운 태도다.

안이 느끼는 부당함은 가족의 테두리 밖으로 확장됐다. 그녀는 직장에서도 갈등을 일으켜 여러 건의 소송을 진행했고, 행정기관과도 싸움을 벌였다. 그렇게 안은 얼마 되지 않는 전 재산을 모두 변호사 비용으로 탕진했고, 영악스러운 변호사들은 소송에서 질 때마다 그녀의 요구가 정당하지 않다는 사실만을 거듭 확인해줬다.

법원은 어린 시절의 고통에서 여전히 벗어나지 못한 사람들로 붐빈다. 정의를 요구하는 그들의 억누를 수 없는 욕구는 지금도 피가 흐르는 어린 시절의 상처에서 비롯한다. 그들은 거기서 도를 넘은 싸움을 벌일 힘을 얻는다. 객관적으로 보면 그럴 가치가 없는 일이지만, 당사자들은 평생 한 번쯤은 시련을 이겨내고 싶은, 영원히 충족되지 않을 무의식적인 욕구를 이런 소송에 끈질기게 투영한다.

과거의 욕구불만이 쟁점인 모호한 싸움을 오늘날 재연하는 것은 평정심을 찾기 어렵게 하는 상황을 되풀이하는 행동이다. 그들은 대부분 이 싸움에서 패배하고, 설령 이긴다고 해도 씁쓸함만이 남는다. 여기에는 두 가지 이유가 있다. 첫째, 겉으로 드러나지 않는 주장의 동기가 지금 전개되고 있는 현실과 의식적인 관계가 없기 때문이다. 당사자들은 결론도 근거도 없는 싸움으로 내몰릴 위험이 있다. 그들은 자신의 소송 근거에 변호할 만한 가치가 있기 때문이 아니라 단지 원칙에 따라 싸움을 위한 싸움을 하는 것이다. 둘째, 설령 이긴다고 해도 과거에 자신이 받은 상처의 부당함을 인정받는 것은 아니기 때문이다. 이처럼 내적 고통의 동기는 현재와 단절돼 있고, 자신만의 비밀 정원 한구석에 숨어서 늘 위력을 발휘할 뿐이다.

행복은 없다

아델은 멋진 여인이지만 눈에 생기가 없었다. 서른다섯 살인 그녀는 직장 업무에서도 부부 관계에서도 고전하고 있었다. 아델의 생활은 정상적으로 보였지만, 그런 겉모습을 유지하기 위해 끊임없이 노력해야 했다. 모든 것이 무미건조했으나 그녀는 이를 바로잡기 위해 어떤 조처도 하지 않았다. 그러다가 결국, 사랑하지 않는 남편과 관계를 정리하고, 아파트도 처분하기로 마음먹었다. 하지만 자질구레한 일들에 시간을 뺏겨 끝을 보지 못했다. 아델은 업무에서도 이처럼 우유부단한 태도를 보여 해고 위기에 몰리다가 최후의 순간에 눈물로 호소하여 사장의 마음을 돌려놓았다.

아델의 '자기 태업'은 상담 약속을 잊거나, 날짜를 착각하거나, 지각하는 등 심리 치료를 받는 과정에서도 나타났다. 심리 치료사에게는 내담자로서 아델의 변명이 치료의 근거가 되는데, 그에 따라 아델의 마음속에 자리 잡은 기본 시나리오도 조금씩 드러나기 시작했다. 아델에게는 스스로 자신을 가둔 시나리오에서 벗어나려고 효과적으로 대처하는 것이 행복이 존재하지 않는다는 사실을 발견하게 될 위험과의 대면을 의미했다. 자신의 하잘것없는 안전장치를 느슨하게 풀고 낯선 세상을 향해 다가간다면 더 불행해질 것이 뻔했다. 사람들이 말하듯이 울타리 밖의 풀이 울타리 안의 풀보다 더 싱싱해 보였지만, 밖은 안보다 더 나쁠 것이 분명했기에 아델은 울타리 밖으로 나갈 생각이 없었다. 덜 싱싱하더라도 자기 뜰에 조용히 남아 있는 편이 나았고, 덜 위험했다. 아델은 어린 시절부터 그것을 잘 알고 있었다. 항상 딸을 걱정했던 아버지는 아델에게 경제학을 공부하라고 종용했다. 아델은 경제학에 전혀 관심이 없었지만, 졸업 후에 높은 연봉과 회사 차를 받을 수 있고, 병가와 퇴직 연금도 보장되는 등 안전이 보장되는 직장을 얻기 쉬운 학과였기에 선택했다. 아델의 어머니는 자신의 실패를 거울삼아서 사랑하는 남자를 떠나보내며 고통을 겪느니 차라리 사랑하지 않아도 자신을 잘 보살펴주는 남자 곁에 머무는 편이 낫다고 단언했다. 아델은 어머니의 조언에 따라 무미건조하지만 안전한 삶을 선택해야 했다. 그러지 않으면 무모한 위험과 확실한 고통을 감수할 수밖에 없었다.

다행히 아델은 얼마 전부터 동물에 대한 사랑과 자연에서 발견한 평화를 이야기할 때면 얼굴이 밝아졌다. 온화한 미소를 띠었고, 영혼이 자유로운 예술가 같았다. 나는 아델이 결코 믿을 수 없었던 행복으로 가는 길을 찾고, 삶의 기쁨을 발견하게 되리라고 확신한다.

행복을 두려워하는 마음은 매우 미묘한 제동장치다. 사람들은 누구나 행복해지고 싶어 하지만, 정작 그러기에는 자잘한 걱정거리가 너무 많다고 생각한다. 그 걱정거리들은 서로 복잡하게 얽혀 있어서 선명하게 집어내기 어렵다. 무의식적인 행동이지만 우리는 부모가 우리에게 저지른 온갖 잘못된 행동이 어떤 결과를 낳았는지 그들에게 그대로 보여주기 위해 역시 무의식적이지만 거의 평생을 불행하게 보낸다. 의식적인 것은 아니지만 우리는 계속해서 인생이 잘 풀리지 않는다고 생각하도록 자기 인생을 조금씩 망치는 행동을 하기도 한다. 원만하게 살아가기 위한 행동을 전혀 하지 않으니 인생이 잘 풀리지 않는 것은 너무도 당연하다. 이런 경우는 멋진 인생을 살려고 노력했지만 끝내 실패한 경우보다 그 피해가 훨씬 심각하다. 노력했어도 실패했다면 당연히 자신의 실패를 직면하게 된다. 하지만 스스로 실패를 예정한다면 당연히 실패를 인정하게 되고, 잠재의식으로 어느 정도 고의성이 있었음도 알게 된다.[2] 너무 늦게 공부를 시작해서 기회를 놓친 재능 있는 학생이 그런 사례다. 고의도 아니고 의식적인 것도 아니지만, 그는 자신의 실패를 준비하고 그럼으로써 창피함도 모면하고, 그가 진정으로 공부하려고 노력했더라면 당연히 따져봤어야 할 실패의 원인도 밝히지 않는다. '내가 공부를 조금만 더 일찍 시작했다면 성공했을 거야.'를 의미하는 "아무것도 하지 않다 보니 망쳤어."라고 말하는 편이 '내 능력 밖이었어.'라는 의미의 "최선을 다했지만 실패했어."라고 말하는 것보다 훨씬 더 그럴듯해 보인다. 따라서 그렇게 생각하는 만큼 오랫동안 자신의 문제점에 대해 생각하기를 회피한다.

불안의 대가

매혹적인 오십 대 이혼녀 콜레트는 장애가 점점 심해지자 불안해서 내게 상담하러 왔다. 늘 비행기 타기를 두려워했지만, 몇 달 전부터는 자동차를 타는 것마저 무서워졌다고 했다. 한 번도 자동차 사고를 낸 적이 없는 콜레트는 모범 운전자라고 자부하고 있었는데, 왜 그렇게 됐는지 이해할 수 없다고 했다. 콜레트는 자유로워지고 싶어 했고, 가끔 운전 중에도 엄습해 자신을 마비시킬 정도로 극심한 불안을 어떻게든 떨

---

2) subconsciousness: 의식 바로 아래에 있는 경미한 무의식 단계다. 부단한 자기 성찰의 노력과 진지한 노력으로 거기 숨겨진 것들을 기억해낼 수 있다.

쳐버리고 싶어 했다.

불안의 원인 중 하나는 자신이 해야 한다고 생각하는 것과 진정으로 하고 싶은 것 사이의 괴리다. 진정으로 하고 싶은 것은 무의식의 영역에 억압돼 있어서 우리는 이런 괴리를 잘 이해하지 못한다. 불안을 통제하려고 불안을 연구하는 것은 대체로 효과적이지 못한 작업이다. 그보다는 불안의 존재 이유를 이해해야 갈등을 꾸준히 해소할 수 있다. 사실 우리가 시도조차 하지 않는 인식으로부터 우리를 보호하기 위해 불안이 생기는데, 이런 인식을 통해 밝히는 사실은 그때까지 유익해 보였던 정신적 안정을 위협한다. 불안은 우리가 죽음으로 치닫는 상황을 방지해주는 보호막 역할을 한다. 그래서 원인을 이해하지 못한 채 불안을 떨쳐내기가 그토록 어려운 것이다. 피상적으로, 성급하게 불안을 치료하려고 하는 것은 의족에 연고를 바르는 것이나 마찬가지다.

콜레트는 담담하게 어머니에 대해 이야기했다.

팔십 대 후반인 콜레트의 어머니는 시시콜콜 딸을 간섭하고, 막무가내로 원하는 것이 많았다. 콜레트는 어머니를 위해 매일 장을 봐줘야 했고, 성가신 통화에도 응답해야 했다. 어머니는 시도 때도 없이 딸을 불러댔지만 콜레트는 어머니가 그러는 것을 당연하다고 여겼다.

콜레트는 청소년기에 친구들과 대도시에 놀러 갔던 일을 기억했다. 하지만 행복했던 이 짧은 외출에 대한 대가로 어머니한테서 엄청난 꾸중을 들어야 했다. 어머니는 대도시가 얼마나 위험한 곳인지를 위협적으로 이야기하면서 몹시 화를 냈고, 그 바람에 어린 콜레트는 경솔하고 어리석은 행동으로 자신의 삶을 위태롭게 했다고 확신하게 됐다. 이제 겨우 아이티를 벗은 콜레트는 자신의 반발을 단숨에 눌러버린 어머니의 지나친 분노를 이해할 수 없었고, 어머니와의 헛된 싸움을 마음속 깊이 밀어 넣어버렸다.

그날 이후 탈출의 욕구가 생길 때마다 콜레트는 그것을 억제했고, 어머니와의 싸움을 피했으며, 정확하게 정체를 알 수 없는 위험이 주는 두려움과 싸워야 했다. 자유롭게 외출하고 싶은 욕구, 즉 어머니에게 실망을 안겨주는 욕구와 현실감 없는 위험이 주는 두려움 사이의 괴리는 불안으로 메워졌다. 콜레트에게 외출이나 여행은 현실성이 전혀 없는 모호한 위험의 동의어가 됐으며, 어머니의 지나친 분노 역시 현실과 동떨어진 것이었다. 콜레트의 경우 불안은 어머니가 강요한 속박과 그 속박에서 벗어날 때 직면하게 될 위험을 현실적으로 인식하지 못하게 하는 명백한 보호 기능을 하고 있었다.

불안은 사고 기능을 정지시킴으로써 우리를 보호한다. 하지만 이를 위해 어떤 대가를 치러야 할까? 억압된 욕구(부모의 영향에서 벗어나기)와 공포에 떨게 하는 잠금장치(부모의 사랑을 잃을까 봐 두려워하는 마음) 사이에서 갈등하는 것이 바로 그 대가다. 위험이 따르는 독립의 의지를 보이자마자 잠금장치가 작동한다. 버림받을 위험을 엄청난 재앙으로 인식하는 어린아이나 청소년의 정신 현상은 '자유는 곧 버림받음'이라는 등식을 불변의 진리로 받아들이게 한다. 한편으로 이런 구조가 오래전부터 자리 잡고 무의식 깊이 억압되고, 다른 한편으로 불안이 보호 기능을 하므로 전문가의 도움 없이 그것을 명확히 이해하기란 쉬운 일이 아니다. 비록 고통스럽더라도 우리 존재 자체가 위태로운 사태를 일으키기보다는 '세상은 우리가 생각하는 것처럼 좋은 곳'임을 확인하게 해주는 시스템을 유지하는 것이 훨씬 편리하다. 왜냐면 이런 고통은 우리가 이미 알고 있고, 우리에게 익숙하고, 우리가 제어할 수 있기 때문이다.

상상의 세계와 고독

크리스티안은 경비원으로 근무하던 부모와 함께 여섯 살까지 살았던 저택을 기억한다. 여러 개의 방과 많은 책으로 장식된 서재가 있는 그 웅장한 저택은 얌전한 이 어린 소녀가 외로움을 달래며 동화 같은 삶을 상상하던 성이었다. 먼지 쌓인 옷장 안에는 친구들이 있었고, 수많은 서랍마다 각각의 비밀이 숨어 있었다. 크리스티안은 특히 방음 쿠션을 댄 육중한 문 뒤에 숨기를 좋아했다. 아무도 크리스티안을 찾을 수 없는 조용하고 구석진 이 좁은 공간으로 상상 속 인물들이 소녀를 만나러 오곤 했다. 이처럼 어린 크리스티안에게 상상의 세계는 큰 위안이 됐다. 상상하기는 쉬웠다. 제한도, 어려움도 없었다. 상상 속 친구들은 늘 크리스티안을 이해하고, 절대 실망을 안겨주지 않았다.

크리스티안은 어른이 됐을 때 대수롭지 않은 일상의 사건들을 자기 나름대로 해석했다고 말했다. 예를 들어 함께 외출하기로 약속했던 친구에게 전화했을 때 기대했던 것과 다른 답변을 친구가 하면 '있는 그대로 실망을 받아들이지 않기 위해' 재미있고 멋진 이야기를 즉석에서 지어냈다고 했다.

"그것은 일종의 충격 완화 장치였죠. 잠시 가상의 세계로 들어갔다가 현실로 돌아오고, 실망하지 않고 그 친구를 계속 좋아할 수 있었죠."

크리스티안은 자신이 친구의 현실과 일치하지 않는, 그래서 때로는 친구를 짜증 나게 하는 엉뚱한 말을 늘어놓아서 친구 관계가 나빠진다는 사실을 깨달았다. 그녀는 상상만 할 뿐, 실제로 사람을 만나지는 않았던 것이다.

"저 자신에게 뭔가를 말하면, 그 말이 저를 인도하는 것 같아요. 그래야만 겨우 제가 살아 있다는 느낌이 들어요!"라고 크리스티안은 자신도 놀라며 털어놓았다.

세 살 무렵부터 크리스티안은 날씨가 좋은 때면 오후 내내 마당에서 세발자전거를 탔다. 그렇게 몇 시간 동안 마당을 돌며 왕자님이 찾아오는 멋진 이야기를 상상했다. 그러다가 지겨워지면 엄마가 일하는 관리실 문을 조심스럽게 두드렸고, 엄마는 문을 살짝 열고 크리스티안을 돌려보냈다. 그러면 크리스티안은 다시 세발자전거를 타고 마당을 빙빙 돌며 멋진 이야기를 상상했다.

"제 인생에서 가장 많이 하고 가장 싫어하는 일이 바로 누군가를 기다리는 거예요! 하지만 바로 그것이 제가 사랑하는 방식이에요!"

현재 크리스티안은 '아름다운 세상을 만들겠다.'는 이상을 품고 인도주의 단체와 환경 단체에서 활동하고 있다. 어린 시절부터 꿈꿨던 세상과의 관계가 이제 그녀의 눈앞에 펼쳐진 것이다.

크리스티안은 불행하지 않을 뿐 아니라 어쩌면 행복한 모양새를 갖추고 있지만, 피상적인 애정 관계에서 비롯한 희미한 동요를 내면 깊숙이 감추고 있는 사례다. 겉으로 보기에는 적극적인 사회생활을 하며 모든 것이 완벽한 것 같지만, 안을 들여다보면 공허하기 짝이 없다. 진정한 친구도 없고, 이룬 것도 없고, 열정도 없고, 인간관계를 메마르게 하는 상황에서 다람쥐 쳇바퀴 돌 듯이 공전하고 있을 뿐이다. 크리스티안은 '혼자 드라마를 만들고' 그것을 다른 사람들에게 투사한다. 크리스티안은 지금껏 단 한 번도 문제 삼지 않았던 어린 시절의 확신과 잘 맞아떨어지는 시나리오를 상상한다. 하지만 위기다운 위기도 오지 않은 상태에서 이런 종류의 문제 제기를 한다는 것이 쉬운 일은 아니다. 수족관의 물고기처럼 많은 사람이 자기 울타리에 갇혀 살면서 그 내벽에 어린아이의 상상이 만들어낸 믿음과 해석을 투사한다.

조절할 수 없는 감동

"객관적으로 볼 때 저와 그다지 상관도 없는 상황에서 왜 울음을 참기 어려운지 모르겠어요." 몇 달 동안 치료받은 뱅시안은 스스로 질문을 제기했다. "저는 직업이 대학교수인데, 가끔 장례식에 참석할 때가 있습니다. 그런데 고인을 알지도 못하면서 눈물이 나서 참을 수 없는 경우가 종종 있어요. 어딘가 떠날 때에도 마찬가지예요. 전 늘 울어요. 특히 아이들이 하나둘 둥지를 떠날 때 그랬죠. 물론 아이들이 독립하기를 바라지만, 어쩔 수 없어요. 감정을 조절할 수가 없어요."

"어떤 이별이 당신을 그토록 슬프게 했나요?" 내가 물었다.

"그게 무슨 관계가 있는지 모르겠지만, 제가 다섯 살 때 부모님이 배를 타고 세계 일주를 하셨습니다. 그래서 오빠와 저를 할머니 댁에 맡겼죠. 전 그때 무척 슬펐지만, 감정을 드러낼 수 없었어요. 사람들은 우리 부모님이 멋진 여행을 하러 가셨고, 우리한테 좋은 선물을 가져다주실 거라고, 자랑스럽게 생각해야 한다고 말했죠. 우리는 매주 그림엽서를 받았어요. 오빠는 학교에 가서 자랑했고, 선생님과 오빠네 반 학생들은 모두 지도를 보고 우리 부모님의 여행 경로를 쫓으며 이야기했어요. 하지만 제게는 그렇게 관심을 보여줄 사람이 아무도 없었어요. 전 당시에 유치원에도 들어가기 전이었죠."

이 어린 소녀는 자기 나이로는 영원처럼 길게 느껴지는 이별을 경험했다. 하지만 부모는 아이들이 남들에게 좋은 인상을 주게 하려고 슬픔을 드러내지 못하게 했다. 어쩌면 부모 자신이 죄책감 없이 편하게 여행을 다녀오려고 그랬을 것이다. 할머니도 부모와 같은 태도를 보였기에 슬픔은 보자기에 싸인 채 숨겨졌다. 하지만 몇 해가 지나고 뱅시안이 이별을 경험할 때마다 이 상처는 되살아났고, 특히 자기 자녀가 독립해 자기 삶을 살기 위해 떠나는 이별은 몹시 고통스러웠다.

우리 감정을 자극하지만 우리와 직접적인 관계가 없는 상황에서 우리가 드러내는 엉뚱하고 이해할 수 없는 반응은 어릴 적에 느꼈던 결핍과 고통을 상기하도록 무의식이 보내는 작은 신호다. 올림픽 메달 수여식을 보며 TV 앞에서 흘리는 눈물은 우리의 노력을 자랑스러워하지 않았던 부모를 생각나게 하고, 스키를 신고 몸도 제대로 가누지 못하는 아이를 다정하게 대해주는 스키 강사를 볼 때 우리가 경험하는 감동은 아빠의 애정 어린 시선을 받아보지 못한 어린 시절의 자신을 떠올리게 한다.

마흔 살 응급실 의사 마크는 부인과 세 자녀를 사랑하고, 동료의 인정을 받고, 꽤 많은 보수를 받으며 멋진 경력을 쌓고 있다. 그는 교외에 있는 멋진 빌라에 살고, 기분이 내킬 때 테니스를 하며, 흡족한 사회생활을 하고 있다.

하지만 뭔가 자꾸 엇나가고, 더는 견딜 수 없는 지경이 됐다. 자꾸 불길한 생각이 들고 병원에서 일어나는 사소한 문제에도 팀원들에게 분노를 폭발한다. 그리고 곧바로 끔찍하게 후회한다. 마크는 이런 괴로움을 아내에게 털어놓으려고 했으나 울음이 쏟아져 제대로 설명할 수도 없었다. 이런 상황은 마크를 엄청난 두려움에 빠트렸다. 자신의 약점이 드러날까 봐 몹시 불안했고, 강한 남자인 척하지 않으면 아내가 자기 곁을 떠날까 봐 두려웠다. 아내는 남편을 안심시키려고 했지만, 소용없었다. 마크는 자신이 약점을 드러냈을 때 벌어질 극적인 상황을 생각만 해도 미칠 지경이었다.

"제가 화를 내지 말아야 했다는 걸 잘 압니다. 하지만 조절할 수가 없어요. 전 울고 싶지 않고, 약한 모습을 보이고 싶지도 않지만, 어쩔 수가 없습니다. 감정을 조절하는 법을 배워야겠어요."

"오래전부터 그러시지 않았나요?" 내가 묻자, 마크는 너무도 슬프고, 너무도 연약하고, 너무도 외로워하는 불행한 어린 소년이 돼 눈물로 뺨을 적시며 천천히 고개를 끄덕였다. 이제는 숨길 수조차 없는 이 커다란 슬픔과 억제하지 못하는 분노는 대체 어디서 오는 것일까?

네 살 때 어느 주말에 마크가 사촌 집에서 놀고 있는 동안 마크의 부모와 형제들은 심각한 자동차 사고를 당했다. 주말에만 있기로 했던 사촌 집에서 머무는 기간은 몇 주 더 연장됐다. 마크의 어머니와 형이 응급 차를 타고 퇴원할 때까지 마크는 말도 못하고 걱정만 하고 있었다. 사람들은 아버지가 마크의 두 누나와 함께 세상을 떠났다고 했다. 마크는 그들이 다시는 돌아오지 않으리라는 것을 알았다. 이제 마크는 강해져야 했고, 몹시 슬퍼하는 어머니를 위로해야 했다. 소년의 어머니는 구명 튜브에 매달리듯 어린 아들을 꼭 끌어안고 흐느꼈다.

마크에게 이후의 기억은 별로 남아 있지 않았다. 시간이 흘렀고, 매우 용감하게 슬픔을 극복한 어머니는 재혼도 하지 않고 일과 두 아들에게 전념했다. 마크 역시 주위 사람들의 바람대로 용감해야 했다. 어떻게 감히 불평할 수 있었겠는가? 사고에서 살아남은 마크의 형도 전혀 약한 모습을 보이지 않는데, 그가 어떻게 아버지와 누나들을 그리워하며 울 수 있겠는가? 그래서 마크는 공부에만 전념했고, 전혀 말썽을 피우지 않았으며, 테니스 챔피언이 됐다. 누구에게나 미소 지었고, 모든 이의 사랑을 받았으며, 싫다는 소리도 할 줄 모르고, 힘닿는 대로 남을 돕는 착한 청년이 됐다. 마크는 아버지가 보고 싶다는 말을 할 엄두조차 내지 못했으며, 묵묵히 아버지의 빈자리를 채우려고 했다. 마크는 친구들의 아빠를 보면서 아무도 자신에게 설명해주지 않는 것들을 혼자 배우려고 애썼다.

마크는 다른 사람의 망가진 몸을 고쳐주기 위해 일찍이 의사가 되기로 마음먹었다. 그리고 어느덧 그도 아빠가 됐다. 자기 아들이 네 살이 됐을 때 그는 더 참을성이 없어졌을 뿐 아니라 걸핏하면 화를 냈다. 어린 아들의 반항을 참지 못했고, 아들을 엄하게 다뤘으며, 무서울 만큼 완고해졌다. 마치 그의 무의식이 "넌 아버지가 있잖아! 네가 얼마나 행복한지 모르지? 그러니까 넌 내 말에 복종해야 해! 넌 불평할 수 없어!"라고 외치는 것 같았다. 마크는 이제 병원에서 느낀 분노가 어린 시절에 느꼈던 것과 같은 고통이 재연되는 것이라는 사실을 이해했다. 그는 그 분노가 자신의 분노가 아니라는 듯이 다른 사람들을 향해 거침없이 쏟아내곤 했다. 실제로 그 분노는 정상적으로 고통을 겪을 수 없었던 어린 소년의 분노였다. 그 어린 소년은 고통을 호소할 수도 없었고, 그렇다고 그 고통을 그대로 둘 수도 없었다. 분노와 눈물이 마치 통제할 수 없이 모든 것을 태우고 파괴하는 용암처럼 쏟아졌다. 마크는 이제 더는 참을 수 없는 지경이 됐다.

어린 시절에 사랑하는 사람의 죽음을 겪은 다른 많은 아이처럼 마크도 결코 그들의 죽음을 받아들일 수 없었다. 그는 상처받은 가족에게 둘러싸여 침묵하면서 되도록 용감한 척, 착한 척 행동했지만, 마음속에는 고통이 그대로 남아 있었다. 이 용감한 가족 중 누구의 잘못도 아니었지만, 선의에서 출발한 이런 태도의 결과는 끔찍했다.

고통스러운 상황에서 아이들은 부모가 얼마나 힘들어하는지를 금세 이해하고, 그들의 고통에 자신의 고통까지 보태지 않으려고 눈에 띄지 않게 행동한다. 그들은 신중하고, 방어적이 되며, 학업에 열중하고, 침묵한다. 그러다가 고통이 폭발하면 "저도 힘들어요."라고 말하지는 못하고 사람들의 관심을 끌고자 어리석은 짓을 하게 된다. 그들은 병들고, 분노하고, 악몽을 꾸거나, 자기 신체에 고통을 가하면서 살아남으려고 발버둥친다.

이처럼 억제된 비극적 사건은 나중에 특히 직업적인 면에서 중요한 보상이 되는 어떤 선택을 하는 원인이 된다.

치유하는 직업

많은 사람이 별 고민 없이 직업을 선택한다. 그들이 자기 직업에 만족한다면 이런 질문을 던질 필요도 없을 것이다. 직업을 선택할 때 업무 성격, 시장 요인과 더불어 집안의 사회적·경제적·문화적 배경과 지적 능력이 영향을 미치는 것은 분명하다. 하지만 이런 객관적인 동기 밖에도 인정받고 싶은 욕구, 권력에 대한 유혹, 부모를 기쁘게 하거나 부모의 관심을 끌고 싶은 욕망, 자신을 힘들게 했던 삶의 한 영역을 극복하고 싶은 욕구처럼 무의식적인 다른 동기들도 있다.

지나치게 자주 집을 비우는 의사 부모의 관심을 끌기 위해 이 직업을 선택한 의사는 얼마나 될까? 아니면 부모를 죽인 병을 정복하기 위해 이 직업을 선택한 의사는 몇 명이나 될까? 왜 어떤 젊은이는 성의학 전공을 택했을까? 자신이 경험했거나 혹은 지금도 경험하고 있는 욕망과 싸우기 위해 경찰관이나 교육자가 된 사람은 얼마나 될까? 부당함에 대한 불만이 훌륭한 변호사로서 성공하도록 이끄는 것은 아닐까? 극복해야 할 자기도취라는 엄청난 결점이 없는 배우가 있을까? 혹은 이해해야 할 어린 시절의 고통이 없는 정신의학자가 있을까?

때로는 이런 선택이 억제된 우리 욕망을 상쇄하고 승화하며, 우리 자신의 상처를 치유하는 길로 인도한다. 그러나 때로는 불행하게도 이런 무의식적인 욕구가 우리 기대를 저버리고, 우리를 지치게 하며, 영원히 해소할 수 없는 욕망을 충족하지 못하게 하는 길로 이끈다.

자크는 오래전부터 우울증에 시달렸다. 엔지니어의 아들이자 자신도 엔지니어인 그는 자기 직업을 좋아한 적이 없었다. 아들의 진로를 이공계로 정해놓고, 반발의 여지를 주지 않았던 독재자 아버지를 좋아했던 적도 없었다. 큰 용기, 진정한 헌신, 아들에 대한 조건적인 약간의 애정을 구실로 내세우는 아버지의 독재는 자크가 최선을 다해 대학 졸업장을 받게 하는 데 충분히 효과적이었다. 하지만 몇 년 후 그는 극도의 피로를 느꼈다. 안식년(우울증보다 훨씬 듣기 좋고 세련된 표현)을 사용할 기회가 오자 그는 항상 좋아했던 음악을 하기로 작정했다. 그리고 아버지의 반대에 맞서 이겼다. 하지만 자크의 예술에 전혀 관심을 보이지 않는 아버지가 그의 새로운 행복을 망가트리지 못하게 막을 수 있을 정도로 충분한 승리는 아니었다. 자크는 현재 아버지가 얼마나 자신을 파괴했는지, 그리고 결정적으로 자유롭고 행복하지 못하게 방해했는지를 전 인류를 향해 외치고 싶은 무의식적인 욕구 때문에 자기 재능을 꽃피우지 못한 슬프고 외로운 음악가다.

의사, 심리치료사, 변호사, 사회복지사, 교육자처럼 '치유하는' 직업은 어린 시절에 상처받은 사람들의 마음을 사로잡는다. 고통받는다는 것이 어떤 것인지를 잘 알고 있는 그들은 약점을 강점으로 만든다. 정신과 의사가 아니라면, 그리고 이런 선택이 일탈의 원인이 되지 않는다면 굳이 이런 문제에 대해 의문을 품을 필요는 없을 것이다. 그러나 정신과 의사는 어떠한 수단을 사용하건 자신이 치료하는 환자의 문제를 객관화할 수 없으며, 어떠한 과학기술도 이처럼 특수한 문제에 접목할 수 없다. 정신과 의사는 대부분 직감을 활용하며 일하지만, 계속해서 수많은 사례를 살펴봐야 하는 것은 물론 스스로 무의식에 남겨두지 말아야 할 감동과 상처, 내적 동기에 대해 분명히 아는 것이 중요하다. 제대로 된 정신과 의사라면 장기간 이뤄지는 개인적인 정신치료를 피할 수 없다.

젊은 정신과 의사인 플로랑스는 전문적인 조언을 얻기 위해 나를 찾았다. 나는 까다로운 환자들의 치료에 도움이 될 만한 조언을 해주면서 그녀가 이 직업을 선택한 동기를 살펴봤다. 복합적이고 흥미로운 인간의 정신역학에 매력을 느꼈다는 등의 객관적이고 타당한 이유 외에도 플로랑스는 자신의 삶을 돌아보며 무엇이 자기 가족 관계를 비정상적으로 만들었는지, 가까운 사람들과의 관계에서 왜 불편을 느끼는지, 왜 환자들에게 짜증이 나는지, 왜 눈물이 나는지를 분석하기에 이르렀다. 젊은 정신요법 의사가 자신의 무의식적인 고통과 환자들의 고통을 혼동하지 않으려면 자신의 어린 시절을 환기하고, 거기서 비롯한 취약점을 반드시 인정해야 한다.

자녀 중에서 셋째인 플로랑스가 들려준 어린 시절은 정상적인 듯했지만, 그녀는 잘 드러나지 않는 흔치 않은 욕구불만으로 가득 차 있었다. 자신에 대한 수치심, 무관심한 부모가 자신을 무시한다고 느끼던 불만감, 소소한 일로 빈번히 느끼던 죄책감, 자녀에 대한 만족감과 깊이 관련된 아버지의 사랑, 억눌린 반항심, 부모의 총애와 비난에서 비롯된 남매 사이의 불화, 혼란스럽고 때로 위협적이던 가족 간의 의사소통 등 한마디로 부모의 조종으로 악화한 가족 관계에서 나타나는 모든 요소를 갖추고 있었다. 플로랑스는 다소 고달픈 어린 시절을 거치면서 '나는 가족이라는 것이 이보다는 훨씬 나은 것이라고 믿는다. 내가 우리 가족에게 그것을 증명해 보이겠다.'는 결심을 굳히게 됐다.

플로랑스는 어린 시절에 정신적 상처를 받지는 않았다. 부모의 반대를 무릅쓰고 자기가 하고 싶은 공부를 했고, 자기 나름대로 행복하게 살고 있었다. 아니, 그런 것처럼 보였다. 겉모습은 온전하지만, 마음속 깊이 은밀하게 자리 잡은 고통이 슬픈 안개처럼 그녀를 감싸고 있었다. 이 고통으로 플로랑스는 몹시 지친 상태에 있었다. 그녀는 일에 몰두했지만, 진정으로 행복을 느끼지는 못했다. 그녀는 자신의 고통과 거리를 두고, 삶에 만족한 듯이 보이려고 감정을 조절하고 있었지만, '용감한 사람들이 겪는 우울증'을 앓고 있었다. 플로랑스는 가족과 멀리 떨어졌고, 부모도 자주 만나지 않았다. 가족과 만날 때마다 몹시 실망하고 화가 나서 마음을 추스르는 데 며칠씩 걸리곤 했다. 이처럼 거리를 두는 것은 평온한 삶을 살며 가족의 영향력에서 벗어나는 길이었지만, 플로랑스는 문제에 부딪혔다. 거리를 두는 것은 곪을 대로 곪은 고통을 해결할 수 없었으며, 같은 유형의 가족 문제를 안고 있는 환자를 상담할 때마다 이 고통이 되살아났다.

불가능한 사랑

스무 살의 줄리아는 알랭과 동거하면서 두 사람을 달콤하게 이어주는 안정된 관계에서 행복을 느꼈다. 하지만 그들은 상대에 대한 진정한 책임감 없이 하루하루 사랑을 맛보며 살아갈 뿐이었다. 줄리아는 아기를 갖고 싶었지만, 알랭은 그럴 준비가 되지 않았다고 생각했다. 그렇게 몇 년이 흘렀다.

줄리아는 로베르라는 마흔 살 나이의 유부남 사업가를 만났다. 로베르는 안정적이고, 성숙하고, 경험 많은 전형적인 중년 남자였다. 줄리아는 자신이 살고 있던 작은 세상이 갑자기 답답하게 느껴졌고, 열정에 들떠 로베르의 품으로 뛰어들었다.

줄리아는 젊은 나이의 여성과 미래가 없는 불륜 관계를 맺으려고 하는 이 남자의 머릿속에 무슨 생각이 들어 있는지 굳이 알려고 하지 않았다. 욕망에 눈이 먼 그녀는 불륜이기에 더욱 강렬한 쾌락을 은밀히 즐겼다. 로베르는 한편으로 줄리아에게서 짜릿한 쾌락을 맛보면서 다른 한편으로 성욕이 식어버린 부부 관계를 유지했다. 그는 줄리아를 고급 레스토랑에 초대하고, 출장 여행에도 데려갔다. 젊고 아름다운 정부의 동행으로 발걸음이 가벼워진 출장길에서 로베르는 그녀와 함께 호텔에서 열정적인 밀회를 즐겼다. 로베르는 행복했고, 줄리아는 그에게 매료됐으며, 두 사람은 열렬히 사랑에 빠졌다.

두 사람 모두 이 관계의 일탈적 성격에 신경 쓰지 않았다. 다시 말해 이제 막 성인이 된 줄리아는 머지않아 남편이 될 남자와 동거하고 있었고, 아직 이뤄야 할 것들이 많았지만, 나이가 아버지뻘인 유부남 로베르는 현재의 처와 이혼할 생각이 전혀 없었다. 로베르는 줄리아에게 아무것도 약속하지 않았지만, 줄리아는 그에게 매료됐고, 자신의 가치를 인정받았다고 느꼈다. 줄리아는 로베르가 잠깐씩 허락하는 열정적이지만 덧없는 순간을 맛보기 위해 며칠이든 참고 기다렸다. 그리고 이런 은밀한 관계가 두 사람 사이를 더욱 특별하게 해준다고 믿었다.

줄리아의 사례에서는 도덕적 측면을 떠나 오이디푸스적 관계가 낳는 피해에 주목하는 것은 중요하다. 줄리아에게 로베르는 아버지 세대의 남자인 데다 유부남이지만 '사귈 수 있는 사람'이다. 로베르는 어린 시절의 줄리아에게 인생의 첫 남자이자 금지된 남자인 아버지를 연상시키는 존재였다. 그는 아무것도 증명할 필요 없이 안정되고 완벽한 남자였으며 가부장적이고 유부남이었지만, 아버지와 달리 줄리아에게 진심으로 관심을 쏟고, 그녀의 말을 들어줬고, 사랑이 가득 찬 시선으로 그녀를 바라봤으며, 줄리아가 뭔가를 선택해야 할 때 충고를 아끼지 않았다. 그런 것들은 어린 시절의 그녀에게 결핍된 것이었다.

여자는 대부분 자기 인생에서 큰 의미가 있는 첫 남자의 영향을 받고, 이 영향은 사랑을 추구할 때 기본적인 조건으로 작용한다. 아버지와 맺었던 관계는 이후 그들이 만나는 남자와의 관계를 결정하는 기준이 되곤 한다. 만약 아버지와 좋은 관계를 유지했던 추억이 있다면, 부성애에서 느끼던 안정감이나 마음을 끄는 친숙한 인상을 주는 남자에게서 그 추억이 되살아난다. 이와 반대로 아버지와 관계가 나빴다면, 의식적이든 무의식적이든 아버지가 얼마나 실망스러운 존재였는지를 증명하기 위해 아버지와 정반대되는 유형의 남자에게 매력을 느끼거나, 어린 시절에 열망했듯이 이번만큼은 상대가 자신을 사랑하게 만들겠다는 희망으로 아버지와 같은 유형의 남자를 찾을 수도 있다. 어린 시절에 충족되지 않았던 '인정받고 싶은 욕망'은 성인이 된 이 젊은 여인을 여전히 괴롭히고 자신을 인정해줄 대상을 찾아 헤매게 하지만, 너무도 큰 그 욕망과 고통은 내면 깊은 곳에 꼭꼭 감춰져 있다. 따라서 눈을 크게 뜨고 과거와 맞서는 것도, 과거의 해로운 영향에서 벗어나려고 애쓰는 것도 몹시 힘겨운 일이 될 수 있다.

이처럼 유년기의 경험이 성인이 됐을 때 추구하는 사랑을 좌우하는 현상은 여성에게만 국한된 문제가 아니라 남성의 경우도 마찬가지다.

버림받지 않기 위해 떠난다

서른다섯 살의 브누아는 온화하고 조용한 성격의 제빵사였다. 그는 몹시 긴장한 것 같았지만, 침착하게 말했다. 나는 그가 한 직장에 오래 있지 못하는 타입이라는 것을 금세 알아볼 수 있었다. 그는 자기 직업을 좋아했지만, 벌써 세 번이나 일자리를 옮겼다. 잘해낼 자신이 없는 일을 맡아도 상대의 기분을 상하게 할까 봐 두려워 말을 꺼내지 못했다. 그저 아무것도 묻지 않고 누군가 자기에게 설명하다 실망해서 제풀에 지쳐 떨어지기를 기다렸다. 브누아는 너무 긴장해서 탈진 상태가 됐고 말도 꺼내지 못한 채 결국 직장을 그만두고 달아나버렸다. 정신과 치료를 받으면서 브누아는 자신을 가두고 있는 시나리오의 성격을 자각하기 시작했다.

"전 직장을 그만두기 위해서 저 자신을 무능하게 만드는 상황을 연출하고 있었다는 걸 깨달았어요." 브누아는 부끄러워하며 말했다. "부부 관계도 마찬가지였어요. 저는 제 안에 갇혀서 아내 곁을 떠나고 말았죠. 하지만 아내를 사랑했기에 제가 떠난 이유를 알 수 없었어요. 사실, 전 아내가 저를 떠날까 봐 늘 두려웠습니다. 그래서 제가 선수를 쳤던 거죠. 그걸 이제야 알았습니다. 사람들이 저를 버리지 못하게 제가 먼저 떠난 거예요."

브누아가 행복을 지킬 수 없을 정도로, 그 끔찍한 일이 재연되는 것에 대한 두려움을 이겨낼 수 없을 정도로 깊은 상처를 남긴 채 예전에 그를 버린 사람은 누구였을까?

브누아는 자기 부모가 잘못 맺어진 사람들이었다고 회상했다. 어머니는 늘 우울했고, 아버지는 무관심한 사람이었다. 그가 열 살밖에 되지 않았을 때 아버지는 집을 나갔다. 우울증 때문에 조금씩 알코올중독에 빠져드는 엄마와 단둘이 남은 그는 모든 것을 책임져야 했다. 브누아는 부모가 되면서 동시에 고아가 됐다. 그가 능력껏 부양한 어머니가 타락하면서 그는 완전히 풀이 꺾였다. 아버지에게서 버림받은 것은 열 살이었던 자신이 어리석고 기대에 어긋났기 때문이라고 확신했다. 그렇잖아도 아버지는 아들에게 늘 그렇게 말했다.

브누아는 이 고통스러운 경험이 자기 인생에 얼마나 큰 영향을 미쳤는지 차츰 깨달았다. 어린 소년 브누아는 자신이 버림받으리라는 사실을 확신하고 있었기에 모든 것을 망가트리고, 버림받는 상황을 피하려고 자신이 먼저 떠났다. 하지만 그는 그렇게 행동함으로써 고통스러운 기억에 사로잡혀 있다는 사실을 여전히 이해하지 못했다. 브누아는 버림받지 않으려고 먼저 상대를 버림으로써 또다시 버림받기를 거부했고, 자신이 떠나지 않았다면 버림받았으리라고 믿었다. 그는 자기 문제의 본질을 살피기보다는 세상이 원래 그렇다고 생각하는 것이 훨씬 편했다. 하지만 그는 문제의 본질이 자신의 어린 시절에 있고, 이후에 형성된 모든 구조가 이처럼 위태로운 기초 위에 세워졌다는 사실을 잘 알고 있었다.

하지만 실패가 거듭되자, 브누아는 자기 삶을 망치는 이 고통에서 벗어나기로 했다. 그렇게 어린 시절 자신의 영혼 깊은 곳에 숨겨뒀던 분노와 슬픔, 절망이 마침내 의식 위로 떠올랐다.

브누아는 성가시면서도 없어서는 안 될 아이였다. 이처럼 가슴에 사무치는 모순은 가족 문제 때문에 부과된 무거운 천륜을 의미했다. 버림받고 이용당한 이 불행한 아이는 희생을 견디며 자기 인생에 의미를 부여했다. 그러지 않았더라면 그의 희생은 그저 무의미한 고통에 지나지 않았을 것이다. 브누아는 끝없는 외로움 속에서도 온갖 방법을 동원해 부모의 기대에 어긋나지 않으려고 노력했고, 매우 비싼 대가를 치르고서야 약간의 인정을 받았다. 그는 자신에게 필요한 것은 전혀 돌보지 않고 부모를 부양하고, 돕고, 구제했다. 성인이 돼 자신의 약점을 장점으로 승화시키고, 자유롭게 직업을 선택할 수 있게 됐을 때 브누아는 성직처럼 희생이 천직인 '치유하는 직업'을 택했다. 불행히도 어린 시절에 받은 상처가 지나친 파괴력을 지녔다면, 그런 고통을 받은 아이들은 모호한 불안과 깊은 고통으로 절망에 빠져 능력도 미래도 없는 희생자 집단에서 신세를 망치고 만다.

그는 인생이 그런 것이라고 생각했다

파리드는 늘 핑계나 늘어놓는 사람들처럼 보잘것없고, 내성적이고, 온순한 남자였다. 그가 조심스럽게 털어놓는 불평을 들어보면, 그에게 엄청난 고통이 있음을 알 수 있었다. 그는 자신에 대한 신뢰가 절대적으로 부족하고, 감히 자기 생각을 표현할 엄두조차 내지 못했다. 파리드는 간절히 친구를 원했지만, 주변 사람들을 난폭하거나 의심스럽거나 귀찮다고 생각했기에 그들과 도저히 관계를 맺을 수 없었다. 가족과도 소원해져서 어쩔 수 없을 때에만 연락하고, 형제가 많았지만, 누구와도 사이가 좋지 않았다. 안정적이지만 무미건조한 부부 관계에 안주한 파리드는 비록 제대로 표현하지는 못해도 자녀에 대한 사랑은 끔찍했다. 그는 자연스럽게 행동하려고 노력했지만, 최소한의 신체 접촉도 불편해했고, 자신이 몹시 불행하다고 느꼈다.

천부적으로 예리하고, 직관적인 감각이 뛰어난 그는 중년으로 접어들면서 자신의 어린 시절을 진지하게 돌아보지 않을 수 없음을 깨달았다. 그는 마치 재난에서 살아남은 생존자처럼 살아가고 있었는데, 사실 그가 겪은 고통은 예사롭지 않았다.

이민 가족의 장남인 파리드는 적어도 아들 한 명은 고국에서 공부를 시키겠다는 아버지의 뜻에 따라 여섯 살에 알제리로 보내져 낯선 친척들과 함께 지내야 했다. 자신이 부모에게 성가신 존재여서 버림받았다고 생각한 파리드가 점점 쇠약해지자, 알제리로 돌아온 아버지는 아들을 닦달하고 위협하며 실망스러운 짐짝처럼 다른 집으로 보내버렸다.

어린 파리드는 주눅이 들어 조심스럽게 지냈지만, 다행히도 그 집의 비슷한 나이 또래 소년과 친해졌다. 행복하게 살고 싶어 애태우는 아이에게 태양은 다시 찬란히 빛났다. 그들의 우정은 무척 돈독했기에 아무도 그들의 비밀 놀이가 범법 행위로 끝나게 되리라고는 짐작하지 못했다. 파리드의 친구는 차츰 빗나갔지만, 만약 음모를 발설하면 하나밖에 없는 친구를 잃게 되고, 아버지의 끔찍한 분노를 사게 될 것이 분명했던 파리드는 자신의 의지와 상관없이 범죄에 가담할 수밖에 없었다.

힘없고, 외롭고, 낙담한 소년은 그 상황을 감내하는 것밖에는 다른 도리가 없었다. 반항할 수도 없었기에 자신에게 화가 치밀 뿐이었다. 파리드는 자신을 형편없고, 비열하고, 가치 없고, 버림받아 마땅한 인간 쓰레기로 여겼다. 그는 인생이 원래 그런 것이라고 믿었다.

아동 학대는 무엇보다도 정신적 성격이 강하지만, 때로 신체적·성적 폭력으로 나타나기도 한다. 특히 권력을 남용하는 성향이 있는 성인이 아이를 돌볼 때 폭력을 쓰고 분풀이를 하기 쉬워서 이런 일은 생각보다 빈번히 일어난다.

사람들이 흔히 말하듯이 맑고, 크고, 깊이를 알 수 없는 눈과 천사의 얼굴을 한 오로르는 허공을 멀거니 응시하고 있었다. 차림새도 얌전하고 소박한 오로르는 나이가 서른 살이었지만, 마치 아이처럼 천진난만하면서도 여성스러워서 뭇 남성의 마음을 흔들어놓기에 부족함이 없었다. 그녀는 사랑하는 남편과 함께 살고 있었지만, '자신이 가장 싫어하는 남성상'의 표상인 나이 많은 운동 코치와의 불륜 관계를 끝내지 못하고 있었다. 그런 일탈이 부부 관계에 얼마나 해로운지를 잘 알고 있었으나 어쩔 수 없었다. 두 사람은 불륜이 탄로 났을 때 벌어질 사태의 심각성을 잘 알고 있으면서도 성욕이 지배하는 은밀한 관계를 지속하고 있었다.

그러던 어느 날 올 것이 오고야 말았다. 오로르의 휴대전화에 남아 있던 운동 코치의 문자 메시지를 남편이 발견하면서 오래전부터 그녀를 괴롭혀온 이중생활도 끝장나고 말았다. 이 사건을 계기로 마치 빗장이 풀리듯 오로르는 몇 해 동안 쌓인 중압감에서 벗어났고, 앙금처럼 가라앉아 있던 상처 입은 어린 시절의 불쾌한 추억도 함께 날려버렸다.

오로르가 어렸을 때 그녀의 부모는 제각기 부정을 저지르고, 고함을 지르며 격렬하게 싸웠다. 이 끔찍한 장면을 지켜보던 어린 소녀는 두 사람의 싸움을 말릴 수만 있다면 영혼이라도 팔 수 있을 것 같았다. 그들은 서로 증오하며 이혼했고, 오로르는 이러지도 저러지도 못하는 상태에서 점점 미쳐가는 어머니를 보호하는 착한 딸로서, 그리고 어린 오로르를 탐하듯이 바라보는 친구들과 어울리며 매일 밤 여자를 바꿔가며 술을 마시는 아버지를 배려하는 사려 깊은 딸로서 살아남으려고 노력했다. 이처럼 지옥 같은 삶에서 오로르의 아버지는 꿀처럼 달콤한 오아시스, 평화로운 피난처를 만들고, 그곳에서 오로르와 단둘이 만나 딸을 육체적 쾌락의 도구로 삼았다. 자신이 '얼마나 딸을 사랑하는지'를 보여준다며 아버지는 딸을 매만지고, 육체의 은밀한 부분을 보게 하면서 거기서 얻을 수 있는 쾌락을 맛보게 했다. 그리고 자신은 일곱 살 아이의 작은 손을 이용해 성적 만족을 얻었다. 오로르는 자기가 아버지를 기쁘게 했다는 것을 알았고, 아버지는 혜택이라도 베풀 듯이 어린 딸에게 아무도 모르는 '둘만의 작은 비밀'을 지키라고 했다. 오로르는 그 비밀을 아무에게도 말할 수 없었고, 몹시 거북하면서도 알 수 없는 쾌감을 느꼈다. 그것은 나쁘기도 했고, 좋기도 했다. 이 모든 것을 마음 깊숙한 곳에 감추고 있는 한 그녀는 남자들의 시선, 자신의 옷을 벗기고 자신을 원하는 시선, 아버지와 아버지의 술친구들에게서 익히 봤던 그 시선을 피할 수밖에 없었다.

오로르는 스무 살에 이 끈적끈적한 기억에서 벗어나기로 작정하고, 용기를 내서 아버지와 맞서며 그녀를 끊임없이 괴롭히는 이 과거의 책임을 물었다. 아버지는 화를 내며 모든 것을 부인했고, 새어머니도 화를 내며 그녀를 정신이상자, 성도착자, 음란한 여자로 취급하며 거리로 내쫓았다. 오로르는 외로웠고, 이중으로 상처받은 아이가 돼 마음속으로 절규했다.

수치심, 죄책감, 고독을 모면하고 아버지와의 관계를 회복하기 위해 오로르는 아버지를 용서했다. 그러기 위해서 오로르는 아버지의 '애무'를 별것 아닌 양 더는 언급하지 않았으며, 아버지에게 그럴 만한 상황과 이유가 있었으리라고 합리화했고, '아버지를 법정에 세우게' 하는 이혼을 피하기 위해 새어머니와의 관계도 회복했다.

그렇게 해서 오로르는 자신에게 영향력을 행사하는 남자와 탈의실에서 몰래 키스하며 자신이 사랑하는 남자를 배반함으로써 자기 의지와 상관없이 과거에 쓰인 이 시나리오를 재현하며 거기에 갇혀버렸다.

아이는 쉽게 믿는다. 보호받고 사랑받고 싶은 아이의 욕구는 사활이 걸린 문제다. 따라서 아이는 필요한 것을 얻을 수 있다면, 무엇이든 수용할 준비가 돼 있다. 아이는 극도로 상처받기 쉽고 전적인 의존 상태에서 삶을 시작하기에 뭔가를 어디까지 수용해야 할지, 그 한계를 정할 수 없다. 아이는 부모가 그들 방식대로 보살피는 대상이므로 그 방식을 무조건 수용할 수밖에 없다. 부모가 아이의 몸을 씻기고, 건드리고, 살펴보고, 만질 때 아이를 존중하기도 하지만, 그러지 않을 때도 있다. 부모는 아이에게 말, 걸

음마, 동작을 하나하나 가르치고, 아이도 모든 것이 어른에게서 비롯된다는 것을 알고 있기에 이런 상호 작용이 기대에 어긋난다는 사실을 아주 어릴 때부터 알아차린다. 아이는 정신적으로 철저하게 지배당하고 있어서 기본적인 위생 규칙이나 위험한 것에 대한 금지처럼 '기분 나쁘지만 적절한 것'과 폭력, 성적 학대처럼 신체적·정신적 상처를 남기는 '기분 나쁘고 부적절한 것'을 제대로 구별하지 못한다. 학대의 가해자가 가족의 일원이고, 물질적 안전과 사랑을 보장하는 성인이기에 아이가 이 경계를 구분하기는 더욱 어려워진다.

단순한 것에서부터 고통스러운 것까지 우리가 제1장에서 살펴본 사례들은 평범하건 극단적이건 모두 어른이 되기까지 어린 시절의 기억이 얼마나 중요한 기준이 되는지를 말해준다. 무의식 차원에서 이런 정신적 유산이 우리의 성향을 결정한다. 의식 차원에서 정신적 유산은 재현해야 하고 역행해야 하고 포기해야 하는 전형이 된다. 이 전형들에서 해방된다는 것은 이것들을 거부하고, 멀리하고, 기분에 좌우되지 않고, 고유의 가치만으로 우리 마음대로 전형들을 '재선택'할 수 있다는 것을 의미한다.

세상이 요즘처럼 빠르게 변하지 않던 시절에 사람들은 가족의 전형에 만족할 수 있었다. 여러 세대가 서로 비슷했고, 가족의 해체는 시작되지 않았다. 사회는 더 단순했고, 덜 다원적이었다. 규범들은 더 오래갔고, 통제적인 종교의 성격은 더 확실했다. 사람들은 사촌, 조부모, 독신 성인을 포함하는 더 큰 집단, 즉 그 자체로도 기준이 되는 작은 사회를 이루고 살았기에 가족 안에서만도 비슷한 전형들이 더 많이 나타났다. 하지만 세상은 달라졌고, 점점 더 복잡해지고 있다. 부모 세대에 유용했던 것이 자녀 세대에는 이미 낡은 것이 된다. 과거 어느 때보다도 자녀에게 제공할 교육에 관해, 자녀가 우리가 아직 알지 못하는 세상에서 자기 자리를 발견하는 독립적이고 충분히 성숙한 성인이 되는 데 유용한 가치와 기준을 세워야 하는 정서적 건강을 살펴볼 필요가 절실하다.

전후 수십 년간 생존은 이미 기준의 근거가 되지 못했다. 행복한 삶의 기준은 엄청나게 변했고, 성숙, 자아실현, 행복이라는 표현이 지시하는 것으로 변했다. 그러나 기준은 높아졌지만, 모든 가족이 이런 새로운 소망을 이룰 준비가 돼 있는 것은 아니다.

2장. 이 가족의 문제는 무엇인가?

우리에게 어린 시절은 살아 꿈틀대는 혼돈이며,
평생을 바쳐도 그것을 정리하고 이해하기에 충분하지 않다.
-미셸 투르니에

부모의 잘못을 인정하라

기능 장애를 일으킨 가족, 심지어 해를 끼치는 가족은 남의 이야기가 아니다. 제2장에서는 지난 수십 년간 내가 현장에서 관찰하고 연구한 사례들을 몇 가지 기준에 따라 구분하고, 빈번히 나타나는 문제들을 지표로 삼아 설명할 것이다.

학대받거나 상처받은 어린 시절로 말미암아 고통받는 독자들은 여기서 사례로 든 문제 가족들을 보며 위로를 받을 수도 있을 것이다. 자기 가족을 집어낸 것 같은 느낌이 드는 부모들은 걱정이 앞설 수도 있다. 나는 독자들이 부모의 본능만으로는 자녀를 교육할 수 없다는 사실을 좀 더 깊이 생각하고 이해하도록 돕고 싶다. 쓰라린 상처를 남긴 어린 시절을 보냈다거나 본보기가 될 만한 부모의 전형이 없는 사람에게는 자녀 교육이 그리 간단한 일이 아니다.

"아이들한테는 그저 먹고 싸는 게 일이잖습니까?", "아이들은 저희끼리 내버려둬도 잡초처럼 잘 자라죠!"

어느 아버지가 자식들에게 무관심했다는 죄책감에서 벗어나려고 내게 했던 말이다. 하지만 이 말은 사실이 아니다. 자녀가 자라는 모습을 바라보는 것만으로는, 본능을 따르게 내버려두는 것만으로는 부모의 역할을 충분히 했다고 말할 수 없다. 그렇다. 부모는 늘 자신이 '할 수 있는 것'만을 하는 것이 아니라 때로는 자신이 '하고 싶은 것'도 한다. 자녀가 보내는 조난 신호에 주목하지 않고, 의문을 품지 않고, 알려고 하지 않고, 함께 대화하지 않고, 못 들은 척하고 못 본 척하는 부모도 있다.

부모도 자식도 가장 저속한 사람과 가장 현명한 사람 사이에 있다. 우리는 세심한 이타성과 비루한 이기주의 사이, 진화하는 지식인의 명석함과 어리석은 사람의 확신 사이에 있다.

"잔인한 행동은 타인의 눈에 비친 자신의 모습에 익숙해져서 스스로 생각하지 않거나, 아예 생각이라는 것 자체를 하지 않는 사람들에게서 흔히 볼 수 있는 특징이다. 이런 사람들을 통제하는 시스템이 이들을 대신해서 생각해주므로 이들은 모든 비판적 견해를 거부한다. 한나 아렌트는 '선해지겠다거나 악해지겠다고 결심한 적이 없는 사람들이 대부분 악행을 저지른다.'고 했다. 학대 행위를 연구한 전문가들은 스스로 생각하지 않지만 마치 그렇게 생각해야 한다는 듯이 '상투적인 생각'만을 하는 이런 유형의 사람들을 자주 보게 된다."[1]

모든 간호인, 의사, 심리치료사, 교육자 그리고 초등학교 교사는 자녀를 돌보지 않고 무시하고, 비난하고, 모욕하고, 버리고, 폭행하는 부모들이 있다는 을 잘 알고 있다. 어른이, 그것도 많은 부모가 구타, 가해, 유기, 감금, 굶기기, 성추행, 강간, 차마 말로 표현할 수 없는 가혹 행위, 심지어 살해까지 끔찍한 폭력을 행사하여 자녀를 괴롭히는 행태는 단지 세상에 알려지지 않았을 뿐, 지금도 곳곳에서 계속되고 있다.

----

1) 살렘 제라르, 『전투적 치료』(2판), 아르망 콜랭, 2011.

언론에 자주 보도되듯이, 이처럼 극단적인 사례에는 항상 끔찍한 어린 시절로 만신창이가 된 어른에게 학대받는 아이가 등장한다. 그들의 학대 행위를 절대 용서할 수 없지만, 그 원인을 이해할 수는 있다. 이런 비극적인 사건이 흔하지는 않아도 우리가 생각하는 것보다는 훨씬 자주 발생한다. 반면에 이보다 경미한 학대의 예는 넘쳐난다. 그 보편적인 성격 때문에 평범해 보여서 대부분 알아차리지도 못하고 지나치지만, 그 파급력은 엄청나다. 나는 이런 사건의 중요성에 주목하기보다는 고통이 대물림돼 반복되는 현상을 막거나 줄이려면 어떻게 해야 하는지, 그 실마리를 풀어보고자 한다.

자기 부모에게 문제가 있음을 인정하거나, 특정한 사람이 폭력적이거나, 해롭거나, 파괴적이었다는 사실을 인정하고 나면, 아이는 죄책감에 시달리지 않게 된다. 사소한 일탈이었든, 심각한 학대였든 그 행위의 책임을 가해자에게 묻는 것이 모든 것을 자기 식대로 이해하려는 경향이 있는 진짜 피해자인 아이가 자신의 몫이 아닌 죄책감에서 벗어나는 길이다. '나는 형편없어.'라고 생각하기보다는 오히려 '우리 엄마는 자기 잘못을 인정할 수 없어서 나한테 화를 내는 거야.'라고 생각하는 편이 옳은 경우가 대부분이다. '난 행실이 나쁘고, 기대에 못 미치고, 비난받아 마땅한 아이야. 그러니 이런 취급을 받는 게 당연해.'라고 생각하기보다는 '부모님이 나를 비웃고 무시하는 건 잠시 기분이 언짢아서 그러는 거야.'라고 생각하는 편이 덜 파괴적이다.

부모의 잘못을 인정하고 나면 그 책임을 자신이 짊어지지 않게 된다. 이것이 핵심이다. 학대가 교묘히 자행돼서 부모의 잘못을 명확히 인정하기 곤란한 경우가 종종 있다. 정신적 학대가 바로 그런 경우다. 정신적으로 학대받을 때에는 육체적으로 학대받을 때보다 부모의 잘못을 인정하기가 훨씬 더 어렵다. 그러나 부모의 잘못을 인정하지 않고는 무엇을 상대로 싸워야 할지, 무엇부터 치유해야 할지 알 수 없다. 불만은 드러나지 않거나, 부정되거나, 과소평가돼 근거가 없는 것 같고, 모호하고, 확실하지 않다.

진료 대기실은 자신이 고통받는 이유조차 모르는 불안증 환자, 우울증 환자들로 넘쳐난다. 제약 회사로서는 축복 같은 일이겠지만, 이들은 대부분 진짜 환자가 아니다. 그들의 불만은 의학 영역 밖에 있다. 이 분야에 관한 여러 연구를 보면 복합적인 원인이 있는 불만처럼 가벼운 반응성 우울증에는 지나치게 많은 약물을 처방하는 반면, 비교적 드문 중증 내인성 우울증[2]에는 약물을 부족하게 처방하거나 잘못 처방한다는 것을 알 수 있다. 이것은 엄연히 잘못된 일이다! 불만은 그 원인을 알고 집중적으로 치료하면 진정제를 사용하지 않고도 회복할 수 있는 정신적 불균형일 뿐, 질병이 아니다. 이와 반대로 약물 치료는 문제 제기의 동기와 원인을 억제할 정도로 진정 작용이 뛰어나지만, 문제가 여전히 남아 있다. 약물 치료는 고통을 중요시하지 않기 때문에 치료를 중단하면 불만은 이해도 치료도 되지 않은 상태로 실망까지 더해져 다시 나타난다. 환자를 그 자신이나 가족에 대한 잠재적 위험으로부터 보호하고, 화학 약품의 도움 없이도 살아갈 수 있게 해주는 정신 훈련이 수반되지 않는다면, 향정신성 의약품의 복용은 아무 의미 없다. 약물은 일시적으로 환자를 진정시키고, 일상생활을 할 수 있

2) 우울증은 일시적으로 우울한 기분이 아닌 병리적인 수준의 우울한 상태를 일컬으며, 반응성 우울증과 내인성 우울증으로 나눌 수 있다. 외부의 구체적 사건에 대한 반응으로서 나타나는 우울증을 반응성 우울증이라고 하며, 외부의 구체적 사건이 없는 상황에서 개인의 고유한 특성으로 인해 나타나는 우울증을 내인성 우울증이라고 한다.

게 도와줄 뿐이므로 환자와 함께 불만의 원인을 찾고, 우울한 상태의 치료를 목표로 삼아야 한다.

일반적으로 불편은 정신 발달을 자극한다. 어려움에 부딪혔을 때 제동이 걸리거나 실패할 수도 있지만, 이를 극복하면 더한층 성장하는 기회가된다. 내적 모순에 빠져 옴짝달싹할 수 없거나 갈피를 못 잡는 사람은 그혼란에서 빠져나와야만 그 문제에 대해 스스로 질문하고, 생각하고, 깨닫고, 극복하고, 앞으로 나아갈 수 있다. 수문이 닫혀 수위가 위험할 정도로높아졌을 때 물길을 터줘야 물이 자연스럽게 흐를 수 있는 것과 마찬가지다. 하지만 진정제나 항우울제가 주는 인공적인 위안은 이런 변화를 늦추거나 가로막을 위험이 있다.

때로 육체적 폭력보다 더 치명적인 언어폭력에 시달리던 어린 시절의사건에 불만의 뿌리가 있다면, 희생자는 그 사건을 명확하게 알 수 없고,또 가해자를 원흉으로 인식하지도 못한다. 이런 언어는 잔인하고, 피해자는 이 폭력적인 언어에 동화된다. 피해의 성격도 모호해서 그것을 명확히파악하고 보상하기도 몹시 어렵다.

학대받은 아이가 어른이 돼 그 굴레에서 벗어나는 방법을 분석해보면,상당히 놀라운 점을 발견하게 된다. 즉, 육체적 학대를 받은 사람들은 정신적 학대만을 받은 사람들보다 훨씬 쉽게 회복한다. 육체적 폭력은 아이와주변 사람들이 쉽게 발견하고, 가해자가 폭력을 인정함으로써 아이가 부분적으로 죄책감에서 벗어날 수 있기 때문이다. 구타당하는 등 육체적으로 학대당할 때 피해자는 고통을 느끼지만, 그것이 정상이 아니라는 사실을 알고 있고 그 잘못이 자신이 아니라 가해자에게 있음도 분명히 알고 있다. 하지만 심리적 학대는 눈에 띄지 않아서 발견하기가 어렵고, 아이는 학대의 원인이 자신에게 있다고 믿는 경향이 있다. 역설적이라고 생각되겠지만, 전반적으로 정신적 학대는 육체적 학대보다 장기간에 걸쳐 더 파괴적인 영향을 미치기에 잘못을 인정하고 알리는 것이 매우 중요하다. 애정결핍은 독이 되고, 언어는 상처를 주며, 침묵은 짓밟는다. 서서히, 그리고 깊숙이.

이 장에서는 아이의 삶에 치명적인 영향을 끼치는 다양한 행동에 주목할 것이다. 여러분도 부모가 "제발 엄살 좀 떨지 마! 그 정도로 죽지 않아!"라고 말하며 아이를 불행으로 몰아넣는 어리석고 경멸스러운 태도를 본 적이 있을 것이다. 그리고 부모를 너무도 쉽게 죄의식에서 벗어나게 해주는 "죽지 않을 만큼 고생해봐야 강해진다!" 따위의 싸구려 격언을 들어본 적도 있을 것이다. 하지만 아이는 정말 '엄살'을 떤 것이고, '죽지 않을 만큼 고생해봐야' 더 나은 존재가 될 수 있을까?

이 책을 읽는 많은 이가 부모와의 관계에서 오래전에 자신이 직접 겪은 사건이든 지금도 계속되는 상황이든 자신의 고통이 바로 거기서 비롯했다는 사실을 드디어 인정하게 될 것이다.

나는 여기서 행복해지는 데 바람직한 행동을 줄줄이 열거하면서 기존의 처방을 체계화하는, 별로 효과 없는 제안을 반복하지 않을 것이다. 그보다는 가족이 끼치는 '독毒'에서 비롯한 문제들을 포착하고, 이와 관련해서 정신적 성숙을 이루는 데 어떤 태도가 적절하고 유익한지 살펴볼 것이다.

억압하고 간섭하는 독단적인 부모

모든 감옥이 슬프지만, 사랑의 감옥만큼 슬픈 것도 없다. 과잉보호, 성가신 사랑, 시도 때도 없는 간섭, 모든 것을 통제하려는 고집은 가장 큰 사랑 뒤에 은밀히 숨어 있는 달콤한 독이다. 이런 것들이 '사랑'의 이름으로 감옥 문을 몇 겹으로 닫아놓고 있다. 자기 '강아지'를 절대 포기하지 않는 어머니는 마흔이 넘은 자식을 여전히 "우리 아기!"라고 부른다. 아버지는 자식의 인생을 자기 생각대로 계획하고, 충고하고, 감독한다.

이런 부모는 아무 때나 연락도 없이 성인이 된 자녀의 집에 들이닥치고, 집 열쇠까지 가지고 있다. 열쇠를 갖고 있다는 것은 그들에게 단순한 필요 이상의 상징성이 있다. 열쇠를 확보함으로써 부모는 자녀가 자기 집에서 살 때 행사하던 통제권을 연장한다. 자녀가 독립해도 부모는 계속 간섭하면서 관심의 끈을 놓지 않는다. 이런 부모는 '자기 아이의 삶'이라는 최대 관심사를 '빼앗기는 것'을 용납할 수 없고, 아이의 집에서 무슨 일이 일어나는지 알고 싶은 궁금증을 억누르지 못한다. 하지만 불행하게도 자식은 부모의 과잉보호에서 비롯한 성가신 사랑을 애정의 표시라기보다는 견딜 수 없는 억압이나 침해로 여기기 쉽다.

이런 가정에서 부모는 자녀의 '개인의 영역'을 존중해주지 않는다. 다 자란 자녀의 침실이나 욕실에 노크도 하지 않고 불쑥 들어가고, 청소를 핑계로 세탁물을 챙기고, 책상을 정리하며, 침대 탁자의 서랍까지 뒤지며 자녀의 사적인 공간을 구석구석 조사한다.

"엄마는 분명히 제 일기도 읽었을 거예요. 일기장에 머리카락을 끼워놓고 시험해봤는데, 그게 사라졌거든요. 이젠 일기장을 쪽마루 밑에 숨겨두는데, 그래도 엄마가 찾아낼까 봐 겁나요! 두 평밖에 되지 않는 내 방에서조차 엄마의 감시에서 벗어날 수 없다니, 이건 말도 안 돼요!"

때로는 부모의 간섭이 육체 영역에까지 미친다. 자식의 건강을 지나치게 걱정하는 부모는 자식의 체온을 재고, 열이 있으면 좌약을 삽입하고, 대소변의 횟수나 농도까지 검사하는 등 자신도 모르는 사이에 왜곡된 '건강 관리'를 통해 자식을 '학대'한다.

나와 상담한 한 여성은 이렇게 말했다.

"엄마는 저더러 생리할 때 꼭 알리라고 했어요. 엄마라는 사람이 자기 딸 생리하는 것도 모르면 안 된다는 거예요. 하지만 전 엄마한테 그런 얘기를 전혀 하고 싶지 않아요! 엄마는 여전히 모든 걸 알고 싶어 하지만, 저한테도 사생활이란 게 있잖아요. 하지만 엄마는 그럴 때마다 엄마한테는 절 돌봐야 할 의무가 있고, 또 그럴 권리가 있다고 대답하죠. 참 바보 같죠. 제가 거절하면 엄마를 거부했다면서 저한테 죄책감이 들게 해요.

제가 어릴 적에 엄마는 건강기록부에 제 건강 상태를 꼼꼼하게 기록했어요. 그걸 보니 제가 며칠 동안 대변을 보지 않았던 적이 있었나 봐요. 엄마는 유아 건강에 관한 책을 사서 읽고는 거기 나오는 대로 제게 음식을 먹였어요. 우유를 먹일 시간이 아니면 제가 아무리 울어대도 내버려뒀고, 먹일 시간이 되면 제가 곤히 잠들었어도 깨워서 강제로 젖병을 입에 물렸죠. 전 잠이 덜 깼으니 우유를 제대로 먹지 않았을 테고, 그러니 금세 배가 고파졌겠죠. 하지만 그때는 우유 먹일 시간이 아니니 엄마는 배고파 우는 저를 그대로 내버려뒀어요."

이런 부모는 자녀가 혼자서는 아무것도 할 수 없다고 확신하는 '절름 발이 부모'다. 실제로는 온갖 일에 간섭해서 아이가 자유롭게 세상을 체험하지 못하게 방해하고, 결국 아이를 의존적인 존재로 만들면서도 그들은 자신의 간섭이 아이에게 꼭 필요하다고 정당화한다.

우리는 아이를 도울 때마다 아이가 스스로 자신을 돕지 못하게 방해한다. 아이에게 지식을 주입할 때마다 아이가 스스로 발견하고 이해하지 못하게 방해한다. 아이를 통제할 때마다 아이가 스스로 자신을 통제하지 못하게 방해한다. 이런 악순환이 곤란한 이유는 자식이 부모의 도움을 환영할 수도 있지만, 끔찍한 대가를 치러야 하기 때문이다. 자녀를 간섭하는 것이 자신의 권리라고 확신하는 부모는 대개 '모 아니면 도'다. 자녀가 부모의 간섭을 회피하면 이것을 자신에 대한 거부로 받아들인다. 그러면 아이는 부모에게 상처를 줬다는 죄책감에 사로잡혀 오랫동안, 심지어 어른이 되어서도 자유를 갈망하는 욕구를 스스로 억압한다.

세 자녀를 둔 마흔 살 마르틴은 불평을 늘어놓았다.

"아버지는 아무 때나 집에 오셔요. 대개 아버지가 무료하실 때, 그러니까 제가 가장 바쁜 초저녁에 오시죠. 아버지는 고작 어머니에 대해 불평을 늘어놓으려고 오시기도 해요! 제가 좀 한가할 때 오시라고 해도 그 시간에는 안 된다며 화를 내셔요. 매주 아이들이 학교에 가지 않는 날 오후에 오셔서 아이들을 봐주셨는데 이제 다시는 오지 않겠다며 저 혼자 알아서 하래요!"

아이는 항상 부채감에 짓눌린다. 부모는 자녀를 위해 기꺼이 희생하지만, 자녀를 낳은 당연한 결과로 책임을 다하기 위해 희생하는 것이 아니라, 반대급부의 보상을 기대하는 수고라고 생색낸다. '내가 널 어떻게 키웠는데…' 아이는 부모가 자기한테 기울인 노력과 수고를 되갚아야 한다는 부채감에 영원히 시달리며, 사랑받고 자란 자유로운 아이가 부모에게 자발적으로 느끼는 감사 차원을 넘어서는 의무감에서 헤어나지 못한다. 그리고 가족은 영원한 죄책감의 온상이 된다.

가장 기만적인 권리 침해는 정신적 간섭이다. 교육, 지원, 충고라는 미명을 앞세워 부모는 아이 대신 생각하고 아이가 스스로 해야 할 행동, 말, 심지어 감정까지 자기 방식대로 아이에게 강요한다. 이것은 진정한 정신적 강간이다. 아래와 같은 부모의 표현에는 아이의 자립성을 말살하는 의도가 숨어 있다.

"무서워? 겁낼 필요 없어."

"덥지? 외투 벗어."

"춥지? 스웨터 입어."

"울 이유가 없잖니?"

"무서워서 그런 말을 하는 거야."

"'아니요.'라고 말하면 안 돼!"

"너 같으면 이런 건 상상도 못 했을 거다!"

"어떻게 이런 음악을 좋아할 수 있니? 끔찍하다!"

"맛있다! 배불러도 더 먹어."

평범해 보이는 이런 말들은 아이의 취향, 욕구, 감동을 전혀 존중하지 않는 것으로 해석할 수 있다. 부모가 아이를 대신해서 무엇을 좋아해야 하는지, 어떻게 생각해야 하는지, 어떻게 느껴야 하는지를 결정한다. 아이는 점차 자신의 감각, 육체, 감정을 믿지 못하고 억누르거나 망각하게 된다. 이런 지시들은 스스로 생각하기를 금지하는 또 다른 강요와 같은 것이다. 아이는 자신만의 기준 없이 서서히 길을 잃고, 가장 평범한 것에서부터 가장 심각한 것에 이르기까지 부모의 생각에 쉽게 동화되면서 정신적으로 무기력해진다. 부모처럼 말하고, 부모처럼 생각하고, 부모가 원하는 대로 옷을 입고, 부모가 좋아하는 것을 좋아하고, 부모 마음에 드는 직업을 갖고, 부모가 지지하는 후보에게 투표하고, 부모처럼 산다. 육체적 감각마저 간섭하면 계속해서 부모를 좋아하고 이상화하기 위해서 불쾌한 감각을 스스로 잘라내는 분열 현상이 나타난다. 자신의 느낌을 부정하면, 무력이나 폭력을 사용하지 않아도 육체적 성적 학대를 '온순하게 받아들이는' 태도를 보이게 된다.

조바심하고 불안해하고 두려워하는 부모

"뛰지 마라, 넘어질라!"
"가까이 가지 마라, 델라!"
"건드리지 마라, 베일라!"
"빨리 먹지 마라, 체할라!"
"그거 하지 마라, 실수할라, 망칠라, 실패할라, 질라, 울라…!"

부모가 아이에 대해 늘 노심초사하고 있음을 보여주는 이런 말들이 아이에게는 자신이 얼마나 서투르고, 무능하고, 어리석은지, 엄마 아빠가 잘 알고 있다는 것을 의미하기도 한다. 아이를 신뢰하지 못하는 부모는 아이가 스스로 세상을 하나하나 배워가도록 내버려두지 못한다. 아이는 실수할 권리도, 실패할 권리도 없다. 이런 부모는 하루에도 수십 번씩 아이에게 저지하거나 교정하는 지시를 퍼붓는다. 이처럼 부모에게 인정받지 못한 아이는 불행하게도 평생 열등감에 시달리게 되지만, 부모는 자신의 그런 언행이 해롭다는 사실을 의식조차 하지 못한다.

물론 부모의 이런 태도는 아이를 보호하려는 마음에서 비롯하지만, 그렇다고 해서 아이에게 추락의 위험을 깨닫게 하고자 절벽 끝을 걷게 할 수는 없는 일이다. 아이에게 부정적인 지시를 남발하기보다는 아이의 능력을 신뢰하고, 실질적인 정보를 주는 것만으로도 아이의 행동을 쉽게 교정할 수 있다.

"조심해라, 바닥이 미끄럽단다!"

"가까이 가면 뜨겁단다!"

"칼은 위험해, 손을 베일 수 있어!"

"천천히 먹으면, 맛을 제대로 볼 수 있단다."

"누구나 실수한단다, 열심히 해도 망칠 수 있어, 잘 안 돼도 괜찮아, 질수도 있지, 슬프면 울어도 돼!"

같은 상황에서도 이렇게 말하는 것은 금지하고 부정하는 태도와 확연히 다르다. 하지만 조바심하는 부모는 아이의 대수롭지 않은 행동을 교정해주는 수준을 넘어서 아이에게 부모 자신의 두려움과 한계를 심어준다. 아이는 부모의 불안에 동화되고 지나친 걱정에 적응하거나, 혹은 조심도 생각도 하지 않고 위험을 무시하며 반항한다. 부모는 자녀를 보호하고 싶지만, 자기도 모르게 아이를 위험한 행동으로 내몰고, 막상 아이가 그런 행동을 하면 통제하고 싶은 욕구를 스스로 강화할 뿐이다.

"부모님은 우리 날개를 꺾어버렸어요. 우리가 마음껏 기분을 발산할 만한 활동은 모두 금지했죠. 주말을 망치니 캠프는 안 된다, 공부가 우선이니 운동은 안 된다, 마약을 배우게 될지 모르니 친구들과 방학을 보내는 것은 안 된다, 평일에 외출해서는 안 된다, 토요일에는 외출해도 되지만, 자정 전에는 반드시 귀가해야 한다…. 그러다 보니, 우리는 결국 친구들과도 멀어졌어요. 부모님은 친구들한테도 이것저것 간섭하고, 금지하셨죠. 그래서 우리는 할 수 없이 모든 걸 부모님 몰래 해야 했어요."

많은 부모가 자기 역할을 잘해내고 싶은 열성과 두려움이 섞여 자신이 통제할 수 없는 모든 활동을 아이에게 금지하고, 그럼으로써 아이는 외톨이가 되고, 아이가 경험할 수 있는 영역이 심각하게 축소된다. 사회화하지 못한 아이는 심약해지고, 어른이 돼서도 부모에게 매여 부모를 위해 살게 된다. 아이는 부모가 노후에 의지할 대상으로 계획되고 길러지고, 의식적이든 무의식적이든 결국 이런 목적에 순응한다.

이런 가정에서 자란 아이들은 죄책감에 사로잡혀 자랄 가능성이 크다. 아이는 늘 부모의 감시를 받고, 온종일 '올바른 길'로 인도되고, 자신이 부모의 고민과 두려움의 원인임을 의식하며 중압감에 짓눌린다.

"제가 외출하면, 어머니는 제가 돌아올 때까지 한밤중에도 기다리고 계십니다. 정말 괴롭습니다. 아무리 늦어도 깨어서 기다리고 계시리란 걸 알기 때문에 저녁 모임도 마음 놓고 즐길 수가 없어요. 어머니는 늘 제 걱정을 하시지만, 전 숨이 막힙니다."

이처럼 어른이 되어서도 부모를 걱정하게 한 것, 타인을 힘들게 한 것, 잘못된 것, 심지어 자신의 존재조차도 자기 잘못이라고 생각하며, 무엇이든 하기도 전에 죄책감부터 든다.

거부하고, 조롱하고, 죄의식이 들게 하는 부모

"어머니는 열아홉 살에 원치 않는 임신을 했어요. 그게 바로 저였죠. 어머니는 낙태를 시도했지만 실패했어요. 그래서 가족들이 저희 부모님을 강제로 결혼시켰죠. 하지만 제 생각엔 두 분이 진심으로 사랑하진 않았던 거 같아요. 부모님은 제가 태어난 걸 늘 원망했습니다. 두 분 삶에 생긴 문제가 제 책임인 것처럼 말이죠. 전 항상 사랑받지 못한다고 느꼈고, 모든 게 제 잘못이었죠. 전 제가 부모님 기대에 어긋난 자식이고, 태어난 것 자체가 불행이라고 생각했습니다. 제 생각엔 두 분이 무의식적으로 절 미워했던 거 같아요. 전 너무나 불행해서 견딜 수 없었어요. 어쨌든 전 부모님이 절 사랑하지 않은 이유를 그렇게 알고 있었습니다."

계획 없이 우연히 잉태한 아이라고 해서 모두 환영받지 못하는 것은 아니다. 오히려 그 반대의 경우도 많다. 그렇게 태어난 아이들은 셀 수 없이 많다. 아이를 원해서 계획에 따라 임신하고 출산하는 것은 호르몬 피임법이 일반에 보급되고 나서야 가능한 일이었다. 많은 아이가 깜짝 선물처럼 찾아오고 때로는 운 나쁘게 생기지만, 그래도 대부분 부모는 아이가 생겨 행복해하고 모든 것이 순조롭게 진행된다. 예상하지 못했던 아이가 주는 중압감은 예고 없이 찾아왔다는 사실이 아니라 부모가 아이를 받아들이는 자세와 관련이 있다. 아이를 받아들이는 과정은 의식 차원만이 아니라 무의식 차원에서도 이루어진다. 부모가 자신을 잉태하고 실망했다는 사실을 알고 있는 아이에게 한순간 넘치는 사랑을 쏟거나 선물 공세를 한다고 해서 아이가 느끼는 본질적인 절망을 치유하기는 어렵다.

"아버지는 우울증에 걸린 어머니가 아무것도 하지 않는다고 늘 불평하셨어요. 아버지가 '난 절대 이대로 넘어가진 않을 거야!'라고 소리치시면 전 무서워서 생쥐처럼 쥐구멍을 찾았죠. 아버지는 장난꾸러기인 제 여동생을 더 좋아하셨어요. 그 애와 함께 계실 때에는 그래도 기분이 좋으신 것 같았죠."

"어머니는 절 '독'이라고 불렀어요. 친구들에게 전화로 '독이 이렇게 했어, 독이 저렇게 했어.'라고 말하곤 했죠. 어머니는 제게 '내가 널 망가트릴 거야, 두고 봐!'라고 자주 얘기했어요. 그리고 제 뺨을 때렸죠."

자식을 조롱하는 부모는 뜻밖에 많다. 아이의 존재를 염두에 두지 않는 것만으로도 아이에게 관심이 없음을 알리기에 충분하다.

"부모님은 제가 기숙사에서 돌아오는 금요일 저녁이면 꼭 영화를 보러 가셨어요. 제가 도착하면 곧바로 나가셨죠. 결국, 저는 왜 주말마다 집에 가야 하는지 의문이 들었죠!"

아이의 질문에 대답하지 않거나(대답하지 않는 것도 대답이다), 아이의 생각을 무시하거나, 아이가 난처하고 서투른 짓을 했을 때 비웃는 태도처럼 조롱은 때로 매우 교묘한 방식으로 나타나기에 특히 감지하기 어렵고, 상당히 파괴적이다.

"열 살 때쯤 전 처음으로 제 몸의 변화를 알아차렸어요. 사실 거의 눈에 띄진 않았지만, 당황했어요. 그리고 이제 막 피어오르기 시작한 제 작은 가슴에 어른들의 시선이 와 닿는 게 너무 싫었어요. 전 엄마한테 비키니를 사달라고 했어요. 근데 엄마는 제 가슴이 '접시에 담긴 달걀 같다'면서 깔깔대고 웃기 시작했죠. 제 요구를 완전히 묵살하고 아버지와 함께 저녁 식사 내내 웃기만 했어요. 전 정말 바보가 된 기분이 들었죠. 부모님과 저 자신에게 화가 났고, 몹시 외로웠어요."

어떤 부모는 자녀의 예체능 활동에 전혀 관심을 보이지 않고, 시합이나 대회 때 자녀를 응원해주지도 않는다. 그들은 자신이 그런 활동을 즐길 줄 모르거나, 아이가 느끼는 만족에 공감할 수 없기에 이런 식으로 본의 아니게 아이에 대한 무관심을 전달한다.

"전 노래를 좋아했어요. 노래는 제 행복이자, 기쁨이고, 탈출구였어요. 하지만 부모님은 한 번도 제게 용기를 북돋아 주신 적이 없었어요. 제가 성공하지 못할 거라고만 얘기했죠. 하루는 제가 큰 무대에서 콘서트를 했어요. 전 부모님을 초대했지만 오시지 않았어요. 노래에 관심이 없으셨죠.

어릴 적에는 그나마 희망이 있어서 슬픔을 달랠 수 있었지만, 이제는 제가 희망했지만 이루지 못한 모든 것이 그저 안타깝기만 해요. 제 마음은 실망한 아이의 부질없는 희망과 기쁨도 사랑도 없이 돈만 벌며 살아가는 성인의 자유 사이에서 갈팡질팡하고 있어요."

아이를 조롱하는 태도는 아이를 내면 깊숙이 가둬버리는 결과를 낳는다. 아이는 자신이 무엇을 표현하고자 했는지, 자신에게 어떤 가치가 있는지 알지 못하게 된다. 그리고 자발적인 모든 행동을 억압하고, 또다시 조롱받고 싶지 않아서 되도록 눈에 띄지 않게 처신한다.

의식적·무의식적 방법으로 자녀의 존재 가치를 폄하하는 부모도 있다. 실수는 용서할 수 있지만, 귀를 막고 듣지 않는 것은 용서할 수 없다.

"십 대 때 전 지나칠 정도로 조용한 성격이었어요. 누군가 관심을 보이는 게 끔찍하게 싫었죠. 시력이 약해져서 안경을 써야 했는데, 우유부단해서 저한테 어울리는 안경을 고를 수 없었어요. 결국, 어머니가 저 대신 안경점에 가셔서 커다란 빨간색 안경테 안경을 사오셨죠! 그런데 그 안경테는 「첫 키스」라는 TV 드라마에 나오는 아네트라는 여자가 끼는 것과 똑같이 생겼어요. 아네트는 남자들을 유혹하려고 접근하지만, 매번 실패하는 한심한 여자예요. 학교 친구들은 절 아네트라고 부르며 놀렸죠. 그래서 안경테를 바꾸려고 일부러 부러트렸는데, 어머니는 그걸 접착제로 붙여주셨어요. 그래서 상황은 더 우습게 됐죠."

애정 결핍은 '깊은 상처를 남기는' 독이다. 대부분 사람은 자신이 어린 시절을 평범하게 보냈다고 생각한다. 먹을 것이 있었고, 집이 있었고, 학교에 갈 수 있었기에 부족한 것이 없었다고 말한다. 하지만 얻어맞지도 않았고 학대당하지도 않았지만 평범한 어린 시절을 보냈다고 확신하는 만큼 슬펐다는 결론에 도달한다. 그들의 이야기를 듣다 보면 웃음도, 다정함도, 애정도, 포옹도 없는 우울한 가족의 삶이 머릿속에 그려진다. 이런 경우는 부모가 '자기 역할만을 한' 가족이다. 진심으로 아이의 말을 들어주지도 않고, 존중해주지도 않을뿐더러 그 나이또래에 느끼는 욕구를 무시하고, 아이에게 그저 '씻기고, 먹이고, 재우고, 깨끗한 옷을 입히는' 보살핌을 베푼 것이 전부다.

때로는 심한 말 한마디에도 아이가 평생 떨쳐버리지 못할 죄책감이 들게 하는 독이 들어 있다.

"넌 아무짝에도 쓸모없어!"

"넌 못났어!"

"어쩌다가 내가 너 같은 아이를 낳았을까!"

"운도 없지, 넌 내가 불행하길 바라니?"

때로 부모는 아이에게 비열한 허위 비방과 악의적인 공격을 퍼붓기도 한다. 실제로 어떤 부모가 아이에게 드러내는 증오심은 상상을 초월한다.

"제가 열네 살 때 새아버지는 저를 강간하려고 했어요. 저를 벽으로 밀어붙이고, 혀를 제 입에 쑤셔 넣고는 거칠게 숨을 쉬었습니다. 그리고 넓적다리로 제 다리를 벌리고 제 팬티를 벗기려고 했어요. 저는 몸부림치면서 비명을 지르면서 어머니한테 달려가 얘기했어요. 그런데 어머니는 제 뺨을 때리고 저를 창녀 취급했습니다. 이 일이 있고 나서 어머니는 끊임없이 제 옷차림을 트집 잡으면서 저를 비난했습니다. 저는 모든 게 제 잘못이고, 제가 두 사람 관계를 파탄 낼 뻔했다는 생각에 어떻게든 눈에 띄지 않으려고 애썼지만, 소용없었습니다."

이처럼 가족 사이에 벌어지는 극도로 난폭하고 타락한 사례들은 감추지 말고 드러내야 한다. 내가 상담한 환자 중에는 처참한 어린 시절을 보내고 살아남은 사람이 많다. 위의 사례와 같은 극적인 사건은 우리 생각과 달리 그리 예외적인 일이 아니다. 그리고 이보다 평범하고 빈번한 학대의 사례는 헤아릴 수 없이 많다. 하지만 이처럼 불행했던 어린 시절을 피해자 자신이 절대 은폐해서는 안 된다.

자식이 감당할 수 없는 것을 강요하는 부모

"저희 부모님은 스스로 완벽한 부모를 자처하셨죠. 네, 그분들은 정말 훌륭했죠. 흠 잡을 데 없이 완벽했어요. 그러니 저는 가만히 있어도 저절로 불량소녀가 됐죠. 지금 생각해보면 그건 위선이었어요. 전 응석받이로 자랐고, 귀염을 받았죠. 손가락 하나 까딱할 필요도 없었어요. 모든 게 완벽했으니까요. 저는 어릴 때부터 늘 깔끔하게 손질된 명품 옷을 입고, 친구들과 마음대로 놀 수도 없었고, 옷에 얼룩을 묻히거나 흠집을 낼 수도 없었죠. 지금도 마찬가지예요. 늘 조각상처럼 완벽하고 깨끗하죠. 저는 무엇이든 자유롭게 할 수도 없고, 감정을 솔직하게 표현할 수도 없어요. 속상해서 울 때가 있느냐고요? 저는 울어본 적이 없어요."

부모에게 그들이 자녀를 양육하는 방식에 대해 문제를 제기하면 어떤 사람들은 알레르기 반응을 보인다. 자녀 문제는 전적으로 자신의 권리고, 자신은 양식과 양심과 능력을 갖췄다고 믿으며 스스로 자녀 교육의 기준을 세운다. 그리고 그 기준에 따라 설정한 모델을 자녀에게 강요할 뿐 아니라 자신 역시 그 기준에 적합한 부모가 되려는 의지로 가득 차 있다.

그들은 자녀 교육을 위해 기꺼이 자신을 희생했다는 높은 이상의 덫에 걸려 자녀가 부모 자신이 좋아하는 것을 좋아해야 하고, 부모가 미리 정해 놓은 학업을 해야 하고, 부모의 뜻에 따라 옷을 입어야 하고, 부모가 권하는 책을 읽고 영화를 좋아해야 한다고 믿는다. 부모가 결정한 것은 선이고, 부모가 이해하지 못하거나 부모의 통제를 벗어난 것은 악이다. 그들은 터무니없는 확신을 품고 아이에게 강요하고, 주장하고, 이해시키고, 영향을 미친다. 복종이 몸에 밴 아이는 이런 부모를 문제삼지 않고 무조건 따른다. 부모가 이상화된 가정에서는 자유로운 사고가 불가능하다. 아이가 왕의 권위를 문제삼으면 '왕권 모독죄'로 즉각 처벌받는다. 아이가 문제를 제기할 때마다 부모는 이렇게 말한다. "원래 그런 거야. 다른 방법은 없어. 네가 동의하지 않아도 어쩔 수 없어!"

부모는 설명이나 언급조차 없이 자신이 정한 기준을 무조건 강요한다. 아이는 자신으로 존재하고, 자신을 발견하고, 자신에 맞는 길을 찾고, 실험하고, 경험하고, 호기심을 품거나 탐색할 권리와 의견의 차이에 대해 부모와 토론조차 할 수 없다. 다른 사고, 다른 가치, 다른 관심사에 대해 한마디도 할 수 없다. 학업은 물론이고 그 밖의 활동에서도 성공에 대한 압박은 끔찍할 정도다. 부모의 지나친 요구는 모든 영역에서 숨통을 조이고, 모든 활동을 성공 아니면 실패로 평가하고, 절제나 양보 등의 덕목은 하찮게 여겨 자리를 내주지 않는다. '독재자의 노선'을 따르지 않으면 구원은 없다.

소리 없이 늘 아이를 평가하는 시선은 마치 조지 오웰의 소설 『1984』에 나오는 독재자 '빅 브러더'처럼 부모가 없거나 심지어 부모가 사망한 뒤에도 아이를 쫓는다!

"부모님은 명문 대학 졸업자에 현직 외교관입니다. 그분들은 자신의 경력에만 관심이 있어요. 우리한테 외교관 일에 관해 열정적으로 말씀해 주시죠. 자식들이 뒤를 잇는 게 그분들 소원이라는 것은 저도 알아요. 어쨌든 부모님 뒤를 이으려면 당연히 대학에 가야 하는데, 그렇다고 아무 학과나 선택할 수는 없죠. 그분들이 지성과 교양을 갖춘 것은 사실이지만, 인정이 없어요. 사람 냄새가 나질 않아요. 제게 아무 관심도 없고, 제가 좋아하는 것은 좋아하지 않아요. 전 우리 가족들한테 이질감이 들어요."

널리 알려진 안데르센의 동화 『미운 오리 새끼』는 아이 각자의 고유한 가치를 인정하지 않는 부모 밑에서 자라면서 이질감과 외로움에 시달리는 아이들에게 가족의 울타리를 벗어나면 자기 능력을 마음껏 발휘할 수 있는 사람들을 만날 수 있다는 희망을 주고, 용기를 북돋아 준다.

그런가 하면, 겉으로는 평온해 보이지만 아이의 삶에 지워지지 않는 흔적을 남기는 가족도 있다.

"제가 태어났을 때 아버지 나이는 오십 대였습니다. 아버지는 우리 교육에 투자를 많이 하셨죠. 어쩌면 자신에게 남은 시간이 별로 없다는 것을 아셨기에 더욱 자녀 교육에 열을 올리셨던 것 같아요. 사실 저는 아버지 연세가 할아버지뻘이라는 사실이 몹시 불편했습니다. 하지만 아버지는 우리를 위해 많은 것을 희생하셨고, 그런 점에서 제 친구들 아버지보다 훨씬 훌륭하셨죠. 그런데 지금도 이런 제 어린 시절에 갇혀 아직도 꼼짝 못 하고 있는 저 자신을 발견하곤 합니다. 저는 언제나 아버지한테 빚을 지고 있는 기분으로 살아갑니다. 아버지 생전에는 실수라도 할까 봐 무서워서 여행조차 할 수 없었어요. 저는 모든 면에서 완벽하고 싶은 욕구와 스트레스로 숨을 쉴 수가 없었어요. 그러다가 이 모든 것이 저희 아버지가 좋은 아버지가 되기 위해 하셨던 노력을 제가 늘 의식한다는 사실과 관련 있다는 걸 깨달았어요. 네, 저희 아버지는 완벽한 아버지였어요. 하지만 전 제 아이들에게 완벽한 엄마가 되려고 노력하는 데 지쳤어요!"

이 젊은 어머니는 이제 자신이 부모 역할을 하면서 추구하는 완벽함이 어린 시절 그녀를 위해 아버지가 했던 희생의 이면이라는 사실을 깨닫고는 당황한다. 완벽한 부모보다 더 숨 막히게 하는 것은 없다.

아이가 자기 부모를 이상화하는 것은 당연한 반응이다. 그러나 부모의 실망스러운 면을 발견하면, 부모를 비난하거나 멀리한다. 아이는 자신이 부모가 되면 그러지 않으리라고 다짐하면서 부모로부터 훨씬 자유로워진다. 아이가 부모의 이상화에 갇혀 있는 한 부모의 은혜를 갚아야 한다는 부채감에 허덕일 뿐 아니라 자신도 자녀에게 완벽한 부모가 되기 위해 노력하지 않을 수 없다. 따라서 은연중에 부모를 헐뜯거나 비난하게 된다.

교육에 완벽이란 없다. 완벽이 가능하다면 아이는 비난할 수도 없고, 문제삼을 수도 없는 규범에 갇혀 '잘해야 한다'는 암묵적인 의무에 시달릴 수밖에 없다. 또한, 부모가 '완벽하다'고 믿는다면, 그토록 훌륭한 부모를 둔 행운에 감사해야 하는 영원한 부담을 안고 살아가야 한다.

유아적이고, 무책임하고, 미성숙한 부모

"제가 네 살 때 부모님은 제게 두 살배기 동생을 돌보라고 하셨어요. 테니스를 하러 가시는데, 우리가 코트에 있으면 방해되니까요. 두 분은 우리를 수영장 근처에 두셨는데, 동생이 그만 물에 빠졌습니다. 전 수영을 할 줄 몰라서 동생을 구할 수가 없었어요. 다행히 경비원이 달려와서 동생을 구해줬죠. 부모님은 제게 몹시 화를 내셨어요. 그리고 그 책임을 제게 평생 지우셨고, 저는 그 일 때문에 늘 괴로웠습니다.

부모님은 저녁때 우리만 집에 남겨두고 자주 이웃에 사는 친구들 집에 가서 식사하시곤 했어요. 동생이 울면 저는 잠옷 바람으로 부모님을 모시러 갔죠. 그렇다고 저희 부모님이 나쁜 사람들이라는 것은 아니에요. 오히려 그 반대죠. 제 생각에 그분들은 단지 성숙하지 못하셨던 것 같아요. 자녀 양육보다는 자기 인생을 즐기는 게 더 중요했던 거죠."

유아적인 부모는 덩치는 크지만, 자기중심적이고 미성숙한 아이와 다름없다. 그들은 부모가 되기 위해 겪어야 하는 변화를 인정하지 않고, 자신이 져야 할 책임을 의식하지 않고, 원하는 것을 할 자유만을 요구한다. 마음 내키면 친절하고 다정하게 굴지만, 어떤 구속도 견디지 못하고, 부모의 의무에 따르는 욕구불만을 자녀의 탓으로 돌린다. 그들은 자신에게도 자녀에게도 한계를 정하지 않는다. 자녀는 안정감을 주고 돌봐주는 부모의 보호를 받는다는 확신 없이, 규칙도 영역도 없는 모호한 환경에서 성장한다. 아이에게 자유의 한계를 정해주지 않는 것은 허락된 범위에서 자유롭게 행동하는 존재, 자신을 안정적으로 보호해주는 한계를 존중하는 존재로서의 아이에게 인정해줘야 할 가치를 부정하는 무책임한 태도다.

"저희 부모님은 히피예요. 친절하고, 온화하고, 악기도 연주하고, 만화책을 좋아하고, 친환경 음식을 먹고, 마리화나를 피우죠. 어릴 적에 저는 뭐든 할 수 있었어요. 동화 속 공주님처럼 제가 원하는 것은 무엇이든 했죠. 하지만 제가 이렇게 규칙도 조직도 없는 집안에서 어린 시절을 보냈기에 나중에 삶이 얼마나 고단해졌는지 부모님은 몰라요. 사실 저는 공부한 적도 없었고, 작은 어려움도 견디지 못했어요. 그러다 보니 직장에서 오래 일하지 못했고 저처럼 불안정한 남자와 살고 있는데, 이젠 우리 아이들을 어떻게 해야 할지 모르겠어요. 우리한테는 따라야 할 규칙 같은 것이 없어서 모든 것을 스스로 만들어야 하는데, 문제에 부딪히면 화를 내고 서로 비난만 하게 됩니다. 게다가 돈 관리 능력도 없어서 아무 계획 없이 그날그날 살아가고 있어요."

미성숙한 사람들은 부모로서 그들이 걸머진 의무와 책임에 대해서도, 가정에서 그들이 해야 할 역할과 각자가 맡은 역할에 대해서도 생각하지 않는다. 그들은 어린 자녀의 나이를 고려하지 않고 친구처럼 지내고 때로 자녀가 '부모 노릇을 하는' 거꾸로 된 관계를 유지한다.

"아버지가 회사 업무 때문에 외국으로 떠나고 안 계실 때 엄마는 늘 저더러 같이 자자고 했어요. 지금 생각하면 좀 우습죠. 그럴 때 그런 요구를 하는 쪽은 대개 자식이잖아요. 그런데 부모가 그런 요구를 하다니 거꾸로 된 거죠. 저는 그러고 싶지 않았지만, 아버지가 안 계셔서 엄마가 안정을 잃었으니 제가 안심시켜 줘야 한다고 생각했어요."

미성숙한 부모는 아직 준비되지 않은 자녀를 일찍이 어른들의 무대에 올려놓고, 그들에게 힘겹고 부적절한 임무를 부과한다. 여전히 부모를 이상화하고 있는 아이는 자신이 비정상적인 상황에 놓여 있다는 사실을 모르고, 다른 사람들에게 알리거나 도움을 요청할 생각조차 하지 못한다.

"제가 어렸을 때 아버지는 다른 여자를 만나 어머니와 우리 자매를 버리고 집을 나가셨어요. 어머니는 몹시 당황하고, 불행해하셨죠. 저한테 의지하는 어머니를 부양하고, 하소연을 들어주고, 위로하는 일은 맏이인 제 몫이었어요. 어머니는 저를 돌보지 않으셨기에 학교 공부도 저 혼자 했고, 학교가 끝나면 매일 장을 보고 나서 귀가했죠. 집에 돌아오면 어머니는 늘 TV를 보고 계셨고, 저는 식탁을 치우고, 재떨이를 비웠어요. 당시에 저는 열 살이었지만, 빨래도 제가 하고, 공과금도 제가 내고, 집안일을 모두 도맡아 했어요. 주변에 도움을 청했지만, 제 태도가 너무 소극적이어서 사람들이 제대로 알아채지 못했을 거예요. 이제 저도 나이가 서른다섯이지만, 여전히 어머니 집에서 어머니와 함께 살고 있어요. 저는 평생 아무것도 해본 적이 없어서 어머니 곁을 떠나 독립하고 싶어도 감히 엄두를 내지 못하고 있어요. 게다가 제가 없어지면 어머니는 혼자서 살아가실 수 없을 거예요. 저는 마치 아무 감정도 없는 좀비나 로봇이 된 것 같은 기분이 들어요."

부모의 결함은 사람들이 생각하는 것보다 훨씬 더 심각한 정신적 상처를 자녀에게 남긴다. 위의 사례와 같은 상황에서 아이는 자신의 생존이 오로지 자신에게 달렸음을 절감하며 공황상태에 빠진다. 용감해야 하고, 수완과 인내심이 있어야 하고, 건실해야 한다. 하지만 마음속 깊은 곳은 죽음만이 가장 좋은 탈출구로 여겨질 정도로 슬픔이 가득 차 있다.

"어머니는 우리 형제 중에서 누군가가 집을 떠날 때마다 너무 불안해서 바닥에서 뒹굴며 소리를 지르고 우셨어요. 그렇게 우리가 아무것도 못하게 하셨기 때문에 뭔가를 하려면 어머니가 그런 이상한 행동을 하시지 않도록 중요한 사건이 일어난 척하며 어머니 관심을 딴 데로 돌리곤 했어요. 지금은 '이상 행동'이라고 말할 수 있지만, 당시에는 어머니가 그러시는 걸 보면 무서워서 꼼짝도 못 했어요. 그때 제 삶은 자주 죽음을 생각할 정도로 몹시 불안정했죠. '내가 죽어서 사라지면 어머니가 슬퍼하실지도 몰라. 관 속에서 작은 구멍을 뚫고 밖을 내다봐야지. 어머니가 우시면 진심으로 날 사랑한다는 걸 알게 되겠지.' 하고 생각했어요."

자녀의 교육보다 즐거움에 더 신경 쓰는 부모

톰과 롤라의 부모는 자녀가 요구하는 것은 아무것도 거절하지 않는다. 그들은 아이들이 부모에게 불만을 품을까 봐 걱정한다. 왜냐면 자녀가 친구들보다 더 좋은 혜택을 받지 못하고 있다는 생각에 사로잡혀 있기 때문이다. 아이들은 각자 자기 방에 TV가 있고, 최신형 휴대전화와 컴퓨터가 있다. 톰에게는 벌써 자기 자동차가 있고, 롤라에게는 스쿠터가 있다. 그러나 이 정도는 대단한 것이 아니라 꼭 갖춰야 하는 것들이다. 그렇다고 해서 부모의 수입이 좋은 편도 아니다. 아버지는 자유업에 종사하지만, 부부가 모두 소처럼 열심히 일한다. 그들은 자녀가 원하는 것은 모두 마련해주는 것이 부모의 의무라고 생각한다. 그들은 자녀와 함께하지 못한 시간을 이런 식으로 보상한다. 이 가정에서는 가족들이 각자 자기 방에서 TV를 보고, 각자 자신의 생활 방식이 있고, 부모는 자녀를 방해하지 않으려고 식사조차 함께하지 않는다. 어머니가 음식을 각자의 방으로 날라다 준다. 그들은 일주일에 한 번, 일요일 오후 4시에 함께 모여 식사한다. 부모에게 그것은 간식이고, 이제 막 침대에서 기어 나온 아이들에게는 아침 식사다.

소비사회에서 특정한 물건을 소유한다는 것은 특권을 상징하고, 많은 부모가 이것저것 사달라는 자녀의 요구가 정당하고, 그런 요구를 거절했을 때 자녀에게 생기는 불만이 해롭다고 생각한다. 하지만 욕구를 제한하는 것은 건설적인 일이다. 그것은 손가락만 까딱하면 무엇이든 생긴다는 착각에서 벗어나게 하고, 노력을 기울이고 어려움을 참아내는 것이 개인의 발전을 돕는 가치라는 사실을 가르친다.

'친구 같은' 부모는 자녀에게 '맞춰야' 한다며 불평하면서도 자녀와 대등하게 행동하고 대화하려고 노력한다. 하지만 이것은 환상이다. 부모와 자녀는 세대가 다르고, 책임도 다르다.

"부모님은 절 친구처럼 대해줬어요. 엄마는 절 보고 '단짝 친구'라고 했죠. 심지어 여자끼리만 아는 시시콜콜한 것들도 모두 저한테 얘기했지만, 겨우 열두 살밖에 안 됐던 제가 그걸 어떻게 받아들일 수 있었겠어요? 그런 친밀감은 좋았지만, 엄마가 저한테 하는 얘기는 듣기 거북했어요. 아버지도 오빠한테 그런 남세스러운 얘기를 하곤 했어요. 둘이 친구처럼 놀러 나가기도 했죠. 술도 함께 마시고, 여자들도 만났을 거예요. 오빠도 저처럼 한편으로는 좋으면서도 다른 한편으로는 많이 불편했을 거예요."

비록 큰 사랑이 그들을 묶어준다고 해도 자녀는 부모의 친구가 아니다. 아이는 아이 자리에 있어야 하고 어른은 어른 자리에 있어야 한다. 집안에서 규칙을 정하는 사람은 아이가 아니다. 부모는 자녀에게 친구가 아니라 부모 역할을 해야 한다.

우울하고, 갈피를 못 잡고, 자기 문제로 무너지는 부모

클레르의 부모는 결혼을 잘못했다. 출신 계층이 서로 달랐던 양쪽 집안에서는 이 결혼에 반대했고, 그래도 두 사람이 결혼하자 축복해주지도 않았다. 결혼 후에 양쪽 집안에서 따돌림당한 두 사람은 고립됐고, 가족의 지원도 받지 못하게 되자 부부 관계가 급속도로 나빠졌다. 아버지는 거의 집에 없었고 어머니가 우울증에 걸리자 어린 클레르는 힘닿는 데까지 어린 동생들을 돌보며 용감하게 장녀 역할을 했다. 아버지의 관심을 갈망했던 클레르는 가끔 아버지의 하소연을 들어주곤 했는데, 그때마다 아버지가 저지르는 어리석은 말실수로 크고 작은 상처를 받기도 했다. 어느 날 아버지는 클레르에게 약국에 가서 개에게 사용할 피임 주사약을 사오라고 했다. 그러면서 "네 엄마도 같은 걸 사용했지만, 효과가 없었어. 개한테는 효과가 있는지 한번 보자!"라고 말했다. 클레르는 아버지가 어머니를 무시한다는 것을 알았고, 자기가 잉태되고 태어났을 때 부모가 어떻게 생각했을지 궁금했다.

클레르는 부모의 부부 관계가 끝났음을 깨달았다. 클레르는 겨우 일곱 살이었지만, 모든 것이 한순간에 무너질 수 있고, 부모도 거짓말을 하며, 부부 관계라는 것이 절대 영속하지 않는다는 것을 알고 있었다. 클레르는 어느 때보다도 강해져야 했다. 불평할 수 없고, 눈물을 흘릴 수도 없었으며, 부모와 동생들을 보살펴야 했다. 성인이 된 클레르는 현재 사회복지사로 일하고 있다.

당시에는 부모가 어떤 선택을 할 때 자녀에게 모든 것을 설명하지 않는 것이 당연한 일이었다. 사람들은 아이가 아는 것이 적을수록 좋다고 생각했다. 하지만 불행히도 이것은 잘못된 생각이다. 아이는 스펀지가 물을 빨아들이듯이 모든 것을 흡수한다. 아이가 분위기나 언어로 표현되지 않은 것들을 섬세하게 읽어내는 이유는 거기에 자신의 생존이 달렸기 때문이다. 이런 이해력은 거의 본능에 가깝다. 사람들이 아이에게 이야기하는 것과 아이가 느끼는 것이 일치하면, 아이는 자신과 관련된 것을 모두 이해한다. 아이가 이해하지 못하는 뭔가를 감지했을 때 사람들이 설명해주지 않으면, 아이는 사건을 자기 방식대로 해석해서 이해한다. 이 같은 자기 중심성[3]은 자연스러운 현상이다. 아이는 아직 어려서 어른과 같은 관점에서 세상을 상상할 수 없다. 사람들이 설명해주지 않는 것을 자신에게 감추는 것으로 판단한다. 그리고 진실을 감춘다는 것은 자신에게 진실을 알 만한 자격이 없다는 뜻으로 해석한다.

어긋난 부부 관계에서 비롯한 부모의 우울증 때문에 어린 클라라의 어려움은 시간이 갈수록 커질 수밖에 없었다. 클라라는 부모 앞에서 자신의 초보적 정치 소양을 뽐냈지만, 그 소양이라는 것은 '좌파와 우파의 차이가 무엇이냐?'라는 간단한 질문 한마디에 무너져버렸다. 클라라의 철없는 호기심은 가혹하게도 부모 사이를 꼬이게 하는 엄청난 싸움으로 이어졌기에, 소녀는 부모의 불화가 자기 책임이라고 생각했고, 잘난 척했던 것을 영원히 후회하게 됐다.

─────────────

3) 자기를 자기로서 정위(定位)할 수 없는 유아나 아동의 특징적인 심성. 스위스의 심리학자 J. 피아제가 제창한 개념이다. 어린아이는 어른과 달리 무엇이나 자기중심으로 생각한다. 이 기질이 자기중심성이다. 이것은 어린아이가 자기와 자기를 에워싼 바깥 세계 사이에 분명한 구별이 생기지 않았다는 것을 표시하는 것이다. 이와 같은 자기중심성은 8-9세부터 차차 해소된다.

신경이 날카로워진 부모는 "넌 뭐가 불만이야? 네가 공주님이라도 되는 줄 알아? 그렇게 얼굴 찡그리고 다니지 마!"라는 둥 클라라에게 가시 돋친 말을 퍼부었다. 자기가 안고 있는 문제에서 헤어나지 못한 어머니는 자녀의 어떤 실수도 참을 수 없었고, 자녀를 인형처럼 조종하려고 들었다.

클라라는 사춘기에 독립권을 주장했지만, 부모는 그녀의 주장에 전혀 귀를 기울이지 않았다.

"너랑은 말을 못하겠다, 어떻게 입만 열면 불평이냐?"

클라라는 자신을 보호하기 위해 숨을 수밖에 없었다.

"우리 말을 들어주고, 우리를 돌봐줄 사람은 아무도 없었어요. 그래서 저는 마음의 문을 닫아걸고 20년 동안 한 번도 울지 않았어요, 그 대신 우울증이 점점 심해졌죠." 클라라는 슬픈 얼굴로 내게 말했다.

불만은 세대에서 세대로 전해진다. 우리는 각자 불안정한 과거 위에 현재를 세우고, 고통은 미결 서류처럼 다음 세대의 손으로 넘어간다.

아래는 또 다른 내담자의 푸념이다.

"아버지는 자기 아버지가 누군지 몰라요. 아버지가 사생아라는 사실은 주변 사람들이 다 알고 있었는데, 당시에는 이것이 엄청난 스캔들이었죠. 아버지는 수치스러운 존재로 성장했는데, 여장부였던 아버지의 외할머니는 온 마을이 창녀 취급하는 모욕을 견디며 아버지를 키워야 했던 딸을 모질게 대하면서 사생아를 낳은 책임을 톡톡히 치르게 했죠.

아버지는 남편을 멸시하는 아내에게 완전히 지배당해서 평생 그림자처럼, 유령처럼 조용히 지냈어요. 제게는 아버지가 없었다고 말할 수 있을 정도로 아버지는 자기 역할을 전혀 하지 못했어요. 하지만 어머니는 달랐죠. 저는 어머니의 장난감이고, 보상이고, 삶의 중심이었기에 저를 절대 떼어놓지 않았어요. 저는 평생 어머니의 마음에 들려고 노력했어요. 그것은 지금도 마찬가지예요. 어머니는 독재자였고, 세월이 흘러도 달라지지 않았어요! 저는 존재감도 없고, 활력도 없고, 능력도 없는 남자하고 결혼했어요. 그래서 늘 혼자서 모든 걸 감당해야 했어요."

때로 자신의 일탈을 최소화하려고 자녀를 이용하는 부모의 태도는 어처구니가 없다! 자기 문제에서 헤어나지 못하는 이들은 자식의 처지나 나이를 완전히 망각한 채 자식을 마치 믿음직한 동료나 충고를 해주는 친구처럼 여긴다. 이럴 때 아이를 남과 똑같은 한 인간으로 대하기 때문에 겉으로 드러나는 폭력은 없지만, 아이는 부모에게 이용당하고, 심지어 착취당한다. 때로는 부모의 강요로 사기, 거짓말, 절도, 구걸, 매춘 같은 반사회적 행동을 하기도 한다. 아이는 부모의 사랑을 느끼는 동시에 수치심과 불안감이 증폭되는 자신의 모자람을 인식하며 이러지도 저러지도 못하는 상황에 놓인다.

"제가 열 살 때, 실의에 빠진 아빠는 자살하려고 했어요. 아빠가 그런 의사를 분명히 밝혔을 때 엄마는 울었지만, 저는 아빠 말을 믿지 않았어요. 우리 아빠가 자살할 수도 있다는 게 말도 안 된다고 생각했죠. 어쩌면 아빠가 거짓말하고 있다고 생각했는지도 몰라요. 엄마는 거의 미칠 지경이었고, 아빠는 방에 틀어박혀 소리를 질러댔죠. 엄마는 저한테 아빠가 자살하지 않도록 설득해달라고 했어요. 저는 이 자살 소동이 허풍이라고 생각했기 때문에 그러고 싶지 않았지만, 엄마는 저한테 계속 간청했어요. 당시에 저는 아빠를 좋아하지도 않았고, 모든 게 너무도 실망스러웠지만, 아빠를 설득해야 했어요. 그래서 아빠 방에 가서 '난 아빠를 사랑해, 나한테는 아빠가 꼭 필요해.'라고 말하려고 했죠. 저 자신조차 그 말을 믿지 않았지만, 아빠를 구할 수 있는 사람이 저밖에 없다는 건 저도 알고 있었으니까요. 그날 저는 우리 가족이 이상하다는 것, 모든 걸 제가 책임져야 한다는 걸 깨달았어요. 그렇게 열 살 나이에 저는 우리 집안의 기둥이 됐죠. 사태를 명확히 보고 이 가정을 지탱할 유일한 사람은 저밖에 없다는 생각이 들었던 거예요. 저는 지금도 그렇게 확신하고 있어요. 그 생각만 하면 숨이 막혀요. 그래도 이 가족을 떠나기가 너무도 두려워요. 제가 없으면 모두 무너져버릴 것만 같아요."

누구나 가족에 대한 책임이 있다. 하지만 그 책임은 나이와 역할에 합당한 것이어야 한다. 부모 자식 관계는 동등하지도, 동일하지도 않다. 자녀에게 정신적으로 부모를 부양하거나 인도하거나 안심시키거나 구제해야 할 의무는 없다. 이런 것들은 부모가 자녀에 대해 져야 할 책임이며, 세대가 바뀌어도 달라지지 않는다.

흔히 부모가 실패하는 이유는 극도로 고통스러운 그들 자신의 과거 때문이다. 하지만 어린 시절을 불행하게 보낸 부모 모두가 자기 문제를 후손에게 물려주지는 않는다. 자기 문제를 해결하기 위해 스스로 의문을 품고, 생각하고, 도움을 요청하는 것은 각자의 책임이다.

"아버지한테는 여러 해 관계를 지속한 애인이 있었어요. 그런데 아버지는 그 여자와의 관계를 아주 세세한 부분까지 저한테 모두 얘기해주셨어요. 그렇게 아버지하고 비밀을 함께 나눴는데, 그때가 아마 아버지와 가깝게 지냈던 유일한 시기였던 것 같아요. 아버지가 관계를 끊으려고 하시자, 그 여자는 충격을 받고 쓰러졌어요. 깜짝 놀란 아버지는 그 여자가 어리석은 짓이라도 할까 봐 저더러 전화해서 그 여자하고 대화도 하고, 용기도 북돋아 주라고 하셨어요. 저는 그때 열네 살이었어요. 게다가 마치 아무 일도 없다는 듯이 어머니한테 거짓말을 해야 했죠. 지금 생각해보면 말도 안 되는 상황이었지만, 그렇다고 해서 부모님을 원망할 수는 없어요."

이 여인은 지금도 여전히 미성숙한 부모를 보호하고 있다. 그녀는 자기 부모를 문제삼을 수도, 그들의 부적절한 행동에 대해 책임을 물을 수도 없다. 이런 경우, 아이는 부모에 대한 신의 때문에 갈등하다가 결국 함정에 빠진다. 아이는 반항심을 억제할 수밖에 없고, 부모의 행동을 평가하는 이성적 사유를 포기할 수밖에 없다. 아이는 자신이 어떤 행동을 거부할 수 있고, 그것이 부모를 '죽이는' 일은 아니라는 사실을 이해하지 못한다. 아이에게 어떤 행동을 거부하는 것은 그 행동을 하게 한 사람 자체를 거부하는 것과 다름없다. 아이는 사건을 '통째로' 체험할 뿐, 행동과 그 행동에 관련된 주체를 구별할 능력이 없다. 행동이 싫으면 그 행동을 하게 한 사람도 싫어진다. 따라서 그 사람이 부모일 때, 더구나 부모의 약점을 간파했을 때 아이는 살기가 고달파진다. 이런 사고방식은 고착돼 나중에 어른이 돼서도 여전히 연로한 부모에게 부적절한 행동의 책임을 묻지 못한다.

대화 대신 폭력이 난무하는 가족

오십 대 남자 마르탱은 여덟 살이 되던 해부터 전에 그토록 다정했던 아버지가 왜 갑자기 자신을 폭행하기 시작했는지, 오랜 세월이 흐르도록 몹시 궁금했다. 그는 분노와 공포를 느끼며 성장했고, 건장한 청년이 된 어느 날 억누를 수 없는 분노를 느끼며 아버지를 바닥에 메다꽂은 날까지 아버지의 매질은 계속됐다.

그는 나중에 할머니의 이야기를 듣고서야 비로소 아버지의 고통을 이해할 수 있었다. 아버지는 여덟 살 때 자기 아버지, 그러니까 마르탱의 할아버지와 함께 산책한 적이 있는데, 그날 아침 자신이 저지른 잘못에 대해 이야기하던 중에 뇌동맥류로 아버지를 잃었다. 못된 짓을 한 아들에게 방금 전 화를 내던 아버지가 길에 쓰러져 돌아가실 때 그는 혼자였다.

마르탱의 아버지가 된 그는 고통을 잊으려고 아들인 마르탱을 때렸다. 죄책감에 사로잡혀 같은 나이 때의 자신을 정신적으로 학대하듯이 아들을 육체적으로 학대한 것이다. 어른이 된 마르탱은 아이를 낳지 않았다. 아버지의 역할 모델도 없었고, 잘못된 역할을 계승할 자식도 필요 없었고, 부모가 되고 싶지도 않았기 때문이다. 그에게 아버지란 고통을 겪거나 죽는 존재였다.

수많은 연구를 통해 어린 시절 심한 폭력을 겪은 사람은 다행스럽게도 대부분 나중에 자기 자녀에게 폭력을 되풀이하지 않는다는 사실이 증명됐다. 이들은 자신의 어린 시절이 너무나 고통스러웠기에 마음속으로 폭력을 더는 되풀이하지 않기로 작정한다. 그 반면에 일상적인 폭력, 상스러운 말, 욕설, 모욕, 체벌과 같은 폭력이 가족 관계를 지배하는 가정, 특히 부모가 대수롭지 않게 폭력을 행사하는 가정에서 자란 아이에게는 폭력이 대물림되는 경향이 있다.

직접적인 폭력은 심각한 피해를 주지만, 적어도 겉으로 드러난다는 이

점이 있어서 아이가 저항할 수도 있고, 가능하다면 부모한테서 떨어져 안전거리를 유지할 수도 있다. 하지만 은밀히 이뤄지는 간접 폭력의 경우는 모든 것이 분명하지 않다.

"저는 오빠와 달리 폭력을 당하지는 않았어요. 부모님은 오빠에게 몹시 난폭하게 굴었죠. 아버지는 오빠를 때렸지만, 저는 건드리지 않았어요. 그래도 오빠가 폭행당하는 장면을 목격했어요. 40년이 지난 지금 생각해도 피가 얼어붙는 것 같아요. 제가 뭔가를 잘못하면 부모님은 아무것도 모르는 오빠에게 저를 벌주게 하셨어요. 그럴 때마다 저는 죄책감으로 괴로워 죽을 것 같았죠.

최근 오빠와 저는 그 일에 관해 이야기한 적이 있는데, 놀랍게도 우리 둘 다 가장 무거운 벌을 받은 사람이 저라고 생각하고 있었어요. 저는 너무 어려서 무슨 일이 벌어지는지 이해하지 못했어요. 오빠는 저보다 나이가 많았기에 반항했고, 열여덟 살 생일에 영원히 가족을 떠났죠."

조종, 근친상간, 비밀, 금기로 짓눌린 가족

"우리 집은 겉보기에 정상이었지만, 분위기가 아주 고약했습니다. 우리는 숲 속의 성처럼 폐쇄된 환경에서 살았기에 주위에서는 아무도 그걸 알아차리지 못했습니다. 부모님은 우리 남매를 성적으로 유린했습니다. 그건 우리만의 비밀이었습니다. 저는 때로 여동생과 성관계를 했지만, 오래가지는 않았습니다.

부모님은 자신들의 과거가 알려지기를 원치 않는지 절대 이야기하지 않았어요. 저는 한참 후에야 할아버지가 나치 협력자였고, 아버지는 레지스탕스였다는 사실을 알게 됐죠. 그래서 두 사람은 함께 있는 법이 없었고, 그런 이야기는 꺼낼 기회도 없었습니다. 모든 게 금기였습니다.

어린 저는 사랑받으려면 어머니가 원하는 대로 해야 한다는 사실을 일찍이 깨달았습니다. 아버지는 왜 자식들을 낳았을까 싶을 정도로 우리를 전혀 돌보지 않았죠. 우리는 저녁에만 아버지를 볼 수 있었는데, 식사 후 씻고 머리를 빗은 다음에 잠시 아버지의 무릎에 앉아 있다가 곧 자러 가야 했습니다.

제가 조금씩 철이 들기 시작했던 청소년기에 전쟁이 시작됐어요. 부모님과 다른 생각이나 자유로운 생각은 제게 전혀 용납되지 않았습니다. 검열이 삼엄했죠. 아무것도 남지 않았어요. 완벽한 흥미 상실, 침묵, 무관심. 저는 존재하지 않는 거나 다름없었죠."

가족 관계에서 조종은 미묘한 것에서부터 폭력적인 것에 이르기까지 다양한 방식으로 나타난다. 다음과 같은 가정에서 그 예를 볼 수 있다.

- 구성원의 역할이 모호하거나 뒤바뀐다. 자녀는 부모의 필요에 따라 비밀 공유자, 심부름꾼, 남을 돋보이게 하는 들러리, 놀림감, 화풀이 대상 혹은 성적 도구로 이용된다.
- 영역이 지켜지지 않는다. 자녀에게 '비밀의 정원' 같은 것은 허락되지 않으며, 장소, 육체적·정신적 차원의 사적 영역이 침해당한다.
- 토론이 수용되지 않는다. 대화는 왜곡되거나 불가능하며, 자기 의견을 제시하거나 비교할 수 없고, 문제 제기 자체가 불가능하다. 명확한 것을 혐오하고, 모호하게 넘기는 것이 안전하며 더 바람직하다.
- 의사소통이 어렵다. 메시지는 모호하고, 말은 독이 되며, 검열은 은

밀히 이뤄지고, 진실은 왜곡되고, 거짓은 감춰진다. 믿기기만 하면 진실 따위는 중요하지 않다. 이성적인 사유는 가변적이고, 논쟁에서 유리해 보이는 근거만이 관심사다.

- 부모의 확신을 혼란스럽게 하는 의견은 금지되며, 예정에 없던 길로 인도하는 호기심은 좌절된다. 부모는 자신에게 동조하지 않으면 반대하는 것으로 간주한다.
- 부모가 정한 규범을 벗어나는 선택은 무시되고, 비판받고, 비난받는다. 옳은 길로 가려는 시도조차 조롱당한다.
- 부모의 기준에 부합하지 않으면 우정도 허락되지 않는다. 자녀는 가족의 '인증 시험'을 통과하지 못한 친구와 우정을 나눌 수 없다.
- 분노는 끔찍하게 퇴폐적인 행태를 폭로하려는 저항의 표시이기 때문에 금지되고, 가혹하게 처벌받고, 비난받고, 억압받고, 죄책감이 들게 한다. 분노의 정당성은 생각조차 할 수 없다.
- 부모에게서 벗어나거나 부모가 이해하지 못하거나 부모의 힘이 미치지 않는 데서 얻은 행복은 부정된다.
- 슬픔이 인정되지 않는다. 슬픔은 스스로 해결하지 못하는 문제를 인식할 때 드러내는 고통의 표시인데, 부모는 자신이 체험하지 못한 슬픔을 인정하지 않는다.
- 책임이 전도된다. 이것은 자신을 문제삼지 않아도 되는 가장 확실한 방법이다. 잘못을 다른 사람 탓으로 돌리면 된다. 아이는 순진하고, 의존적이며, 쉽게 죄책감에 시달리니 이런 희생자로 만들기에 이상적이다.

빈도와 강도에 따라 다르지만, 때로 치명적인 결과를 낳는 이 모든 상황은 부모가 아이를 정체성이 있는 한 인간으로서 존중하지 않는다는 것을 여실히 보여준다.

"저는 어렸을 때 이웃집 여자아이와 매우 가깝게 지냈어요. 제 유일한 친구였죠. 그런데 어느 날 아버지는 그 아이와 놀지도 말고, 그 집 식구 중 누구와도 말을 섞지 말라고 하셨어요. 그렇게 저는 갑자기 하나밖에 없는 친구를 잃게 됐죠. 저는 아버지의 태도를 도저히 이해할 수 없었지만, 아무 말도 할 수 없었어요. 저는 부모님이 제게 뭔가를 숨기고 있다는 걸 은연중에 느낄 수 있었지만, 그게 무엇인지 몰라서 괴로웠어요. 저와 아무 상관 없는 어떤 것에 대한 대가를 제가 치른다는 생각이 들었어요. 이용당하는 기분이 들었죠. 저는 아버지 명령에 따라서 학교에서조차 그 아이와 대화하지 않았어요. 그러던 어느 날 장대비가 쏟아졌는데, 그 아이 아버지가 차를 타고 학교에 와서 자기 딸과 함께 저를 집에 데려다 주겠다고 했어요. 하지만 저는 단호하게 거절했어요. 그러면서 정말 바보가 된 기분이 들었죠. 무슨 일이 일어났는지도 모르는 채 저한테 친절하게 대해주시는 친구 아버지를 언짢게 했으니까요. 저는 물에 빠진 생쥐 꼴로 비를 맞으면서 혼자 집으로 돌아갔어요."

이처럼 상대방을 존중하지 않는 태도는 정신적 차원은 물론 육체적 차원에서도 나타나는데, 혐오스럽지만 우리가 생각하는 것보다 자주 발생하는 어린이에 대한 성적 학대도 그런 유형 중 하나다. 소아성애는 물론이고 근친상간은 가해자가 아이에게 영향력을 행사하고, 아이의 생존과 안전을 책임질 뿐 아니라 아이가 믿고 따르는 가족이기에 이 함정에 빠지면 도저히 혼자서는 헤어나지 못한다.

가족 내에서 이루어지는 성적 학대는 아버지, 계부, 할아버지, 삼촌, 남자 형제, 사촌, 심지어 어머니까지 모든 가족 구성원과 관계있다. 근친상간은 단지 남자뿐 아니라 여자도 관계된 문제며, 사회에서 작용하는 금기 중에서도 가장 근본적이고 위중한 금기다. 어머니는 아이가 태어나는 순간부터 자유롭게 아이 몸에 접근할 수 있고, 때로 애무가 도를 지나치기도 한다. 어린 딸아이의 몸이나 어린 아들의 성기에 매혹된 어머니는 밀접한 육체 관계의 도를 넘는 탐험을 계속한다. 위생을 구실로 어린 아들의 귀두 표피를 벗겨보고, 경이롭다는 듯 발기시키며 즐거워하고, 심지어 빨기까지 한다. 장난으로 시작한 행동이 점점 터놓고 말할 수 없을 정도로 빗나가고, 아이에게 육체적·정신적 상처를 남긴다. 성숙하지 못한 상태로 아이에게 헌신하며 무조건적인 사랑으로 아이를 보호하는 어머니가 이런 성적 유희에 빠지면, 이런 행태가 오랜 세월 지속하고, 아이는 무엇이 수락할 수 없는 행위인지, 무엇이 성적 도착인지, 그 경계를 알 수 없게 된다. 이처럼 아이는 유아적이고 욕구불만 상태의 성도착적 어머니의 총애를 받는 파트너가 된다. 때로 아이는 어머니에게서 다른 형제가 누릴 수 없는 특혜를 받고, 이런 독특한 지위는 어머니와 그를 비밀로 묶어주는데, 어머니는 결국 사랑과 증오의 대상이 되고, 아이에게 혜택과 고통을 준다.

"제가 기억하기 훨씬 전부터 저는 어머니와 함께 잤습니다. 저는 어머니가 가장 아끼고 좋아하는 외아들이었습니다. 저는 어머니가 좋았지만, 싫기도 했습니다. 열 살 때부터 어머니는 제게 애무하는 방법을 가르쳐주셨어요. 누나들은 어머니뿐 아니라 저도 싫어했죠. 그때 아버지는 어디 계셨을까요? 왜 아무것도 보지 못하고 아무 조처도 하지 않으셨을까요? 저는 아버지에게 그런 말을 할 엄두조차 내지 못했습니다. 말했더라도 제 말을 믿지 않으셨을 겁니다. 우리 집에서는 서로 아무 말도 하지 않았습니다.

웃지도 않았고, 형제간에도 냉담했습니다.

어른이 돼서 결혼하고 아이도 생겼지만, 제게는 자녀를 교육하는 데 도움이 될 만한 지표가 전혀 없습니다. 저는 제 내면에 숨어 있는 폭력성이 무서워서 모든 것을 깊이 생각하고, 절대 충동적으로 행동하지 않습니다. 아내는 제가 진짜 어떤 사람인지 모르겠다면서 이혼을 요구했습니다. 저는 아무것도 드러낼 수 없어요. 아무 감정도 드러낼 수 없고, 친구들하고 함께 어울릴 때 느끼는 즐거움조차 표현하지 못합니다. 저는 친밀감이 두렵습니다. 거절도 할 줄 몰라서 누가 뭔가를 요구하면 무조건 들어줍니다. 남과 진심으로 대화해보려고 노력했던 적도 있지만, 늘 사랑받기를 기대하다가 실망하고 맙니다."

어린 시절에 성적으로 학대당한 사람은 고통스럽더라도 그 기억을 명철하게 떠올리고, 부모에게 성도착증이 있었음을 인정하고, 이런 행위의 책임이 전적으로 부모에게 있음을 인식해야 한다. 가해자가 이제는 힘없는 늙은이가 됐다고 해도, 과거에 그는 무방비 상태의 아이를 학대하고, 짓밟고, 이용한 사람이었다. 그는 아이의 어린 시절을 돌이킬 수 없이 훼손했고, 아이에게 수치심을 심어줬으며, 죄의식을 품게 했고, 치명적인 상처를 준 사람이다.

성적으로 학대받고 심신이 유린당한 아이는 자신을 공모자 혹은 동조자로 여기고, 때로 이런 병적인 관계에서 쾌락을 느꼈다고 해도(흔히 이런 성도착적인 행동은 과도한 폭력을 사용하지 않고 아이의 육체를 억압하지 않고도 이뤄지므로 이것은 부분적으로 아이가 죄책감에 시달리는 원인이 된다.) 몇십 년이 흐른 뒤에도 당시 자신의 행동에 대해 무죄를 인정받을 권리가 있다는 사실을 알아야 한다. 이 역겨운 범죄 행위의 책임을 공개적으로 가해자에게 돌려야만 고통스러운 시나리오가 반복되는 것을 멈추고, 사랑을 바탕으로 한 건전한 성생활을 영위할 수 있다. 하지만 가해자는 피해자의 발언에 침묵과 부인으로 대응하기 일쑤여서 유능한 전문가의 도움이 필요하다.

부인否認은 가해자가 자주 사용하는 방어 기제다. 아이를 성적으로 학대한 부모가 과거 자신의 행위를 부인하는 이유는 남을 속이려고 의식적으로 거짓말을 한다기보다 무의식적으로 자신을 속이는 자기 합리화를 하기 때문이다. 부인은 다음과 같은 식으로 이뤄진다.

사건 : 나는 그런 짓을 하지 않았어. 그건 내가 한 짓이 아니야.

의식 : 술에 취해서 의식이 없었어. 기억나지 않아.

효과 : 그 아이를 그저 몇 번 만진 것이 전부야. 성관계는 없었어. 그 아이도 좋아했어.

책임 : 그 아이도 동의했어. 오히려 그 아이가 나를 유혹했어.

충동 : 어쩌다 보니 그렇게 됐어. 미리 계획된 일은 아니었어.

우연한 사고

부모가 괴로워하는 모습을 지켜보는 아이는 무력감에 사로잡히고, 버림받을까 봐 두려움에 떨며, 죄책감을 견디지 못한다. 부모가 실제로 고통을 느낀 것이든, 아이가 그렇게 상상한 것이든, 아이는 부모의 고통이 가중될 수 있다고 생각하는 것은 아무것도 요구하거나 인정하지 않는다. 심리학자 로베르 뇌뷔르제가 말했듯이 "일종의 성스러운 두려움이 부모를 둘러싸고 보호한다. 만약 부모가 아이의 아픔을 알게 된다면, 그들이 문제를 직시하지 않으려고 애써 눈 감고 있는 과거의 고통이 되살아날 수 있기에 아이는 괴로움과 죄책감을 스스로 참아내는 것이다."[4]

자녀가 받은 심각한 상처의 결과는 위험한 행동이나 심지어 자살로 나타난다. 일반적으로 가족이 아이에게 부여하는 '미래의 희망'이라는 존재감은 '과거에 대한 보상'이라는 감정 때문에 사라지고, 아이에게는 자기 몫의 시련과 도전을 통해 스스로 살아갈 가능성만이 남는다. "어쨌거나 운 좋게 죽음을 이겨낼 만큼 강하다면, 별것 아닌 역경 앞에서 무릎을 꿇지는 않을 것이다. 참기 어려운 고통은 끊임없이 찾아오겠지만, 그 고통은 탄식하며 주저앉게 하기보다는 도전하게 한다."[5] 아이는 자신이 시련을 극복한다면, 그것은 살 권리가 있다는 증거라고 생각한다.

존재감을 확인하기 위해 위험을 무릅쓰는 태도만이 어린 시절에 상처받았다는 유일한 징후는 아니다. 불안, 버림받을지 모른다는 두려움, 극도의 공포도 극복해야 할 시련이다. 하지만 고통이 일깨운 창의성, 만족할 줄 모르는 호기심, 예리한 감수성, 타인의 고통을 감지하는 공감력, 부당함에 대한 혐오처럼 정신적 상처의 기억에도 긍정적인 면이 있다.

이혼과 별거

아이들에게 충격을 주는 것은 부모의 이혼 자체가 아니라 이혼하는 방

---

4) 뇌뷔르제 로베르, 『머리가 거꾸로 된 가족들, 가족에게 외상성 상해를 입은 뒤에 다시 살기』, 오딜 자콥, 2005.
5) 보리스 시륄니크, 『대단한 불행』, 오딜 자콥, 1999.

식이다. 비록 부부 관계는 실패했어도 소란스럽지 않게 서로 존중하면서 합의해서 이혼에 이를 수도 있다. 이 경우, 아이들은 자신이 어떻게 할 수도 없고, 원하지도 않는 이별을 경험하더라도 그다지 고통받지 않고, 별다른 어려움 없이 적응한다. 그러나 이혼이 난투극이 될 때, 특히 양육권과 양육비를 놓고 이혼하는 부부가 다툴 때 자녀는 상대를 고통스럽게 할 수 있는 최후의 요인이 되므로 이 싸움판을 피할 수 없는 아이는 큰 대가를 치르게 된다.

갓 이혼한 부모는 신경이 날카로워지고, 슬픔에 빠지고, 상처받아 분노하고, 소통할 수 없게 돼서 상대에게 한 치도 양보하지 않으려고 하면서 자녀를 메신저처럼 이용한다. 고통과 분노에 사로잡히고, 부당함과 실망으로 끝없이 괴로워하는 부모는 자녀를 펀칭볼처럼 증오의 배출구, 불행의 증인으로 이용한다. 아이는 죄 없이 벌을 받고, 가치 없는 존재가 되며, 도구로 전락하고, 이용당하고, 거절당한다. 아이는 자신을 짐스럽게 여기고, 자신을 이 갈등의 원인으로 여기며, 불행의 메신저로 쓰이면서도 자신이 원인이 된 부모의 아픔이나 한쪽 부모가 전하게 하는 메시지가 다른 쪽 부모에게 촉발할 분노를 짐작하고 걱정한다. 아이는 고통을 감내하며 아예 마음을 닫아버리거나, 부모의 조언자, 간호사 혹은 경찰 역할을 한다. 그 과정에서 부모를 보호하기 위해 메시지의 의미를 축소하거나 완화하기도 하고, 자신의 고통을 호소하기 위해 피해를 과장하기도 한다.

사이가 극도로 나빠졌어도 자녀를 위해 부부 관계를 유지하기로 합의한 부모는 아이들이 불행해지지 않게 하려고 자신의 행복을 희생하는 쪽을 선택한 셈이다. 말을 하지는 않아도, 어쩌면 생각조차 하지 않았을지도 모르지만, 그런 결정에는 '너만 아니었다면 나는 이혼하고 더 행복해졌을 것이다.'라는 의미가 담겨 있다. 그럴 때 아이는 그 책임을 고스란히 뒤집어쓰게 된다. 부모는 아이를 위해 두 사람이 함께 있어야 한다고 생각하지만, 아이에게는 비록 그들이 따로 살고, 행복을 각기 다른 곳에서 찾는다고 해도 '행복한 부모'를 보는 것이 더 중요하다! 양쪽 부모가 함께 있지만 부부 관계가 불행하면 아이는 간접적으로나마 부모가 치르는 자기희생의 무게를 짊어진 채 죄책감을 품게 되고, 부모가 자녀의 행복을 위해 함께 살며 치르는 갈등과 싸움 때문에 무겁고 긴장된 분위기에서 살아가게 된다. 이것은 아이가 견디기 힘든 상황이다.

카미유의 부부 관계는 끔찍하다. 남편에게 무시당하며 살고 있지만, 자기 부모가 이혼할 때 느꼈던 끔찍한 공포 때문에 이혼할 엄두를 내지 못한다. 말다툼, 거짓말, 폭력, 재정 파탄 등 온갖 비극을 겪은 카미유의 어머니는 늘 "얘, 넌 절대로 결혼하지 마라. 여자가 겪을 수 있는 최악의 경험이야!"라고 말하며 지금도 불행하게 혼자 살고 있다. 이런 상황은 카미유의 삶을 더욱 힘들게 했다.

죽음

소중한 존재를 상실하는 경험은 아이에게 큰 상처가 되지만, 피할 수 없는 일이다. 조부모, 부모, 양부모, 형제, 자매, 친구의 죽음은 가슴에 메울 수 없는 빈자리를 남긴다. 하지만 이혼과 마찬가지로 아이에게 충격을 주는 것은 가족이 이 사건을 받아들이는 방식이다.

사십 대인 스테판은 내게 이렇게 말했다.

"아버지는 제가 태어나기 전에 첫 부인을 잃었습니다. 아버지에게는 딸이 셋 있었는데, 얼마 안 돼 나이가 훨씬 어린 저희 어머니와 재혼하고 저를 낳았습니다. 사람들은 제게 아버지의 전처에 관해 한 번도 말한 적이 없었습니다. 그분의 사진 한 장 없었죠. 마치 존재한 적이 없는 사람 같았습니다. 누나들은 저희 어머니를 '엄마'라고 불렀습니다. 집안 분위기는 아주 고약했죠. 제 생각에 어머니는 아버지의 전처가 낳은 딸들을 좋아하지 않았던 것 같습니다. 물론 어머니가 이런 상황에 대처하기에 충분히 성숙하지 못한 탓도 있겠지만, 그보다는 아버지의 전처가 마치 두 번 죽은 것처럼 완전히 지워졌다는 사실과 관련이 있는 것 같습니다. 누나들은 어쩔 수 없이 받아들였던 저희 어머니를 싫어했습니다. 그래서 슬픔이 증오로 바뀌었던 겁니다."

부모가 고통받는 자녀를 본다는 것은 견딜 수 없는 고역이다. 가족은 아이의 고통을 줄여주려고 모든 수단을 동원하지만 좋은 의도와 달리 효과는 없다. 아이는 자신의 고통을 숨길 수밖에 없다. 처음에 사람들은 아이에게 동화처럼 꾸며서 이야기하지만(아빠는 하늘나라로 가셨단다, 하느님이 데려가셨지, 엄마는 여행을 떠나셨어…), 결국 진실을 밝힌다. 사람들은 충격을 완화하거나 착각을 일으키는 표현을 사용하고, 다양한 방법을 동원해 아이를 위로하며, 착하고 용감해지라고 종용한다. 한마디로 아이의 입을 막아버린다. 그런데 사랑하는 사람의 죽음으로 받는 고통은 그냥 아픈 것이다. 어떻게 할 수가 없다. 그저 애정을 잃지 말고 정직하게 시련을 견뎌야 한다.

어머니를 잃고 큰 슬픔에 빠져 있는 한 가족이 내게 도움을 요청했다. 아버지는 고통을 잊기 위해 지칠 정도로 일에 매달렸고, 온순하고 열성적인 열두 살 장녀는 상냥하게 어린 두 동생을 보살폈다. 막내는 두 살밖에 되지 않았기에 사람들은 아이가 아무것도 모르리라고 생각했고, 자주 울며 고통을 호소하는 둘째를 특히 걱정했다. 그런데 오히려 둘째가 시련을 가장 잘 견뎌냈다. 큰 충격 없이 슬픔을 받아들이고, 감정을 거리낌없이 표출했다. 아이는 이런 식으로 주변 사람들의 연민, 애정, 관심을 받았고, 그럼으로써 조금이나마 아픔을 달랠 수 있었다. 위기를 겪는 아이는 오히려 아무도 걱정하지 않았던 장녀였다. 장녀는 자신이 가족을 지탱하지 않으면 가장인 아버지가 무너지리라고 생각해서 어머니를 대신해서 주부 역할을 하려고 무진 애를 썼다. 소녀는 이를 악물고 모든 책임을 떠맡았으며, 밤에 혼자 누워 베개를 적실망정 사람들이 보는 앞에서는 결코 눈물을 보이지 않았다.

마음껏 울고, 솔직하게 슬픔을 표현하는 아이는 위험에 노출될 확률이 낮고, 사랑했던 사람의 죽음이라는 시련을 딛고 성장한다. 하지만 문제없다는 인상을 주려고 애쓰는 아이는 어쩌면 자신도 의식하지 못한 사이에 자기 고통을 깊숙이 묻어버리기에 그 고통은 나중에 다른 형태로 다시 나타나 아이의 발목을 잡는 족쇄가 되기도 한다. 고통을 느끼는 아이가 우는 것이, 아이에게 우는 것이 허용되는 것이 아이에게는 고통을 해소하는 건전한 수단이다.

릴리가 여섯 살 되던 해 어머니는 암에 걸려 머지않아 죽게 된다는 사실을 알렸다. 희망은 전혀 없었다. 친척들은 소녀가 고통스러워하는 어머니의 모습을 보며 상처받지 않도록 여름 두 달 동안 릴리를 바닷가 휴양지에 데려가 거기서 지냈다. 그리고 릴리가 집으로 돌아왔을 때 사람들은 이제 곧 엄마가 세상을 떠나리라고 말해줬다. 소녀는 이 말을 듣고 큰 충격을 받았다. 세상이 무너지는 것만 같았다.

30년이 흐른 지금 릴리는 그 시절을 이렇게 회상한다.

"모두가 알고 있었으면서 저를 속였어요! 제가 여행지에서 엄마하고 통화했을 때 엄마는 아무렇지 않은 척했죠. 아무것도 몰랐던 저는 바닷가에서 뛰어다니고, 모래집을 짓고, 깔깔대고 웃었어요. 제가 그토록 사랑했던 엄마가 병들어 죽어가는데, 저는 수화기에 대고 바보 같은 모래 놀이 이야기를 하고 있었죠. 모든 걸 알았을 때 저는 견딜 수 없이 죄책감이 들었고, 그때 제가 사실을 알았다고 해도 어쩔 도리가 없었다는 걸 알면서도 지금도 여전히 죄책감에 시달려요. 저는 그때 사람들에 대한 신뢰를 잃었어요. 아버지, 친척, 친구들이 모두 저를 속였으니까요. 그런 일로 저를 속인다는 건 다른 어떤 일로도 제게 거짓말할 수 있다는 뜻이잖아요. 그리고 그사람들한테는 마음의 준비를 하고, 엄마와 함께 이야기할 시간이 두 달이나 있었지만 아이였던 제게는 겨우 이틀밖에 없었다는 걸 생각하면, 지금도 너무나 원망스러워요."

지금까지 우리는 독이 되는 가족, 기능 장애가 있는 가족, 가난하고 불행하고 혐오스러운 가족을 살펴봤다. 그러나 거기서 드러난 아이의 불행은 빙산의 일각일 뿐이다. 위에 나열한 문제들이 극단적이라며 인정하지 않으려는 독자도 있겠지만, 이 사례들은 내가 직접 상담한 사람들의 입에서 나온 진술이며, 그들이 경험한 지옥이 어떤 것인지를 잘 알고 있는 독자도 분명히 있을 것이다. 실제로 성적 학대, 도착증, 가정 폭력이 파괴한 가정의 수는 우리 상상을 초월한다.

3장. 무슨 일이 있어도 성장한다

인간은 태어나는 것이 아니라 만들어지는 것이다.
-에라스무스

어린 시절의 시나리오

아이는 기능 장애가 있는 가정에서 어떻게 해야 잘 성장할 수 있을까? 해롭고, 난폭하고, 미성숙한 부모와 함께 살려면 아이는 어떻게 행동해야 할까?

아이는 부모의 관심과 사랑을 받기 위해 무의식적으로 어떤 행동 시나리오를 채택한다. 태어날 때부터 나타나는 본래의 기질, 아이가 독자인지, 형제가 많은지, 형제 중 몇째인지, 그리고 장자가 어떤 행동 시나리오를 선택했는지에 따라 아이가 선택하는 행동 시나리오도 달라진다. 아이는 부모와의 미묘한 상호 작용을 통해 어떤 특정한 방식으로 행동할 때 주의를 끌고, 사람들이 더 많은 관심을 보이며, 상호 작용이 더 활발해진다는 것을 깨닫는다. 그래서 본능적으로 그런 행동을 되풀이하고, 생존에 절대적으로 필요한 사랑과 관심을 유도하는 방향으로 성격을 발전시킨다.

형제 관계에 영향을 미치는 역학 구조는 어린 시절에 한번 자리 잡으면 어른이 돼서도 별로 달라지지 않는다. 이것은 거의 통제되지 않는 본능적인 상호관계, 자연스러운 동맹, 싸움으로 얽혀 있으며, 사랑과 증오가 공존하며, 은밀하고 야만적인 폭력이 배제되지 않은, 상당히 자유로운 경쟁의 장이다. 형제간 상호 작용은 한 배에서 태어난 강아지들의 성격을 형성하는 상호 작용과 별반 차이가 없다. 가장 튼튼한 놈이 규칙을 정하고, 가장 젖이 잘 나오는 젖꼭지를 차지한다. 강자는 더 빨리 성장하고 아마도 평생 지배자로 군림하고, 나머지 형제들은 그럭저럭 서로 적응한다. 다행스럽게도 인간의 경우 맏이의 권리는 이전처럼 강력하지 않고, 원칙적으로 가장 약한 자가 차지할 자리도 있다.

착한 사람

맏이는 흔히 '착한 사람'이 돼야 한다는 시나리오에 매여 있다. 그래서 초보 부모의 서툰 행동, 과잉보호, 지나친 기대 등을 묵묵히 견뎌낸다. 처음 아기를 낳은 사람들은 좋은 부모가 되고 싶어 하고, 첫아이가 그들의 소망과 완벽하게 일치하기를 간절히 바란다. 아이는 부모의 관심이 집중되는 대상이고, 지속적인 부모의 통제를 받으며 자발적인 행동의 여지가 거의 없어 숨이 막힌다. 그럴 때 안정을 우선시하는 경직된 인격으로 성장하고, 진지하지만 별로 창의적이거나 특출하지 않은 사람이 되기 쉽다. 어리석은 장난도 하지 않고, 부모가 기대하는 온순하고, 친절하고, 신뢰할 수 있는 '반듯한' 아이가 되는 것이 사랑받는 길이라고 생각한다. 따라서 감정, 특히 분노를 잘 드러내지 않는다. 하지만 늘 불안해하고, 다른 형제들과 부모의 사랑을 나눠야 할 때 더욱 두려움을 느낀다.

어른이 돼서도 겉으로는 안정적으로 보이지만, 실제로는 늘 불안해하고 유연하지 못하며, 문제 제기에 저항적인 맏이의 지위를 유지하게 된다.

경쟁력 있는 사람

일반화할 수는 없지만, 둘째 아이는 흔히 '경쟁력 있는 사람'이 돼야 한다는 시나리오에 매여 있다. 맏이가 위에서 끌어주는 둘째는 그를 따라잡고 싶은 욕구와 자신을 보호해주는 맏이의 존재 덕분에 훨씬 더 과감해질 수 있다. 두 아이의 나이 차이가 크게 나지 않으면 둘째는 맏이와 대등해지는 경우가 종종 있는데, 그럴 때 무척 행복해한다. 둘째는 경쟁을 좋아하고, 성공해서 부모를 기쁘게 하려고 최선을 다하며 부모의 관심을 끈다. 이것은 성공을 전제한 시나리오이기에 문제삼을 이유는 없다.

이 시나리오는 성인이 돼서도 효과적이며, 성공을 맛보는 한 오래도록 길잡이가 된다. 감정, 특히 슬픔을 드러내지 않으며, 의심과 고통을 거의 표현하지 않기에 타인의 도움이 전혀 필요 없는 것처럼 보인다. 과감하고, 조직적이고, 타인에게 까다롭게 굴지만, 자신에게는 더욱 까다롭다.

재미있는 사람

이런 유형의 아이는 가정에 활기를 불어넣고, 사람들을 웃게 하며, 그들의 긴장을 풀어주는 것을 기쁨으로 삼는다. 쾌활하고 편안해서 주변 사람들에게서 인정받는다. 스스로 어디서든 환영받는다고 느끼며, 자신이 남에게 방해될 수 있다고 생각하지 않는다. 어색한 분위기를 부드럽게 풀어주고, 모든 것을 장난스럽게 받아들이며, 때로 진지함이 필요한 문제조차도 개의치 않는다. 섬세하지 못할 때도 있지만, 낙천적으로 문제를 해결하고 긴장을 조절하는, 다정하고 따뜻하고 사랑받는 아이다.

성인이 돼도 흔히 가족의 유대를 책임지는 사람으로 여겨지고, 함께 식사하고 싶은 사람이 될 것이며, 쾌활하고 농담을 즐기며 동료를 웃게 한다. 그러나 그가 웃음을 선사하는 전략에는 자신에게나 남들에게나 해가 되고 상처 주는 것을 대수롭지 않게 여기는 경향이 있다. 그는 자신의 기분을 우습게 여기고, 분노나 슬픔 같은 감정을 억제하여 잘 느끼지 못할 뿐 아니라 타인의 감정을 이해하지도 못한다. 그는 감동하거나 당황하면 관심을 다른 곳으로 돌려 기분을 전환하거나, 발산하는 쪽을 택한다.

실패자

이것은 역설적인 시나리오다. 이런 아이는 달리 어찌할 도리가 없어서 관심을 끄는 데 실패한다. 다른 시나리오들은 이미 그보다 나이 많은 형제들이 채택해서 활용하고 있기에 늦게 태어난 자신은 운도 없고 재능도 없다고 느낀다. 그래서 경쟁력 있는 사람, 착한 사람, 재미있는 사람과 경쟁하려는 시도 자체를 포기한다. 부모와 함께 시간을 보내고 그들의 관심을 끄는 데 가장 효과적인 방법은 실패다. 물론 이 방법이 유효하려면 부모가 실패하고 아파하는 아이에게 관심을 보이고, 사랑과 보살핌을 베푸는 사람이어야 한다. 그럴 때 실패는 아이가 존재하는 방법이 된다. 감정을 과장되게 표현하는 아이는 도움을 청하고, 항의하고, 울고, 불평한다.

성인이 됐을 때 그는 자신을 희생자로 소개한다. 이 시나리오는 거기서 비롯하는 온갖 문제점과 걱정거리에도 불구하고 반복적인 실패를 문제삼지 않는 한 계속 연출된다.

슬픈 사람

슬픈 아이를 보면 자연스럽게 동정심이 생긴다. 이런 아이는 가족과 함께 있는 것을 행복하다고 느끼지 못하고, 자신이 학대받고, 불안정하고, 약하다고 생각한다. 그리고 존재하기 위해서는 해코지당하고, 상처받고, 모욕감이 들어도 모두 받아들인다. 그렇게 부당한 대우를 받아도, 자신의 가치가 더 낫다고는 생각하지 않는다. 이 아이의 세계는 노력과 슬픔 사이를 오가고 있지만, 아이는 자신의 감정을 얼핏 내비칠 뿐이다.

성인이 돼서도 마음에 품고 있는 어렴풋한 슬픔과 무의식적인 투쟁을 계속한다. 그 나름대로 용감하게 살아가지만, 눈에 띄지 않고 늘 깊은 우울을 감추고 있다.

화를 잘 내는 사람

기질이 온순해도 가족 안에서 자신의 자리를 찾지 못한 아이는 자기 존재를 인식시키기 위해 때로 분노라는 방법을 택한다. 언짢거나 자기 의견이 충분히 받아들여지지 않는다고 생각되면 반항한다. 한편으로 감정적인 면에서 표현력이 풍부하지만, 다른 한편으로 '있는 그대로' 자신을 드러낸다. 화내고, 욕하고, 소리치고, 문을 세차게 닫는 것은 그가 거기에 있다는 것을, 그가 존재한다는 것을 선언하는 방식이다. 그리고 마치 모든 사람이 자기 말에 복종해야 한다는 듯이 때로 집안에 공포 분위기를 조성한다. 부모는 아이의 '발작'을 피하려고 살얼음판을 걸으면서 그의 변덕에 맞춰준다.

가족에 대한 분노는 아이가 밖에서 애정을 찾는 동기가 되기에 성인이 되면 친구가 많아진다. 그는 자발적이고, 대담하고, 무시당하지 않는다면 충실하고 성실한 태도를 보이지만, 비타협적이고 융통성도 없고, 협상에도 재능이 없어서 그와 대립하는 사람들을 자신의 세계에서 몰아낸다.

이처럼 다양한 시나리오는 널리 통용되는 큰 맥락일 뿐이며 서로 결합하고 중첩되기도 한다. 전자의 세 가지 시나리오(착한 사람, 경쟁력 있는 사람, 재미있는 사람)는 상당히 긍정적인 것으로 만족, 성공, 감탄이라는 보상을 받지만, 후자의 세 가지 시나리오(실패자, 슬픈 사람, 화를 잘 내는 사람)는 비교적 부정적인 것으로 적지 않은 문제와 실패를 불러온다. 긍정적인 시나리오에서 드러나는 장점들이 사람들로 하여금 곧바로 문제를 포착하지 못하게 하는 것과 달리 후자의 세 시나리오가 드러내는 여러 가지 부정적인 측면은 사람들로 하여금 비교적 일찍 그의 인생을 옭죄고 있는 문제들에 주목하고 의문을 품게 한다.

하지만 긍정적인 시나리오 역시 우리를 어린 시절에 머무르며 거짓 행복의 이미지에 집착하게 하고, 자신만의 개성을 드러낼 엄두조차 내지 못했던 삶의 방식에 우리를 가둔다. 이런 시나리오에 매여 있는 사람들은 비교적 성공한 삶을 사는 것처럼 보이지만, 행복할 수 있는 모든 조건을 갖추고서도 대부분 진정으로 행복하지 않고, 심지어 불행을 감추고 있는 경우가 많다.

그들은 남몰래 마음 깊은 곳에 몹시 불안한 의혹을 품고 있다. "내가 '현재의 나'로 보이는 인물처럼 행동하지 않아도 사람들은 계속 나를 좋아할까? 나를 사랑하는 사람들에게 나의 회의를 알리면 어떤 일이 벌어질까? 오래전부터 나를 숨긴 이 인물 뒤에 있는 '진정한 나'는 누구일까?"

그들을 진정한 자신과 멀어지게 하는 모든 구조는 부모를 포함해서 모든 사람을 기쁘게 하려고 스스로 택한 체계에 바탕을 두고 있다. 그들은 대부분 좋은 직업만이 아니라 아름다운 집, 총명한 자녀, 충분한 재산 등 남들이 부러워할 만한 것들을 갖추고 있고 모든 면에서 행복해 보이지만, 행복하지 않다. 우울증, 불안증, 신경쇠약, 때로 자살 충동이라는 극단적인 상황까지 그들을 노리고 있다. 그들은 자신을 가두는 눈속임보다 죽음에 차라리 더 마음이 끌리는 듯하다.

통제할 수 없는 감정

특정한 감정이 환영받지 못하는 가정에서 살아남기 위해 아이는 스스로 그 감정을 억누른다. 아이는 그 감정에 '위험'이라는 꼬리표를 달아 서랍 깊숙한 곳에 넣고 잠가버린다! 혹시 분노를 표출하면 반항으로 받아들여질지 모르는 위험을 피하려고 감정을 억눌러버리는 것이다. 게다가 이해받지 못하는 괴로움을 호소하고 눈물을 흘리면 우스워 보일지도 모른다는 걱정 때문에 감정을 더욱 억제한다.

비유하자면, 형성되고 있는 정신 구조의 구석진 곳에 표현하지 않은 감정들을 저장하는 큰 창고가 설치돼 있어 세월이 흐르면서 그곳에 점점 그런 감정이 쌓인다고 말할 수 있다. 의식이 급격히 변하는 나이에 우리는 부모나 교사를 상대로 문제를 제기하기보다는 우는 것은 바보짓이고 화내는 것은 위험하다는 생각을 굳히고, 평생 버리지 못한다. 그러면서 이런 감정이 창고에 계속 쌓인다.

그러다가 어느 날 어른이 됐을 때 어떤 사건을 계기로 폭풍이 불고 화산이 폭발한다. 자기 반응이 지나치다는 것을 알면서도 스스로 통제하지 못한다. 이처럼 지나친 분노를 터뜨리게 한 사람에게 그 책임이 있는 것은 아니지만, 분노가 그를 향해 표출되기에 분노의 진짜 원인을 곧바로 알아내기는 쉽지 않다. 감정은 정당하지만, 그 강도가 지나치다.

현재의 사건이 전에 느꼈던 것과 비슷한 고통을 주고 그동안 억제하고 있던 감정을 자극하면, 창고의 문이 열리면서 엄청난 힘으로 쌓였던 감정의 격류가 쏟아져 나온다. 그것은 과거에 일어난 일에서 비롯했기에 더욱 강력하고, 현재의 힘으로 통제할 수 없다. 우리는 이런 현상을 반대되는 경우의 경험을 통해 이해할 수 있다. 예를 들어 우리가 어떤 어려움을 겪을 때 지나치게 동정적인 위로를 받으면 안락함을 느끼기도 하지만, 이는 정당한 것이 아니기에 죄책감이나 수치심이 들기도 한다. 위로는 억제했던 감정을 마침내 표현함으로써 감정의 창고를 비울 때 행복감이 들게 해주지만, 자신에게는 그렇게 부담을 덜 만한 자격이 없음을 자각하면 부정적인 감정이 생기는 것이다.

다음 장에서 대략적인 경로를 살펴보겠지만, 문제는 감정을 전달하는 출입로와 달리 창고는 구조를 이해하고 효과적인 출입 전략을 세우지 않는 한 완전히 비울 수 없다.

자율적이지 못하다는 것은 자존심 상하는 일이다. 우리는 자신의 감정을 통제하고, 공정하게 행동하고, 좋아하는 사람들과 사이좋게 지내기를 바라며, 그럴 만한 가치가 없는 사람들에게 대가를 치르고 싶어 하지 않는다. 그러려면 우리 내면에 세워진 '환상의 성채'[1]를 떠나야 한다. "우리는

---

1) 알리스 밀러, 『재능 있는 아이의 꿈의 장래성』, 프랑스 대학 출판사, 1996.

스스로 느끼는 것만큼 죄인은 아니지만, 우리가 믿고 싶어 하는 만큼 무고한 존재도 아니다. 그러나 우리가 모른 척 눈을 감고 방황하는 한, 자신의 상태를 정확하게 인정하지 않는 한, 우리는 그런 사실을 깨닫지 못한다."[2]

만족을 위해 환심 사기 혹은 살기 위해 저항하기

부모에게 자기 존재를 인정받으려면 그들이 만족하게 해줄 의무가 있다고 생각하는 온순한 아이는 어른이 돼서도 '사랑받기 위해서는 복종하면 된다.'는 생존 방식을 버리지 못한다. 이것은 앞서 설명했던 전형적인 '착한 아이' 시나리오다. 많은 어른이 남의 마음에 들지 않을까 봐 걱정하면서 자기 생각과 다르게 행동한다. 약간의 유연성은 사회적 관계에 해롭지 않지만, 유연성이 지나치면 제대로 계발할 기회조차 없었을 자신의 개성을 잃어버리게 된다. 상황에 따라 달라지는 일종의 '카멜레온' 같은 개성이 되는 것이다.

이와 반대로 아이의 기질이 강하다면, 나중에 순종하거나 복종해야 하는 상황에서 심하게 저항할 수 있다. 이것은 앞서 말한 '화를 잘 내는 아이' 시나리오다. 어른이 된 그는 자신의 정신적 독립성을 위해 투쟁하고, 원칙적으로 모든 상황에 반항한다. 생각하기도 전에 반항하고, 악마의 옹호자를 자처하고, 철저하게 반대자의 입장에 선다. 그는 살기 위해 거부한다. 이것은 모든 대화를 힘겨루기로 만들어버리는 소모적인 저항이다.

---

2) 알리스 밀러, 위의 책.

방어 기제

아이의 정신은 전문가들이 각자 다른 이름으로 부르는 이원적인 힘의 작용을 통해 발달하지만, 이 이원성은 대부분 유사한 성격을 보인다. 정신분석학자들이 말하는 자아 형성의 두 요소, 즉 '이드'와 '초자아' 사이의 갈등은 인간이 성장하면서 적응하게 되는 충동(욕구, 욕망, 본능)과 규칙(법, 금지, 사회적 작용) 사이의 대립을 의미한다. 인간이 속한 포유동물의 야생 본능은 인간이 문명화하기 위해 획득해야 할 여러 가지 기능과 관계된 제약들을 통해 조절된다. 이것이 바로 인류를 탄생하게 한 자연-문화의 이원성이고, 교육의 쟁점이기도 하다.

아무리 방임적인 부모도 자녀가 미개한 인간이 되기를 원치 않는다. 사회에는 지켜야 할 규칙이 있고, 넘지 말아야 할 한계가 있으며, 지켜야 할 금기가 있다. 충동적인 본능(이드)과 따라야 할 규칙(초자아) 사이의 긴밀한 타협은 아이가 욕망을 억제하고 욕구불만을 수용하도록 강요한다. 이런 과정을 통해 아이는 고유하고 균형 있는 개별성(자아)을 발달시키고, 안정되고 온화한 가정에서 자란다면 이런 정신 구조가 점진적으로 일관성 있게 형성된다.

그러나 정신 장애가 있거나 해로운 부모 밑에서 자라는 아이는 무질서, 결핍, 부당함, 학대, 간섭, 욕구불만, 가혹 행위 등과 스스로 타협해야 한다. 자신의 안전과 부모의 사랑을 모두 지켜야 하는 절대적인 필요에 따라 형성되는 아이의 정신 구조는 이처럼 일관성 없고 고통스러운 환경에서 성장하기 위해 모든 방법을 동원하고, 본능적으로 방어 기제를 작동시켜 자신이 받는 고통에 대처한다.

이는 인생의 출발점에서 텅 빈 연장통을 받아든 아이가 성장하면서 경험을 통해 연장들을 하나하나 발견하고 시험하면서 그것을 채워가는 상황과 같다. 처음에 아이는 자신이 찾은 연장의 사용법을 알아내려고 이렇게도 써보고 저렇게도 써본다. 정상적인 상황이라면 어른이 아이에게 연장을 사용할 때 주의할 점 등을 가르쳐준다. 그 과정에서 창의성을 존중해주고 규칙들도 명확하고 합리적이라면, 아이의 욕구불만은 어렵잖게 해소된다. 아이는 좋든 싫든 행동을 자제해야 한다는 것을 인정하고, 그러기 위해서 스스로 충동을 억제하거나 순화한다. 이것이 방어 기제가 정상적으로 작동하는 방식이다.

반면에 인생 수업을 받지 못하거나 엉망으로 받으면, 아이는 이 연장들을 하찮게 여겨 적절히 사용하지 못하고, 서툴게 행동해서 제재를 받거나 놀림을 받는다. 그래서 앞으로 뭔가를 시도할 엄두를 내지 못하게 되거나 반대로 화를 내며 무엇이든 닥치는 대로 아무렇게나 해버린다. 그러다가 결국 살아남기 위해 부모의 사랑과 보살핌을 받아야 하는 절대적인 필요 때문에 본능적으로 고통을 견디거나, 외면하거나, 무반응의 장벽 뒤에 숨는다. 그러기 위해서 자신의 온전성을 지켜줄 방어 기제를 작동시킨다.

모든 아이는 사랑받고 보호받고 싶어 한다. 아이는 자기 부모가 좋은 부모이며, 자신이 그런 가정에서 태어난 것을 행운으로 여기고 싶어 한다. 또한, 부모가 자신의 행동을 언짢아하는 이유는 자신이 잘못을 저질렀기 때문이라고 확신하고, 그런 부모의 관심만으로도 위로를 받는다. 그래서 아이는 부모뿐 아니라 자기가 의존하는 사람이 자신을 모욕하고, 구타하고, 학대해도 이를 수용하게 된다.

억압

쾌락을 주지만, 심각한 문제를 일으키는 충동을 무의식 깊은 곳에 감추는 방어 기제가 바로 억압이다. 모든 방어 기제가 그렇듯이 억압은 의지와 상관없이 자동으로 작동한다. 예를 들어 부모의 사랑과 관심을 독차지하게 된 동생의 탄생으로 심각한 욕구불만에 빠진 아이는 본능적으로 이 침입자를 없애버리고 싶어 한다. 아기를 병원에 돌려주기를 바라거나 아기를 없애고 싶을지도 모른다! 이런 욕망은 정상적이지만, 그런 아이를 벌하는 부모가 있는가 하면, 아이의 말을 들어주고 아이의 이런 욕망을 올바른 방향으로 인도하는 부모도 있다. 또는, '이 아기는 네 동생이야. 이제 너는 다 컸으니 동생한테 잘해주고 모범을 보여야 해.'라며 아이가 자발적으로 느껴야 할 감정을 강요하는 부모도 있다. 그럴 때 아이는 부모의 태도를 이해하지 못한다. 왜 친절해야 한다는 걸까? 아기가 모든 것을 빼앗았는데! 어떤 모범을 보여주라는 말인가? 아이는 어른이 아니고, 부모의 사랑을 독차지하고 싶을 뿐이다. 하지만 동생에 대한 아이의 살인 충동은 차차 가라앉고 모든 것이 제자리를 찾는다.

그러나 심리적 갈등이 지속하는 환경에서 아이는 부모와 함께 살기 위해 욕구불만, 창의성, 호기심, 자발성 같은 정당한 충동을 억제해야 한다. 스스로 상처를 주고, 분노와 실망을 참아내고, 부모의 과실에 대한 책임을 자신이 떠안으며 계속해서 부모를 미화한다. 아이는 자신을 인정해주고, 이해해주고, 함께해줄 누군가가 없다면 이런 감정을 실감할 수 없기에 오히려 거기서 벗어나는 모든 방법을 개발한다. 이처럼 보호해주는 존재가 없을 때 아이는 이런 감정들을 억제하고 내면의 창고에 쌓아두지만, 언젠가 그것은 봇물처럼 터져 나오게 마련이다.

감정을 억압하는 것과 진정시키는 것을 혼동하면 안 된다. 억압이 무의식적인 과정이라면, 진정은 의식적인 과정이다. 때에 따라 우리는 내적 동요를 애써 느끼지 않으려 하고, 격한 흥분을 가라앉힌다. 이것은 의식적인 행동이다. 우리가 큰 비극을 겪었을 때 마음을 진정하고, 사람들 앞에서 의연하게 행동하려고 스스로 슬픔을 통제하는 행동이 바로 그런 경우다.

자기기만

자기기만 역시 무의식적이지만 혼란스러운 현실에 대해 생각하지 않으려는 또 다른 형태의 방어 기제다. '지금 이것은 실제로 일어나고 있는 일이 아니야.'라며 받아들일 수 없는 것을 부정하거나 지워버린다. 자기기만은 저항하고 믿기를 거부하는 '부정'과 구별된다. 자기기만은 견딜 수 없는 세계에서 정신적으로 살아남기 위해 작동하는 단순하고 강력한 방어 기제다. '아니에요, 난 성폭행 당하고 있지 않아요. 내 팬티 속에 있는 손이 하는 짓은 별것 아니에요. 이 사람은 나를 해치려는 게 아니에요. 아무 일도 아니에요.'라고 자신을 속이면서 고통에서 벗어나는 방식이다.

자기기만은 아이가 살아남기 위해 미화한 부모의 이미지를 무슨 수를 써서라도 유지하려는 보호 기제다. 매우 놀라운 일이지만, 나는 치료 초기에 "물론 어린 시절에 부모님이 나를 때리긴 했지만, 나를 사랑했다는 걸 알아요. 부모님은 내가 원하는 건 뭐든지 사줬죠."라며 자기 부모를 긍정적으로 말하는 환자들을 자주 봐왔다. 치료가 계속되면서 그들은 결국 부모가 수치스럽고, 미성숙했고, 폭력적이었고, 부당했고, 성학대자였다는 사실을 인정하지만, 그렇다고 해서 부모가 자신을 사랑하지 않았던 것은 아니며 자신이 부모를 사랑한다는 사실에는 변함이 없다고 말한다. 마치 가혹 행위가 전혀 없었던 것처럼 자신을 속이기에 문제를 재검토할 여지도 없다.

이처럼 아이는 부모가 자신에게 자행했던 가혹 행위가 의존적이고 약한 존재인 자신이 감당하기 어려운 실수를 저질렀을 때 사로잡힐 수 있었던 공포로부터 자신을 보호하기 위한 수단이었다는 식으로 사실을 부인한다. 자신의 세계를 미화하려는 피할 수 없는 욕구는 가장 가혹한 행위조차도 은폐한다. 법정도 검사도 재판도 없다. 모든 것은 과거의 어둠 속에 묻힌 채 남아 있다. 그리고 진상이 드러나면, 그것의 동기를 '호의'라고 말한다. 의심의 여지가 전혀 없는 육체적 가혹 행위의 경우도 이럴진대, 논란의 여지가 훨씬 많은 은밀한 정신적 고문의 진상을 어떻게 밝힐 수 있겠는가?

내적 투사(投射)

내적 투사는 타인의 생각, 욕구, 판단을 자기 것으로 하는 방어 기제다. 아이는 사람들이 일반적이고, 당연하고, 부인할 수 없는 것처럼 내세우는 주장들을 그대로 받아들여 자기 것으로 삼는다. 이처럼 아이의 개체성이 부모에게 흡수되는 경향은 불가피하고 정상적이다. 게다가 이것은 가족의 소속감을 형성하고, 유대감의 토대를 이룬다는 점에서 유리한 면도 있다.

아이의 개성 발달에 필수불가결한 정신적 분화는 생후 몇 개월 동안 집중적으로 이뤄진다. 아이의 양육을 맡은 사람, 특히 엄마는 아기가 자신에게서 멀어져 차츰 독립하고, 세상을 스스로 탐험하려는 욕구를 실현하고, 자주적으로 행동하려는 노력을 기쁜 마음으로 바라볼 수 있어야 한다. 엄마는 아이가 정신적으로 독립하게 도와주고, 마치 애정을 충전하러 오듯이 엄마를 찾을 때 정신적·육체적으로 아이를 품어줌으로써 안심시켜야 한다.

아이가 어머니로부터 정신적으로 분화하고 자신의 정체성을 찾아가려면, 어머니가 싹트기 시작하는 아이의 능력을 믿고, 개별성을 인정해줘야 한다. 특히 정신적으로 부모는 자녀의 주체적인 생각과 세계관을 인정하고, 지나치게 간섭하지 말고 도와야 한다. 물론 자녀를 위험으로부터 보호해야 하지만, 자기 생각을 주입해서는 안 된다.

아이는 어른과 협상할 능력이 없고, 이의를 제기하기도 어렵기에 자기기만은 더욱 위험하다. 부모의 생각을 무조건 받아들이고, 부모에게 동화돼서는 아이가 자신만의 세계관을 형성하지 못한다. 아이는 부모의 생각, 감동, 느낌까지도 자기 것으로 받아들인다. 아주 어린 아이는 최선과 차선, 가능한 것과 불가능한 것에 대한 판단 등 부모에게서 모든 것을 흡수한다. 그렇게 아이의 정신이 은연중에 형성되는데, 아이는 그것을 전혀 의식하지 못한다. 불행하게도 그것은 부모도 마찬가지다.

그렇게 자란 아이가 나중에 어른이 되면, 어느 날 문득 자기 생각이나 의견도 없고, 뭔가를 결정할 자신감도 없이 남이 하는 대로 생각하고, 느끼고, 행동해 왔기에 주도적으로 아무것도 하지 못하고 있는 자신을 발견하게 된다.

분열

분열은 견딜 수 없는 현실에 대해 무의식적으로 한 부분은 현실을 고려하고, 다른 한 부분은 현실을 부정하는 두 가지 정신적 태도로 대응하는 방어 기제다. 예를 들어 아이가 '나도 내 삶이 견딜 수 없다는 건 알지만 상관없어. 그래도 살아남을 수 있으니까.'라고 생각하는 경우다.

세 아이의 어머니며 상냥하고 쾌활한 사십 대 여성 파니는 성관계를 좋아하지 않는다. 하지만 그것이 부부 관계를 해칠까 봐 두려워하고, 자신의 성욕 부진을 걱정한다. 그녀는 자신을 다정하게 대해주는 남편을 사랑하지만, 성관계 없이 지내기를 원한다. 농구화를 신고, 구멍 난 청바지를 입는 등 외모는 젊은이 같지만, 그녀는 이 주제를 살짝 건드리기만 해도 곧바로 회피한다. 그녀는 자기 문제가 어린 시절에서 비롯한 것인지도 모른다고 여기면서도, 이 문제를 깊이 생각하지는 않는다. 그럼에도, 파니가 자기 몸이 자기 것이 아니라고 어릴 때부터 체념했다는 사실이 조금씩 밝혀졌다. 그녀는 교사에게 성적으로 유린당하고 있었지만 감히 그를 거절하지 못했고, 부모에게 그 일을 알리지도 못했으며, 그런 현실을 견디기 위해 자신의 감각을 단절했다. 외로운 소녀의 유일한 말벗이었던 오빠도 의사 놀이를 한다며 그녀의 몸을 탐했다. 청소년기에 이미 이런 행동이 습관이 된 오빠는 친구들에게 마리화나를 대가로 여동생을 성적 노리개로 내줬다.

모든 아이가 언젠가는 남의 육체에 호기심을 느끼고 기회가 오면 성적 관계를 맺으려고 하지만, 상대가 불편해하면 대부분 장난을 멈춘다. 그러나 어린 파니와 그녀의 오빠는 모두 당황한 상태였고, 넓은 의미에서 보면 가해자인 오빠 역시 피해자다. 오빠는 그것이 용인된 것인지 금지된 것인지도 몰랐으며, 파니는 학대당하는 대부분 아이처럼 "안 돼!"라고 말하지도 못했다. 그녀는 가장 사적인 영역인 자기 몸을 존중하는 데 필요한 어떤 교육도 받지 못했다. 그녀는 판단의 기준이 될 만한 어떤 내용도 보고 들은 적이 없었다. 어느 정도 그녀 자신도 받아들였다고 할 수 있고, 이미 습관이 돼서 어떻게 중단해야 할지 알 수도 없었기에 그 타락한 관계는 그녀가 벗어날 수 없는 족쇄가 됐다. 부모에게 하소연하는 것도 불가능해 보였다. 부모가 자신에게 별로 관심이 없다고 생각했기에 도움을 구하지도 못하고 오히려 비난받을까 봐 두려워했다. 게다가 처음에 수동적이나마 성적 학대를 받아들였다가 나중에 거부하는 것은 모순이라는 생각이 들어서 몹시 혼란스러웠다.

파니는 마치 그런 일이 실제로 일어난 적이 없었던 것처럼 행동했으며, 그것이 현재의 성욕 감퇴와 관련이 있다는 사실을 의심하면서 초연하게 자기 사연을 털어놓았다. 그녀는 어린 시절의 고통스러웠던 경험을 부정하기 위해 감각을 단절하고, 자신의 육체로부터 자아를 분리하는 분열의 기제를 작동시켰다. 그렇게 육체에 대한 자각이 어린 시절에 멈춰 있었기에 그녀는 성인답지도 여성스럽지도 못했던 것이다.

아이의 자연스러운 감정을 체험하지 못해 방어 기제들이 빈번히 작동할수록 자아는 정신적 보호막 안에 감금되고, 어른이 됐을 때도 '거짓 자아'의 특성을 보이는 원만하고 순응적인 성격을 드러내며, 일련의 보호 작용을 통해 무의식적으로 마음을 다치지 않도록 자신을 보호한다. 그리고 진정으로 자각한 적도 실현한 적도 없기에 자아가 분화되지도 발달하지도 못한다. 무의식적으로 형성되는 이런 보호 구조에 자아가 갇혀 있기에 파니는 '진정한 개성'이라는 것이 무엇을 의미하는지조차 몰랐다.

방어 기제의 정상적인 작동과 관계된 본능적이고 무의식적인 보호는 자연스럽고 바람직한 현상이지만, 과도한 보호는 개인의 개성을 말살하는 '과적응' 현상을 낳는다. 자아의 현실적인 경험이 전혀 없는 주체는 자신의 감정을 믿지 못한다. 자신의 진정한 욕구가 무엇인지도 알지 못하며, 심한 경우에는 자신을 마치 남처럼 낯설게 느낀다.

수치심과 죄책감

죄책감은 늘 우리를 괴롭히고, 특히 과거와 관련 있는 복합적인 감정이 포함돼 그 원인을 파악하기도 쉽지 않다. 모든 것이 뒤섞여 있다.

죄책감의 핵심적인 기능은 '그만해. 네 행동은 옳지 않아. 네 말은 무의미해. 네 생각은 지나쳐.'라고 내면에서 보내는 경고에 있다. 눈앞의 현실에 주목하고, 자신이 놓인 상황을 양심에 따라 판단하는 통찰력이 있다면, 죄책감은 자신이 하지 말아야 할 것들을 하지 못하게 하는 보호 장치가 된다는 사실을 깨닫게 된다.

죄책감이 지나친 사람은 자신이 뭔가를 하거나 혹은 아무것도 하지 않아도 늘 잘못을 저지르는 듯한 기분으로 살아간다. 그러나 자기 행동이 상대에게 불쾌감을 주기에 이를 미리 막아야 한다는 생각에 어떤 분명한 근거가 있는 것은 아니다. 이런 강박적인 조심성, 자신을 무기력하게 하는 수치심, 끊임없는 자기 비하의 바탕을 이루는 죄책감은 그 맥락이 현재에 있지 않다. 죄책감은 사랑해줘야 하고 쉽게 상처받는 부모를 부양하도록 강요당한 아이의 마음에 숨어 있던 오래된 고통을 환기하고, 그의 두려움과 슬픔을 모호하고 과중한 책임감으로 집약하는 영원한 원칙이다. 이처럼 뿌리 깊은 빅브라더[3] 프로그램이 자신도 모르는 사이에 작동한다. '나는 해야 한다, 꼭 필요하다, 나는 할 수 없다, 내가 했어야 했다, 그렇지 않으면…' 등의 표현이 말해주듯이 모든 것이 자기 잘못이다. 이는 선조부터 내려온 기만적인 '내 탓이오mea culpa!'라는 토양에서 꽃핀 지속적인 교육의 소산이다!

육체적·정신적으로 연약한 존재인 아이는 자신의 생존이 부모와 좋은 관계를 유지하는 데 달렸음을 본능적으로 알고 있기에 본능적으로 부모의 태도에 자신을 맞춘다. 부모가 신경질을 부리면 아이는 이유도 모르는 채 그것을 자기 탓으로 여긴다. 자신의 의식 수준을 넘어서는 것들을 상상할 수 없는 아이는 자신을 부모의 신경질, 분노, 슬픔의 원인으로밖에 달리 생각하지 못하는 것이다. 복잡하고 골치 아픈 일 때문에 스트레스를 받은 어른이 죄 없는 아이에게 신경질을 부리고 화를 낸다는 사실을, 아이는 짐작조차 하지 못한다. 아이는 부모가 짜증과 분노를 분출하도록 제동장치를 풀어놓는 역할을 했을 뿐, 그 짜증과 분노의 원인은 아니다. 물론 아이들은 시끄럽고, 어른들을 지치게 하고, 신경 쓰이게 하는 존재다. 그들이 존재한다는 사실만으로도 어른에게는 일이 늘어나고, 신경과민을 유발하고, 지

---

3) 조지 오웰의 소설 『1984』에서 비롯된 용어로, 정보의 독점으로 사회를 통제하는 관리 권력, 혹은 그런 사회 체계. 긍정적 의미로는 선의 목적으로 사회를 돌보는 보호적 감시, 부정적 의미로는 음모론에 입각한 권력자들의 사회통제 수단을 말한다.

치게 한다. 하지만 아이는 자기 책임이 아닌 스트레스의 분출구로 이용되고, 그런 사실을 아이 자신도 부모도 의식하지 못한 채 시련을 견디며 살아간다.

이런 영향은 다른 영향들과 마찬가지로 세대 간 갈등에 뿌리내리고 있다. 아이는 '어른들'이 서로 맺고 있는 관계에서 본질적으로 중요한 요소를 발견하면 이를 새기고 익히며 성장한다. 그리고 자신이 어른이 되면 이를 바탕으로 다른 어른들과 원만하고 평등한 관계를 유지하지만, 상처받기 쉬운 유년기에 생긴 죄책감, 두려움, 복종, 그리고 자기보다 강하고 우월한 사람의 마음에 들려고 애쓰는 성향은 여전히 남아 있어서 본의 아니게 이런 요소들에 순응적으로 반응하게 된다.

하지만 이제 더는 모든 것이 자기 잘못일 수 없으며, 특히 현재의 자신이 된 것이 자신의 잘못은 더더욱 아니라는 사실을 잊지 말아야 한다. 그리고 대부분 실제로 존재하지도 않는 타인의 어려움을 자신이 책임질 필요가 없다는 사실도 잊지 말아야 한다. 우리의 의무는 그에게 유용한 정보를 주고, 수용할 수 있는 요구와 우리의 한계를 분명히 하는 데 있다. 이런 상황에 대처하는 것은 전적으로 그의 책임이며 그의 자유다. 각자 자기 역할이 있다. 그래야만 솔직한 대화가 가능하고, 균형 있는 교류가 이뤄진다.

조상의 과오

그들의 성은 괴링, 괴벨스, 힘러다. 그들은 나치의 후손이며 이스라엘에 산다. 일반에 잘 알려지지 않은 사실이지만, 수백 명의 독일인이 히브리

국가에 정착해서 자신의 조상에게 희생된 사람들 곁에서 살아가며, 많은 이가 유대교로 개종했다. 마치 조상이 저지른 잘못을 대속하는 것 같다.

마티아스 괴링은 히틀러의 오른팔이었으며 유대인 문제의 '최종 해결'을 주도했던 헤르만 괴링의 손자다. 그는 자신의 성(姓)을 부정하지 않았다. 그것은 스스로 유죄를 인정하는 태도였다. 마티아스는 스물네 살 때 고국을 떠나 스위스에 정착해 이스라엘을 자주 방문하면서 특히 유대인 대학살에서 살아남은 사람들과 긴밀한 관계를 맺었다.

전 나치 요원들과 아무런 혈족 관계가 없는 독일 젊은이들도 조상이 저지른 죄를 대속하는 의미로 뭔가를 해야 할 필요를 느낀다. 크리스와 프리드리히는 이스라엘에서 1년간 자원봉사를 했다. 한 명은 야드 바셈 홀로코스트 기념관에서 일했고, 다른 한 명은 생존자들이 거주하는 양로원에서 일했다.

제3제국의 고위 관리들은 뉘른베르크에서 무죄를 선고받음으로써 죄책감이라는 무거운 짐을 다음 세대에게 넘겨줬다. 역사학자 시몬 에르펠은 선조가 죽음의 수용소에서 무슨 일을 했는지를 알고 싶어 하는 사람들에게 도움을 줬다. "그들은 문헌 자료를 열람하는 수준을 넘어 감정적인 차원의 조사를 원했다."라고 그녀는 증언한다.[4]

이 독일인들은 조부모들의 사적인 삶과 유대인 학살의 참상을 연결하고 싶지 않았기에 이는 매우 까다로운 문제였다. 때로 그들은 몇 가지 역사적 자료만으로도 조상이 범죄를 은폐하고자 꾸며낸 가족사의 허구를 찾아내고 바로잡을 수 있었다. 물론 모든 것을 흑백논리로 단정할 수 없다. 나

---

4) http://www.collectifvan.org/article_print.php?id=54282

치의 가족 중에도 희생자가 있다. 나치즘에 반대했다는 이유로 처형된 고모, 탈영했다가 체포돼 총살당한 사촌, 강제수용된 동성애자 삼촌, 손자들이 보는 앞에서 러시아인들에게 강간당한 할머니, 연합군의 폭격에 죽은 선량한 사람들…. 이처럼 말하지 못하고 숨겨둔 감정은 가족의 무의식적인 세계를 떠나지 않는다.

죄책감을 안고 살아가든가, 부모나 선조가 저지른 죄에 대한 부담에서 벗어나든가, 선택은 각자의 몫이다. 이 어려운 일은 비단 나치의 후손에게만 국한되지 않는다. 살인자, 강간범, 소아성애자 등 사회에서 지탄받는 범죄자들의 자녀에게도 해당한다. 그들은 가족이 범죄자라는 사실을 인정함으로써 가족이 저지른 죄에 희생된 사람들에 대한 죄책감에서 벗어날 필요가 있다. 물론 받아들이기 어려운 사실을 인정하려는 노력에 제동을 거는 두려움과 맞서기는 쉬운 일이 아니다. 집안에서 따돌림당할지도 모른다는 두려움도 있겠지만, 잔혹한 범죄의 실상을 파악하고, 자기 가족이 그런 범죄를 저질렀다는 사실을 인정해야 하는 끔찍한 현실이 두려울 것이다. 사랑하는 부모, 조부모의 이미지와 잔인한 살인자 혹은 비열한 범죄자의 이미지를 일치시키기는 몹시 어려운 일이다.

과거와의 단절, 부모에 대한 사랑과 그들의 행위에 대한 거부 사이에서 타협점을 찾으려는 시도 등 어떤 결말을 선택하든지 후손은 상처받고, 수치심을 느끼고, 보상해야 할 필요와 의무를 느낀다. 그것은 그들 삶의 현실이고, 그것을 인정하는 것이 부정하는 것보다 정신적으로 훨씬 건전하다. 자신과의 공감은 다른 사람들과 진정으로 공감할 수 있는 기반이다.

무시

어른에게 놀림 받고 수치심을 느끼지 않는 아이가 있을까? 혹은 어른들이 아이의 엉뚱한 질문이나 태도에 웃음을 터뜨리고, 아이가 거북해하는 것도 아랑곳하지 않고 계속 그 이야기를 꺼내 웃음거리로 삼는다면, 아이는 모욕감을 느끼지 않겠는가? 아이는 사람들이 자신을 이해해주지 않는다고 생각하고, 수치심이 생기거나 잘못을 저질렀다고 믿게 된다.

아이가 상처받는 것은 욕구불만이 아니라 무시당한다는 느낌 때문이다. 아이에게는 자신의 말과 행동이 당연한데 어른들이 조롱하거나 무시하면 갑자기 소외된 된 듯한 기분이 든다. 만약 이런 식의 상호 작용이 되풀이된다면, 아이는 나중에 자라서 자기보다 약한 사람들을 무시하게 될 가능성이 크다.

아이는 이중의 고통에 시달린다. 어른들은 아이를 조롱할 뿐 아니라 비록 의식적이지는 않더라도 아이를 학대함으로써 자신의 상처를 보상받으려고 한다. 그들은 아이에게서 어린 시절에 모욕당했던 자신을 보고, 어린 시절의 상처를 의식하지도 못하고 치유하지도 못했기에 분명하게 표현할 수 없는 연민에 강하게 저항한다.

약자를 무시하는 행동은 자신의 무력감을 잊는 가장 좋은 수단이다. 이런 공감의 단절은 자신을 어린 시절에 불안정했던 아이로 여기지 않게 해준다. 이렇게 자기보다 약한 사람을 마음대로 다루면서 자신이 더 강하다고 느끼지만, 사실 이런 힘은 부질없다. 그것은 무의식적으로 내면의 나약함을 보호하려고 설치하는 보호막일 뿐이다. 무시는 성벽 안에 숨어 자신을 보호하는 수단이지만, 그 성벽에는 무시당해 멀어진 사람들을 연결하는 도개교가 없다. 무시는 약자들의 무기다. 자신의 무능함을 체험했다는 사실을 인정하는, 진정으로 강한 사람은 타인을 무시함으로써 자신의 힘을 증명할 필요가 없다. 그런 사람은 자신에게 관용을 베풀 수 있기에 남들에게도 친절을 베풀 수 있다.

약자는 타인을 무시하고 자신의 역량을 과대평가함으로써 성과를 거둬야만 사랑받을 수 있다는 걱정에서 벗어난다. 아이는 자기 내면에 있는 좋지 못한 것, 현명하지 못한 것, 훌륭하지 못한 것을 무시해야 한다고 생각하며 성장한다. 그리고 성장해서는 이처럼 무능력, 나약함, 자신감 부족을, 다시 말해 자기 내면에 숨어버린 무방비 상태의 약해빠진 아이를 조롱하면서 어린 시절의 소외감을 계속 끌어안고 있다. 이것이 바로 우리 자신의 모습이다.

"모든 무시, 차별의 원인은 성인이 아이에게 행사하는 권력, 어느 정도 의식적이지만 통제할 수 없고, 사회가 허용하는 은밀한 권력에 있다. 성인은 아이의 마음을 자신이 원하는 대로 할 자유가 있으며, 아이의 마음을 자기 소유물처럼 여긴다."5)

어린 시절 상처받은 아이는 어른이 되면 상처받기 쉬운 사람을 제멋대로 상처 주면서 '실패한 시나리오'를 재연함으로써 어린 시절부터 추구해온 만족을 느낀다. 그는 마침내 자신이 옳다는 사실을 상대에게 받아들이게 한다. 그뿐 아니라 자신이 더 잘, 더 많이 알고 있음을 증명할 수 있고, 관계를 주도할 수 있다고 믿는다. 그는 어린 시절 자신이 매여 있던 시나리오를 자기 자녀에게 그대로 적용하고, 어린 시절 남몰래 그토록 고통스러

---

5) 알리스 밀러, 『천재가 될 수밖에 없는 아이들의 드라마』, 프랑스 대학 출판사, 1996.

워하며 맡았던 역할을 무의식적으로 아이에게 부과한다. 이것이 바로 무시의 무의식적 계승의 메커니즘이다.

무의식적인 반복

자신의 결핍된 자신감을 숨기려는 의도로 아이를 조롱하고 함부로 대하는 태도가 아이에게 얼마나 모욕적인지를 자각하지 못하는 부모는 당연히 자녀를 존중할 수 없다. 그들은 무의식적으로 자신의 결핍된 신뢰감을 자녀에게 계승하고, 어린 시절에 자신이 가장 견디기 어려웠던 강자들의 행동을 이제 자기보다 약한 자들에게 그대로 되풀이한다.

포악한 어머니와 순종적인 아버지 사이에서 태어난 젊은 건축가 마르그리트가 자신을 애지중지하면서도 심하게 모욕하는 남자와 열정적인 사랑에 빠진 것은 이번이 세 번째였다. 그녀는 직업적으로 성공했지만, 지금까지 결코 경험하지 못했던 달콤한 사랑을 받을 수만 있다면 자신을 헌신짝처럼 취급해도 얼마든지 그런 모욕을 견딜 준비가 돼 있었다. 그녀는 자신이 애인의 눈에 중요한 존재로 비치기를 바라면서 마치 아버지를 대하듯이 애인에게 강박적으로 순종했다.

어린 시절 고통을 겪은 부모라면 누구라도 자신의 고통을 자녀에게 물려주고 싶지 않을 것이다. 또한, 상처에 대한 자각은 자신을 그토록 아프게 했던 상황을 절대 되풀이하지 않으려는, 억누를 수 없는 동기로 바뀐다. 이것은 반드시 부모를 '미화하지 않아도' 가능한 일이다. 그러나 자기 부모를 미화하려는 경향, 즉 자신이 희생자였던 폭력을 과소평가하거나 부정하는 경향이 있는 사람은 그것을 부당하거나 비정상적이라고 생각하는 사람보다 이런 폭력적인 행동을 되풀이할 위험이 훨씬 더 크다. 감지하기 어려운 정신적 학대를 무의식적으로 계승하고 스스로 되풀이할 위험 또한 육체적 폭력을 재현할 위험보다 훨씬 더 크다. 통계를 보면 부모에게 모욕당한 수줍고 의식 없는 아이가 긍정적이고 용기를 북돋아 주는 부모가 될 가능성보다 육체적 폭력으로 만신창이가 됐던 아이가 나중에 자라서 자기 자녀에게 절대 폭력을 휘두르지 않을 가능성이 훨씬 더 크다.

회복력

"회복력이 있는 사람들, 고통이라는 쇠를 사람 사이의 관계, 자신에 대한 성찰이라는 금으로 변환시키는 존재의 연금술사들은 우리가 생각하는 것보다 훨씬 많이 있다."[6]

회복력은 변형됐다가 원래의 형태를 되찾는 물질의 성질을 말하는 과학 용어에서 유래해 널리 쓰이는 표현이다. 일반적으로는 과거의 충격에서 치유되는 힘을 말하는 이 말이 오늘날 주목받는 현상은 매우 고무적이다. 왜냐면 이것은 소수의 사람만이 체험한 능력, 즉 어린 시절에 겪은 가혹한 육체적·정신적 학대를 극복하고, 자신이 겪은 고통을 자녀에게 되풀이하지 않는 성숙하고 현명하고 균형 있는 성인이 되는 능력을 말하기 때문이다.

---

6) 자크 르콩트, 『자신의 어린 시절로부터 치유하기』, 오딜 자콥, 2010.

정신과 의사이자 정신분석가인 보리스 시륄니크는 학대받고, 구타당하고, 강간당하고, 모욕받고, 버림받고, 사랑받지 못했음에도, 성장하면서 다시 일어설 힘과 용기를 찾은 모든 어린이에게 찬사를 보내고, 여전히 고통받고 있는 많은 사람에게 놀라운 희망을 준 그들의 회복 과정을 치하한다. 회복력은 이제 길 잃은 아이에게 특별한 행운을 가져다주는 모호한 과정이 아니라 다행히도 심리학의 연구 주제가 됐다. 통계를 보면, 사람들은 자신이 당한 것을 다른 사람에게 되풀이하는 경향이 있다는 절망적인 주장과는 반대로 비록 최악의 경험을 했더라도 거기서 벗어날 수 있고, 자신이 받지 못한 것을 다른 사람들에게 줄 수 있으며, 이것이 드문 경우도 아니라는 사실이 명백히 드러났다. 긍정심리학자 자크 르콩트가 말했듯이 희생자 어린이는 필연적으로 가해자 부모가 된다는 잘못된 보편적인 믿음은 실망과 결정론적 비관주의에 빠지게 할 뿐이다.

건실하고 행복한 성인이 되기 위해 어린 시절 학대받았던 사람들에게 필요한 것은 무엇일까? 그것은 관계, 규정, 의미다.

관계, 규정, 의미

어린 나이에 버림받거나, 방황하거나, 거부당해 인생을 최악으로 출발한다고 해도 아이는 어른이 손을 내밀면 구원받을 수 있다. 다른 사람의 부모, 조부모, 선생, 교육자 등 누구든 상관없다. 아이에게 중요한 것은 자신을 가치 있고 존엄성이 있는 한 인간으로 바라봐주는 어른과 만나는 것이다. 이 시선은 아이에게 자신감을 주고, 새로운 삶을 시작하는 관계를 맺게 해준다. 아이는 자신을 믿어주고, 정상적으로 대해주고, 자신에게 자신감을 불어넣어주는 사람을 신뢰한다. 그렇게 아이는 분별 있는 사람이 되고, 진심 어린 따뜻한 관계에서 자기 자리를 찾게 된다. 이것이 절망 때문에 쓰러졌다가도 다시 일어서서 내딛는 첫걸음이다.

아이가 다시 일어설 수 있게 하는 데에는 사회적 규정 또한 필요하다. 청소년 보호기관이라는 지렛대 효과를 이용해서 학대로부터 아이를 보호하고, 동시에 아이가 지도 규정을 따르게 해야 한다. 규정은 울타리다. 울타리는 조직하고 보호한다. 규정은 아이가 사회에 대해 존중해야 할 경계와 사회가 아이에게 존중해줘야 할 경계를 정한다. 사회적 규정의 울타리 안에 들어가는 것은 쓸데없는 과정이 아니라 불가피한 단체 생활을 수용하는 일이고, 아이에게 시민의 지위를 부여하는 일이며, 아이가 진실로 변할 수 있는 능력을 갖추도록 자신감을 불어넣는 일이다.

학대받는 아이들에게 삶은 아무 의미가 없다. 행복한 순간이 몇 번 있더라도 그들의 생애는 너무나 많은 불만, 결핍, 고통, 배반으로 얼룩진다. 게다가 좋은 것과 나쁜 것이 밀접하게 뒤섞여 있기에 삶의 의미는 더욱 상실될 수밖에 없다.

삶은 그 자체로 의미가 있을까, 아니면 우리가 삶에 의미를 부여하는 것일까? 프랑스어로 '의미(sens)'는 '뜻'이기도 하지만, '방향'이기도 하다. 삶의 의미를 묻는 철학적 성찰은 각자의 몫이지만, 우리는 어려움을 겪는 아이가 삶의 방향을 찾을 수 있게 도와줄 수 있다.

과거를 어떻게 할까? 과거에서 어떤 교훈을 얻을 수 있을까? 과거가 어떻게 미래를 건설하는 데 도움이 될까? 우리가 앞에서 살펴본 것처럼 어린 시절 상처받은 사람들은 자신이 존중받지 못하는 희생자였던 데 대한 보상이 되는 직업에서 삶의 의미를 발견한다. 또 다른 사람들은 과거의 고통을 씻어줄 행복한 부부 생활과 따듯한 가정에서 의미를 찾는다.

누구에게나 다소간의 회복력이 있지 않을까? 정의는 별로 중요하지 않다. 분명한 것은 약간 혹은 보통 혹은 심하게 자신의 어린 시절에 실망한 모든 성인이 순탄하지 못한 인생 역정에서 그들의 상처를 치유하고, 자신의 삶을 재건하기 위해 용기를 북돋아주는 요인을 찾을 수 있다는 것이다. 세상에 너무 늦은 때란 없다!

4장. 어린 시절의 상처 치유하기

자신에 대해 스스로 질문을 제기하지 않는 삶은
살 만한 가치가 없다.

-플라톤

새장에서 나가기

'문 열린 새장에 갇혀 산다.'라는 표현은 많은 이가 놓여 있는 심리적인 상황을 상징적으로 표현한다.

내 진료실에는 사람이 옹색하게 횃대에 앉아 있는 작은 새장이 있다. 그는 평안하지만 조금 불행해 보인다. 새장 문은 활짝 열려 있지만, 그는 이 좁고 답답한 공간에서 나오는 노력을 기울일 만한 기력이 없어 보인다. 불편함에 익숙해졌기 때문이다. 그는 거기서 수십 년을 살았고, 그곳의 장점을 모두 알고 있다. 그가 불편을 감수하면서 그곳에 있는 이유는 지금껏 거기에 순응했기 때문이다. 상당히 옹색한 삶이지만, 익숙해져서 견딜 만한 것이다.

내 진료실을 찾는 환자들은 이 작은 새장과 그 안에 있는 약간 우울해 보이는 사람을 보고 대부분 웃어넘기지만, 약간 거북해하며 "저랑 똑같네요!"라고 말하는 사람도 많다. 나는 바로 그 순간 그들이 치료를 통해 더 자유로워지리라는 것을 안다. 그들은 농담처럼 말하지만, 노력 없이 자유를 얻을 수 없다는 것을 알고 있다. 그리고 자신이 본의 아니게 옹색하고 실망스러운 삶에 갇혀 있음을 확인하며 몸서리친다.

사람들은 변화를 주기 위해, 자기 삶의 주인이 되기 위해 찰카닥! 하고 시동 장치가 작동하기를 기다린다. 어느 화창한 날 잠에서 깨어 보니 자신을 진정한 해방의 길로 인도하는 적절한 행동을 저절로 하게 됐다고 느낄 수 있다면 얼마나 좋을까! "중요한 결정을 내리기 전에 하룻밤 숙고하는 것이 좋다!", "때가 되면 알게 될 것이다.", "내일 일은 내일 걱정하라.", "내일은 내일의 태양이 뜬다." 등 세상에는 저절로 변화가 일어나기를 기대하게 하는 격언이 참 많다!

그런데 이런 시동 장치가 스스로 작동하는 경우가 종종 있다는 사실을 부인할 수 없다. 어쩌면 이미 수십 번 작동했지만, 우리가 모르고 지나갔을 수도 있다. 왜냐면 이것은 마치 요술봉처럼 원할 때 원하는 대로 작동하는 기제가 아니기 때문이다. 인생에는 기회와 장애가 예측할 수 없이 무작위로 찾아온다. 따라서 자신에게 찾아오는 행운을 포착하려면 눈을 크게 뜨고 지켜보다가 역으로 들어오는 기차에 올라타듯이 행운을 잡겠다고 작정해야 한다! 그러려면 자신이 그것을 진정으로 원해야 한다.

서기 1세기에 현자 세네카는 "상황이 어려워서 시도하지 못하는 것이 아니라 시도하지 못하기에 상황이 어려운 것이다."라고 말했다. '나는 진정으로 변화를 원하는가?' 이것은 우리가 스스로 던져야 할 첫 번째 질문의 핵심이다. 이 결심을 회피한다면 어떤 일도 제대로 시작할 수 없다.

하지만 차라리 안락한 작은 새장에서 지금까지 살아온 대로 편안하게 사는 편이 낫지 않을까? 나는 왜 변해야 할까? 변화가 가능할까? 있는 그대로의 나를 받아들이는 것이 왜 문제가 된다는 것인가?

이 문제에 대한 심리치료사들의 의견은 각기 다르다. 정신치료는 사람들에게 현실에 문제를 제기하기보다는 순응하도록 유도함으로써 삶을 피폐하게 하는 부패한 소비주의에 은밀히 동조한다. 또한, 전통적인 정신치료는 오히려 치료의 퇴행을 초래하고, 그 퇴행이 빌미가 돼 각자의 내면에 숨어 있는 아이가 온갖 어리석은 짓을 하도록 조장하며, 사람들을 판단력 없이 권력에 휘둘리고, 상처받기 쉬운 어린 양으로 살아가게 한다고 믿는 사람도 있다.

이처럼 비판적이고 과감한 견해가 널리 수용되지는 않지만, 나는 이것이 대단히 솔직한 견해라고 생각한다. 사실 어려움을 겪는 사람들을 돕는 의사나 변호사 같은 전문가들과 마찬가지로 심리치료사들은 상담을 원하는 환자들의 어려움 덕분에 수익을 올린다. 어려움을 겪는 사람이 많으면 많을수록 그들은 더 큰 부를 쌓는다. 치료 효과도 없이 관대하게 환자에게 동조하며 자신의 지위를 이용해서 지갑을 채우지 않으려면, 심리치료사들에게는 철저한 직업윤리와 충분한 전문 능력이 필요하다.

사람이 변하고 발전한다는 것은 간단한 문제가 아니다. 행동의 변화에는 노력이 필요한 변화와 자연스러운 변화가 있다.

노력이 필요한 변화 역시 매번 새로운 노력이 필요한 변화(예를 들어 어떤 불쾌한 상황에서 자신의 감정을 통제하거나 상대의 적대적인 행동을 참아내는 데 필요한 노력)와 훈련할수록 노력할 필요가 줄어드는 변화(예를 들어 수줍음이 많은 사람이 다른 사람들 앞에서 위축되지 않고 자기 생각을 당당하게 표현하는 데 필요한 노력)로 구분할 수 있다.

전자는 지속적인 개선이 이뤄지지 않아 노력하는 사람을 지치게 한다. 마치 잎을 잘라버려도 뿌리는 그대로 있다가 다시 자라는 잡초와 같다. 어려움에 대처하고자 노력하는 것도 진저리가 나고, 효과 없는 노력을 끝없이 계속하는 것도 달갑지 않다. 이럴 때는 어려움의 근원을 찾아 원천적으로 해결하는 방법을 모색하는 편이 낫다. 이것이 치료 목표 중 하나다.

자연스러운 변화는 어느 날 별다른 결심 없이도 이뤄지는 변화다. 사람들은 제대로 의식하지 못한 채 어떤 문제 상황에 부닥치면, 특별한 의식 없이 수월하고 유리한 쪽으로 행동한다. 그런 다음에야 자신이 그렇게 행동했다는 사실에 놀라고, 주위에서 염려했던 것과 달리 일이 그토록 쉽게 풀릴 수 있다는 데 놀란다.

물론 이런 변화는 가장 좋은 경우여서 우리는 마음을 놓고 기뻐한다. 하지만 아무 이유 없이 이런 변화가 일어나는 것은 아니다. 그것은 대개 오랜 시간 자신을 성찰하고, 자신의 어두운 내면을 탐구한 결과다. 즉, 자신에 대한 진지한 성찰과 탐구는 부정적인 기억에서 자신을 해방하고, 행동과 사고를 제한하는 잘못된 믿음에서 벗어날 수 있게 해준다.

이런 작업은 경작지를 개량하는 농부의 수고에 비유할 수 있다. 농부는 밭을 뒤엎고, 물을 뿌리며 토양을 비옥하게 하고, 씨를 뿌리고 잡초를 뽑는다. 그러다 보면 어느 날 싹이 트고 줄기가 자라 싱싱한 잎들이 무성해진다. 농부가 제철이 아닐 때 씨를 뿌리면, 아무것도 자라지 않는다. 우리 정신도 마찬가지다. '아무리 노력해도 성공할 수 없는 사람은 성공할 수 없다. 인생이란 게 원래 그런 것이다. 우리가 원하는 것을 할 수도 없고, 원하는 대로 거둘 수도 없다. 차라리 비록 좁고 답답하고 미래가 없더라도 작은 새장에서 문제없이 지내는 편이 더 안전하고 마음 편하다.'고 확신한다면, 억지로 변하려고 노력하는 것, 억지로 뭔가를 하려고 무리하는 것은 아무 소용 없다.

마침내 새장에서 해방될 때까지 우리는 얼마나 많은 노력을 기울이고, 얼마나 많은 작은 변화를 겪어야 할까? 마치 서양장기와 같다. 게임에서 이기려면 졸들을 전략적으로 움직여야 한다. 변화에는 시간이 걸리고 성찰도 필요하다. 졸들을 하나하나 움직이고, 실수를 받아들이고, 적을 물리쳐야 한다. 각각의 졸이 자기 역할을 하다 보면, 게임은 차츰 자신에게 유리해진다.

시동 장치는 어쩌면 '즉시 모든 것'을 해야 하는 우리 시대의 빗나간 신화다. 찰칵하는 순간, 나는 너와 연결된다. 찰칵하는 순간, 나는 내 생각을 이야기한다. 찰칵하는 순간, 나는 너를 만나고, 찰칵하는 순간, 나는 너와 헤어진다. 찰칵하는 순간, 신속하게 사고하고 결정할 뿐 분석과 성찰에 시간을 허비해서는 안 된다. 그러다 보면 너무 늦어 남에게 추월당하기 때문이다. 나는 찰칵하면 불을 켜고, 찰칵하면 TV 채널을 돌리고, 찰칵하면 스마트폰으로 메시지를 사방에 보낸다.

이처럼 우리는 열쇠 한 번만 돌리면 차에 시동이 걸리는 시대에 살고 있다. 그러나 우리의 행동을 변화시키기 위해 들여야 할 노력은 옛날에 크랭크축을 돌려 자동차 시동을 걸어야 했던 노력에 비길 만하다. 당시에는 모터가 제대로 돌아갈 때까지 힘 들여 몇 번이고 크랭크축을 돌려야 했다.

정신적 유산 인식하기

생각하지 않는 사람은 행동하지 않는다.
—빅토르 위고

고통스러운 과거를 되씹는 게 무슨 소용이 있을까? 자신이 받은 정신적 외상의 실체를 이해하고 거기서 교훈을 얻지 못한다면 쓸데없이 상처를 긁어 피를 흘리는 것과 다를 바 없다.

그 첫 단계는 바로 인식이다. 밑바닥에 가라앉아 있던 감정이 떠올라 의식을 통과하면서 말로 표현된다. 감정은 영혼의 상태를 육체적으로 표현한 것이다. 맥박이 빨라지고, 땀을 흘리고, 얼굴이 창백해지거나 붉어지고, 호흡이 가빠지며, 근육이 경련하는 등의 증세가 나타난다.

두려움, 분노, 고통, 혐오, 슬픔, 기쁨은 인간의 주요 감정이다. '기분이 좋다, 나쁘다'를 말해주는 것은 육체다. 우리는 감정을 몸으로 느끼고 머리로 이해한다. 심리적 균형은 감정적 표출과 정신적 이해라는 두 요소를 모두 고려한 노력의 결과다. 미국의 천재 바이올린 연주자이자 지휘자였던 예후디 메뉴인은 "머리는 가슴과 직결돼 있다."고 말했다.

그렇다면 무엇을 인식해야 할까? 어린 시절 우리를 꼼짝 못 하게 하던 두려움은 성인이 된 우리에게는 이제 의미가 없다는 사실, 우리 행동을 규제하던 몇 가지 믿음은 이제 유치한 생각에 지나지 않는다는 사실, 그러면서도 우리가 어린 시절에 채택한 시나리오를 아직도 재연하고 있다는 사실을 인식해야 한다. 더는 유효하지 않은 믿음과 유치한 신념이 만들어낸 시나리오를, 너무도 익숙해서 저절로 입에서 흘러나오는 노래처럼 꾸준히 되풀이하고 있다는 사실을 자각해야 한다.

예를 들어 우리가 가까운 사람들과 맺고 있는 관계를 파괴하거나 우리 자신 혹은 자녀를 상대로 폭발하는 분노가 어쩌면 우리 부모와 관계가 있다는 사실을 인식해야 한다. 현재 우리가 놓여 있는 상황, 특히 우리를 힘들고 지치게 하는 상황은 부모가 우리에게 강요했던 것들의 결과라는 사실을 인식해야 한다. 그렇다, 우리는 그렇게 살아가고 있고, 다른 수많은 가정의 부모처럼 우리 부모도 불완전했다. 그리고 부모가 자신의 미숙함 때문에 치러야 하는 대가의 한 부분을 우리가 치르고 있다. 또한, 그들의 혐의를 벗겨주거나 영원히 앙심을 품을 생각이 아니라면, 그들의 잘잘못을 따져봤자 아무것도 달라지지 않는다는 사실을 인식해야 한다. '그렇다면, 지금 나는 어떻게 해야 할까?' 바로 이것이 중요한 문제다.

인식은 어린 시절의 영향으로 우리가 기꺼이 마음속에 간직하는 것들과 고통스러워 벗어나고 싶은 것들을 규명할 수 있게 해준다. 그렇게 자신이 겪은 피해의 목록을 작성해야 한다. 보이지도 않고, 이해할 수도 없는 것과 맞서 싸울 수는 없지 않은가.

내가 상담한 환자 중에는 이렇게 말하는 사람이 있다. "전 늘 제가 우리 부모님을 부양하고, 보호해야 하고, 제가 없으면 그분들이 견뎌내지 못하리라는 느낌이 들어요." 여기서 "느낌이 든다."는 것은 자기 내면에 어떤 흔적이 남아 있다는 것을 뜻한다. 환자는 또 이렇게 말한다. "저도 부모님에 관해서는 제 생각이 지나치다는 걸 알지만, 어쩔 수 없어요. 늘 그런 느낌이 들어요." 의지보다 느낌이 얼마나 더 강력하게 작동하는지를 말해주는 대목이다.

남들 마음에 들지 않을까 봐 조바심하지 않고, 남들이 실망할까 봐 두려워하지 않고, 남에게 영향을 받거나 조종을 당하는 것은 아닌지 의심할 필요 없이 진정으로 자유롭게 살아가고 싶다면, 자신의 어린 시절을 전체적으로 살펴보는 과정을 반드시 거쳐야 한다. 어린 시절에 감내했던 고통이 이해받지도, 보상받지도, 해소되지도 않은 채 남아 있으면, 자신도 모르는 사이에 자녀에게 고통을 주는 숨겨진 원인이 되곤 한다.

자신을 잘 알수록 자기 기질을 잘 활용할 수 있다. 기질이란 무의식적으로 체험한 강점과 약점에 지나지 않는다. 예를 들어 분노를 어떤 방향으로 유도해서 자신에게 유리하게 이용할 수 있다면 약점은 강점이 된다. 반대로 남에 대한 관대한 호의가 자신의 유일한 방어 수단이라면 장점은 약점으로 변질할 수 있다. 따라서 우리가 고유한 존재가 되게 하는 자신만의 기능 방식을 인식해야만 그 방식을 적절하게 활용하는 법을 배울 수 있다.

자신이 어떤 존재인지를 알고, 자신의 감정을 인정하고, 제어하고, 두려움 없이 자연스럽게 표출할 때 성장할 수 있다. 자기 도구 상자에 어떤 도구가 들었는지를 잘 알수록 그 이용법도 잘 알게 마련이다.

지금까지도 영향을 끼치고 있는 어린 시절의 상처를 치유하려면, 어떤 상황에서 그 상처를 받았는지를 분명히 기억해야 하고, 그 상처가 지금까지 자신의 의지와 상관없이 어떤 형태로 표출됐는지를 알아야 한다. 그리고 혼자서 하든 정신치료 전문의나 상담사의 도움을 받든, 용기를 내서 반드시 그 상처를 문제삼아야 한다.

그러려면 이해력이 있고 이치를 제대로 따질 줄 아는 성숙한 어른의 시각에서 잠시 벗어나야 한다. 당시에 부모가 달리 어떻게 할 수 없었기에 자신에게 상처를 줬고, 그들 자신도 어린 시절에 희생자였음을 이해하는 성인의 시각을 일단 버려야 한다는 것이다. 왜냐면 해묵은 심리적 상처를 안고 있는 사람에게 이해와 추론은 해결책이 아니기 때문이다. 잠시나마 어린 시절 아이의 시각, 기대하고 염원하던 시각, 그토록 두렵고 이해받지 못하고 조롱당하고, 불행하거나 사랑받지 못한다고 느끼던 아이의 시각으로 돌아가자. 부모를 우러러보던 아이의 눈으로 자신의 과거를 다시 봐야 한다. 부모는 너무나 크고, 강하고, 없어서는 안 되며, 모든 것을 잘 알고, 무엇이든 잘하는 존재다. 아이는 오로지 그들의 관심만을 보상으로 바라면서 이해하지 못하는 모든 것을 그대로 받아들였다. 부모는 아이의 삶을 결정했고, 아이의 삶은 그들에게 속했다.

부모가 자신을 얼마나 결정적으로 만들어놓았는지를 이해해야만 현재 자신이 겪는 어려움을 제대로 이해할 수 있다. 부모의 다양한 심리적 요인과 무의식적 동기에 따라 우리가 어린 시절에 체험한 것들이 대부분 지금 우리의 상태에 그대로 반영된다. 상처받은 아이의 시각으로 사건들을 해석하고, 그 해석이 절대적인 확신으로 고착되면서 우리는 멋대로 상상하고, 우리 안에 있는 아이의 감성으로 삶을 해석한다. 예를 들어 우리는 친구들이 연락하지 않는 이유가 그들이 우리를 좋아하지 않기 때문이라고 생각하며 실망하지만, 사실은 바쁜 우리를 배려해서 방해하지 않으려고 연락을 자제하는 것일 수도 있다. 이것은 집에 돌아와서 신경질을 부리는 남편을 보고 '힘든 하루를 보냈거나 상사와 언짢은 일이 있어서 그럴 거야.'라고 생각하지 않고, 자신이 뭘 잘못했는지부터 따지는 아내의 반응과 같다.

우리가 아이였을 때 부모를 두려워했다면 지금도 여전히 주변 사람들이 우리를 싫어할지도 모른다는 두려움, 보복당할지 모른다는 두려움, 걱정을 끼칠지 모른다는 두려움, 혹은 관계가 단절될지 모른다는 두려움 등으로 행동을 억제하고 있을 가능성이 있다는 사실을 인식해야 한다. 이런 두려움을 객관적으로 차분히 살펴보면, 이제 두려워할 이유가 없어졌어도 여전히 두려움에 지배당하고 있음을 알 수 있다.

그러나 우리에게 영향을 끼치는 것이 어린 시절의 감정인지 성인의 판단인지 어떻게 알 수 있을까? 이성적인 것과 상상적인 것의 차이를 인식하면 알 수 있다. 예를 들어 우리는 높은 절벽 끝에 안전한 철제 보호대가 이중 삼중으로 설치된 곳에 서 있을 때 이성적으로는 밑으로 떨어질 확률이 전혀 없음을 알면서도 감정적으로는 두려움을 떨치지 못한다. 이렇게 우리는 종종 내면에서 두 개의 목소리, 즉 걱정하는 목소리와 안심시키는 목소리의 대화를 듣는다.

'좋아, 그럼 하자!'

'안 돼, 아직 준비가 안 됐어.'

'그래도 반드시 해야 해.'

'나중에 해도 되잖아.'

'아니야, 지금 당장 해야 해. 그러지 않으면 너무 늦을 거야.'

'내겐 너무 버거워. 꼭 해야 해?'

감정이 관계의 성격을 좌우하는 애정 문제나 가족 문제에 관해 내면의 아이는 이처럼 삶을 어렵게 한다. 모든 것은 내적 투쟁을 통해 결정되고, 내면의 아이는 두려움을 무기로 우리를 지배한다.

"저는 늘 어머니를 돌봐야 한다는 의무감이 두려움에서 비롯했다는 사실을 깨달았어요. 객관적으로 따져보면 어머니에게 전화하는 쪽도 늘 저고, 제가 어디 가서 언제 돌아온다고 통보하는 쪽도 저고, 어머니를 찾아갈 때가 됐다고 생각하는 쪽도 저고, 어머니 대신 장을 봐줘야겠다고 생각하는 쪽도 저예요! 어머니는 늘 저를 무시하고, 늘 저를 비난하고, 늘 저한테 불평을 늘어놓기 때문에 어머니를 만날 때마다 짜증 나고 참기 어렵지만, 어머니가 아무것도 요구하지 않아도 늘 시간을 내서 찾아가죠. 저는 이런 저 자신이 싫어서 몹시 스트레스를 받아요!

저는 어머니를 비참한 삶에서 구해주고 싶었어요. 그래서 어머니에게 뭔가를 보상해주는 데 중독된 것 같아요. 그런데 그게 제대로 되지도 않고, 정작 어머니한테는 아무 도움도 되지 않아 걱정이에요!"

이 여인은 어머니에게 자신의 도움이 필요하다는 느낌의 지배를 받고 있다. 실제로 그렇든 그렇지 않든 상관없다. 이런 식의 의식화는 요구와 명령을 혼동한다.

'역까지 데려다 줄 수 있어?'

이것은 명령이 아니라 요구다. 반드시 복종해야 할 의무는 없다. 그렇게 해주든 말든, 그것은 전적으로 나의 자유로운 선택에 달렸다. 따라서 얼마든지 거절해도 된다. 그러면 사람들은 대부분 언짢아하지 않고 다른 방법을 찾는다.

하지만 우리는 아이였을 때 윗사람의 요구는 명령이었거나 명령으로 이해했다. 어른이 돼서도 '아니요'라는 말을 할 줄 모르는 사람은 어린 시절에 요구와 명령을 혼동하고 '아니요'라는 말이 허용되지 않는 가정에서 자랐을 가능성이 크다.

성인이 되면 사람들은 상황을 직시하고, 각자 자기 입장에 충실해야 한다고 생각한다. 즉, 당신이 요구하거나, 권하거나, 제안하는 것은 당신의 입장이고, 내가 승낙하거나, 거절하거나, 다른 것을 권하는 것은 나의 입장이다. 각자 자신의 영역이 있어야 하고, 그래야만 상황이 단순해진다.

아이 같은 감정으로 행동하는 사람들은 거울에 비친 자기 모습을 보면 스스로 느끼는 것보다 훨씬 나이 들어 보여 놀라곤 한다. 심리적으로 그들은 실제 나이보다 젊게 느끼고, 실제로 젊게 산다. 이것 자체는 흠이 아닐뿐더러 오히려 매력적으로 보이기도 하지만, 그들이 정신적으로 여전히 자신의 연령대에 동화되지 못했음을 보여주는 증거다.

마음속에 있는 아이가 강요하는 행동은 때로 고통스럽고 두려움과 불안을 일으키지만, 이런 강요에 집착하는 사람들을 보면 경이로울 지경이다. 왜 그토록 고통스러운 행동을 고집할까? 그 이유는 조종당하는 상태에 있을 때에는 모든 것이 훨씬 수월하기 때문이다. 깊이 생각하지 않고, 자기 신념에 문제를 제기하지 않고, 자신이 정말 바라는 방향으로 행동하지 않는 것이 훨씬 편하기 때문이다. 잘못된 생각에 집착하고 있다는 사실을 인식하기보다 '세상은 원래 그렇다.'고 생각하는 편이 훨씬 덜 혼란스럽다. 자신을 지탱하던 신념을 명백한 사실로 계속 믿고 있으면, 여태껏 살았던 것처럼 앞으로도 살아갈 이유가 있다고 주장할 수 있게 된다. 수십 년 전부터 잘못 생각하고 있다는 사실을 깨닫는 것은 얼마나 고통스러운 일인가? 하지만 그래야만 진정으로 자유로워질 수 있다!

정신적 변화에 따라 다르게 행동하는 것이 처음에는 어설프고 어색할 수도 있지만, 하루아침에 모든 것이 달라질 수 없다는 것을 알아야 한다. 때로 이런 시행착오가 초심자의 용기를 꺾고 전에 갇혀 있던 익숙한 새장으로 서둘러 돌아가게 하는 결과를 낳을 수도 있다. 하지만 다음 날이 되면 다시 시작해야 한다.

혼란에서 벗어나는 데 도움이 될 만한 연습을 해보자. 종이 한 장을 준비해서 세로줄을 긋고, 왼쪽에 '이럴 때 나는 아이다'라고 적고, 오른쪽에

'이럴 때 나는 어른이다'라고 적는다. 우스울 정도로 간단해 보이지만 명확히 구분하기가 쉽지 않다. 이 연습에서 '나는 아이다' 항목에는 어린 시절에 생겼고 지금도 버리지 못한 고정관념, 믿음, 감정이 시키는 대로 하는 여러 가지 행동을 적어보자. 그리고 이 항목을 다시 두 개의 하부 항목, 즉 자신이 좋아해서 간직하고 싶은 아이의 행동(뜻밖의 선물, 포옹 같은 것을 좋아하는 유쾌하고 변덕스러운 아이)과 자신에게 해를 끼쳐서 벗어나고 싶은 아이의 행동으로 나눌 수 있다. 때로 우리가 아이처럼 구는 태도를 막을 이유도 없고, 그것은 매력적으로까지 보이기도 하지만, 현재의 우리 삶을 이끄는 주체는 성인이라는 사실을 잊지 말자.

미련 없이 어린 시절 잊기

> 어린 시절에 이상적으로 생각했던 자신의 모습을 포기한 사람은
> 막연하고 불확실한 상태에서 절망도 희망도 없이 기대한다.
> 하지만 폭군에게 확실하게 복수했거나 했다고 생각하는 사람은
> 자신에게 결정적인 영향을 주는 사람에게서 해방되고,
> 최상의 쾌락을 약속하는 유혹 앞에서도 꿋꿋하게 행동한다.
> ―세르주 르메르

고통은 '부당하다'는 느낌과 밀접한 관계가 있다. '왜 내가 그 대가를 치러야 하지? 왜 아무도 내 말을 들으려 하지 않지? 왜 내가 그 잘못을 책임져야 하지? 누가 내 희생을 알아주지?'라는 생각 때문에 억울한 느낌이 들면 괴로울 수밖에 없다. 과거의 상처에서 벗어나고 치유하기 위해서는 단념해야 할 것이 많다. 단념은 우리가 선택했거나 어쩔 수 없이 겪어야 했던 상실이나 포기, 단절을 극복하게 해주는 정신적 과정이다. 단념하는 것

은 '영원히' 받아들이는 것이다. 그것이 우리 마음에 들든 안 들든 상관없다. 죽은 사람이 살아 돌아올 수 없듯이 우리가 단념한 일은 두 번 다시 일어나지 않으므로 더는 희망하지 말아야 한다. 현재의 삶을 온전히 살려면 과거를 버려야 한다.

독이 되는 부모 밑에서 자란 아이는 자신이 늘 부모의 사랑을 받지 못했고, 앞으로도 그러리라는 사실을 알고 있다. 하지만 알고 있다는 것과 마음속으로 받아들인다는 것은 다르다. 부모에게 이 사실을 인정하라고 요구하고 자신이 그토록 원했던 사랑을 갈구하는 것은 마른 우물에 물을 구하러 가는 것과 마찬가지다. 포기할 것은 포기하고 앞으로 나아가야 한다.

자유롭고 행복해지기 위해 단념해야 할 것은 많다. 행복한 어린 시절, 화목한 가정, 부모의 긍정적인 평가, 칭찬, 조건 없는 사랑, 아쉬움 없이 보낸 세월 등 안타깝게도 자신이 누리지 못했고, 돌이킬 수도 없는 것들을 단념해야 한다. 미련 없이 과거를 잊고, 불완전하고 복잡하지만 있는 그대로의 삶을 받아들이려면 분노나 슬픔처럼 부정적이지만 꼭 필요한 감정도 경험해야 한다.

우리는 자신이 원하는 삶을 향해 나아가는 여정에서 많은 것을 단념하라고 강요받았고, 현재 자신의 행동이 어린 시절에 '조건화'됐다는 사실을 자각해야 과거에서 벗어나 오늘을 살 수 있다. 얼마 전 상담실을 찾은 사십대 남성은 내게 이렇게 말했다.

"전 무엇이든지 해낼 수 있어야 한다고 생각하며 살아왔습니다. 제 삶은 끝없는 투쟁의 연속이었죠. 앞을 가로막는 장벽이 아무리 높아도 정면으로 부딪쳐서 극복해야 한다고 믿었죠. 그러던 어느 날, 전 제게 그럴 의무가 전혀 없다는 사실을 깨달았습니다. 아무도 제게 그러라고 하지 않았는데, 저 스스로 그렇게 해야 한다고 철석같이 믿고 있었던 거죠. 이런 깨달음 뒤에 놀라운 해방감을 맛보았습니다. 무엇이든 제가 원하지 않으면 거절할 수 있고, 아무것도 하지 않아도 된다는 걸 진정으로 인정하게 된 겁니다. 살다 보면 높은 산처럼 극복하기 어려운 시련에 부딪히곤 하죠. 하지만 제가 반드시 정상을 극복해야 하는 산악인처럼 살 필요는 없잖습니까? 평원에서 편안하게 쉬면서 살아갈 수도 있는 거죠. 전에는 그럴 수도 있다는 사실을 절대 인정하지 못했던 겁니다."

개인의 삶뿐 아니라 남녀 사이, 부부 사이의 삶도 일상을 갉아먹는 기대들을 단념함으로써 훨씬 행복해질 수 있다. 그리고 상황을 제대로 인식하면 두 사람 사이의 원망과 불만도 씻어버릴 수 있다. 두 번의 결혼 생활에 실패한 어느 여성 환자는 내게 이렇게 말했다.

"전 과거에 제가 누릴 수 없었던 것들을 지금 만나는 남자들이 채워주기를 늘 기대해왔다는 걸 이제야 알았어요! 그 사실을 조금 더 일찍 알았다면 이혼을 두 번이나 하지는 않았겠죠. 제가 원하는 걸 채워달라고 쉬지 않고 요구했으니 남자들은 겁을 먹고 도망가거나 참고 견딜 수밖에 없었죠. 부부가 불화하면 각자 어린 시절에 받은 상처를 다시 헤집고, 더 아프게 하죠. 상대에게서 아무런 보상도 기대하지 않자, 큰 해방감이 들었어요. 이제 남자하고 건전한 만남을 이어갈 준비가 됐고, 남자를 억압하지 않게 됐어요."

과거 아이와 현재 어른의 대화

우리는 다원적이기에 개별적이다.
ㅡ조제프 마세스카롱

러시아 인형은 우리 정신의 변천사를 상징적으로 보여준다. 속이 빈 이 작은 나무 인형들은 맨 안쪽에 가장 작은 것부터 크기대로 겹겹이 들어 있어서 우리에게 보이는 것은 겉에 있는 가장 큰 인형이다. 어찌 보면 가장 작은 인형은 아기, 그다음 인형은 아이, 그다음은 청년, 그다음은 중년, 그리고 마지막 가장 큰 인형은 노인의 단계를 거치는 우리 인생을 말해주는 듯하다. 이 인형들은 인생의 각 단계에서 체험한 것들이 우리의 정신에 배어들어 어떤 방식으로 우리 안에 남아 있는지 보여준다.

어린 시절은 지워지지 않고 마음속에서 늘 '작용'하고 있다. 우리는 내면의 아이와 대화해야 한다. 어린 시절 고통받는 자신을 돌봐주는 사람이 아무도 없었기에 감당할 수 없는 큰 시련을 혼자 겪어야 했던 아이는 가슴속에서 지금도 여전히 울고 있다. 어린 시절 자신을 하찮은 존재로 여겼던 소녀는 어른이 된 지금도 몰인정한 남자들에게만 호감을 보이며 스스로 자신을 희생하면서까지 그들을 보살핀다. 분노하고, 고통받는 이 아이, 무방비 상태로 연약했던 시절에 받은 상처를 지금도 끌어안고 있는 이 아이, 희망으로 가득 차고 두려움에 떠는 이 아이, 우리 마음속에 살아 있는 이 작은 존재에게 이제 우리는 말을 걸 수 있고, 이 아이를 돌볼 수 있다.

십 대 시절에 나는 아이 돌보미 아르바이트를 했는데 지금도 기억나는 일이 있다. 당시에 내가 일하던 어느 가정의 부부는 어느 날 저녁 아이들을 재우고 외출할 준비를 하고 있었다. 그러나 사내아이 하나가 잠을 이루지 못하고 여러 차례 방에서 나왔다. 나는 방으로 돌아갔던 그 아이가 또다시 계단을 내려오는 것을 보면서 이번에는 부모가 짜증을 내고 아이를 심하게 꾸짖으리라고 예상했다. 하지만 상황은 그렇지 않았다. 아이의 어머니는 화를 내기는커녕 불만이 가득 찬 아이를 무릎에 앉히고, 아이의 말을 진심으로 귀담아들었다. 그녀는 아이에게 다정한 목소리로 "불만이 있구나? 뭐가 불만스러운지 얘기해보렴." 하고 말했다. 아이는 자기 불만을 이야기했고, 어머니가 아이의 말을 차분히 들어주고 아이를 안심시키자, 그 아이는 드디어 잠자리로 돌아가서 평온하게 잠들었다. 부모가 아이를 이해하지 못한 상태로 돌려보내는 것은 좋은 방법이 아니다. 부모는 아이의 말을 들어주고, 이해해주고, 인정해주고 달래줘야 한다. 이런 식으로 우리도 내면의 아이를 보살필 수 있다.

따라서 지금 자신에게 통제할 수 없는 분노와 억제할 수 없는 슬픔을 주고, 자신감을 잃게 하는 어린 시절의 아이였던 자신에게 관심을 기울여야 한다. 갈등을 겪는 부모에게서 버림받았다고 생각하고, 살아남으려면 무조건 순종해야 한다고 믿고, 사랑받으려면 무엇을 하든 반드시 성공해야 한다고 믿었던 아이, 자신을 위험에 노출하지 않으면 부모의 관심을 받지 못한다고 믿었던 아이, 모든 사람을 도와야 하고 행복은 자신의 몫이 아니라고 생각하는 아이, 인정도 위로도 받지 못해 안심하지 못하고 자신에 대한 확신도 없는 아이, 분노하고 실망하고 거부당하고 학대당하고 불안정한 아이, 다시 말해 예전의 자신을 만나보라. 그리고 그 아이의 말을 들어보라.

그 아이는 늘 우리 안에서 반응하기에 이제 우리는 그 아이의 말을 듣고, 당시 그 아이가 들었어야 할 말, 그 아이의 부모가 해줬어야 할 말을 들려줘야 한다. 그 아이가 어렸을 때 받아야 했던 보살핌을 이제 우리가 베풀어야 한다. 그 아이를 안심하게 하는 말을 찾고, 그 아이의 근심과 분노가 당연하다고 인정해줘야 한다. 그 아이가 정당하게 대우받지 못했고, 그 아이의 부모가 했던 행동은 옳지 않았다고, 사람들이 그 아이에게 원하지 않는 역할을 강요했다고, 그 아이의 주변에 있던 어른들이 자주 제구실을 못 했다고, 그리고 특히 그 모든 것이 그 아이의 잘못이 아니라고 말해줘야 한다.

그 아이는 이러지도 저러지도 못하는 희생자였다. 그 아이가 잠자리로 돌아가서 평화롭게 잠들 수 있으려면 그 아이를 이해하고, 그 아이에게 이야기하고, 그 아이의 두려움을 인정하고, 그 아이를 안심시켜야 한다. 그리고 어른으로서 살아가는 우리를 이제 더는 괴롭히지 못하게 해야 한다.

그 아이와의 작별은 부모에게 인정받지 못하면 아무것도 엄두를 내지 못하고, 자기가 뜻한 대로 살아갈 권리가 있다고 생각하지 못하는 겁먹은 아이가 더는 되지 않겠다고 결심하는 것이다. 그리고 이런 결정은 부모도 내면의 아이도 아니고 오로지 지금의 자신에게 달렸다. 삶의 바다를 항해하는 배의 선장은 바로 우리 자신이다.

과거의 아이와 지금의 어른이 효과적으로 대화하려면 정신 차원만이 아니라 감정 차원에서도 대화해야 한다. 우리는 머리로 기억하고 분석하고 이해하고, 마음으로 느낀다. 감정을 표현하고, 고통을 기억하는 것은 몸이고, 울거나 분노를 토해내는 것도 몸이며, 고요한 물처럼 일렁이다가 갑자기 폭발하듯 감정을 분출하는 것도 몸을 통해 이뤄진다.

이해하지만 느끼지 못한다면 이는 충분하지 않다. 또한, 느끼지만 이해하지 못하는 것도 문제다. 내가 치료한 어느 환자는 이렇게 고백했다.

"어떤 문제에 관해서는 제 견해가 몹시 편협하다는 걸 깨달았습니다. 예를 들어 저희 부모님의 생각이 얼마나 잘못된 것인지를 잘 알고 있어도 어떻게 대처해야 할지 몰랐죠. 알고는 있지만, 느끼지 못했던 겁니다. 저는 이렇게 살아 있어도, 실제로 제가 존재한다는 느낌이 들지 않습니다."

상처받은 그 아이의 기억이 완전히 지워질 수는 없다. 그러나 흉터는 남아도 이제 그 상처가 고통을 줄 수도 없고, 삶을 좌우할 수도 없다. 그것은 단지 인생의 추억으로 남을 것이며, 자유로운 인간이 되기 위해 치러야 했던 투쟁의 상징이 될 것이다. 흉터는 우리가 원할 때 빌려볼 수는 있지만 늘 지니고 있을 수는 없는 도서관의 책처럼 과거에 우리가 희생자였지만 이제 더는 그렇지 않다는 사실을 상기한다.

자기 내면에 숨어 있는 상처받은 아이를 돌보는 일은 자신을 해방하기 위해 반드시 거쳐야 하는 과정이지만, 그것은 무거운 짐을 내려놓아야 하는 감정적이고 정신적인 과정이기도 하다.

카이사르의 것은 카이사르에게

> 용기는 대담하게 시도함으로써 커지고, 두려움은 주저함으로써 커진다.
> ─푸블리우스 시루스

과거 때문에 고통받기를 멈추려면 그 고통이 어디서 왔는지를 아는 것만으로는 충분하지 않다. 거기서 해방돼야 한다. 그러려면 고통을 준 사람에게 그 고통을 돌려줘야 한다. 다시 말해 우리를 학대한 사람과 맞서 싸워야 한다.

어린 시절 자신에게 고통을 준 사람이 부모라면 그들에게 가서 과거에 일어난 사건을 지금 성인이 된 자신이 이해한 대로 이야기하는 것이 옳다. 그에게는 어린 시절에 받은 상처, 부모를 만족하게 해야 했던 억압, 무시당하고 사랑받지 못해 느꼈던 고통과 분노를 그들에게 이야기할 자격과 권리가 있다.

부모에게 자신이 온전한 인간으로서 존재한다는 사실을 알게 하고, 자신이 누구인지, 무엇이 자신에게 상처를 줬는지를 분명히 밝히고, 더는 그들에게 의존하지 말아야 한다. 이것은 자기가 스스로 선택한 사람이 되려고 노력하고, 자신을 스스로 책임지는 어른이 되는 길이다.

이처럼 자신의 상처와 직면하겠다는 생각은 정당하고, 부모에게 잘못을 시인하게 할 수도 있지만, 실제로 그런 경우는 매우 드물고 어린 시절에 부딪혔던 벽은 늘 그 자리에 있다. 상처를 치유하겠다는 목적은 단지 부모가 잘못을 시인하게 하거나 자신의 감정과 의견을 솔직하고 강경하게 표현하는 데 있는 것이 아니라 그 모든 것에서 벗어나는 데 있다. 다시 말해 거부할 능력도 방법도 없었던 아이 시절부터 짊어지게 된 무거운 짐을 마침내 내려놓는 것이다.

자식의 이런 시도가 부모에게는 견딜 수 없는 일일까? 그럴 수도 있고, 아닐 수도 있다. 이 만남의 목적은 그들에게 고통을 주려는 것이 아니라 스스로 자신을 돕는 데 있다. 그들에게 반대하는 것이 아니라 자신을 위한 것이다. 이것이 부모에게 상처가 된다 해도 어쩔 수 없다, 우리가 자신의 상처를 치료하듯이 그들의 상처는 그들이 치료해야 한다. 우리는 죄책감을 품지 말아야 한다. 고통을 주는 것과 해를 끼치는 것 사이에는 엄청난 차이가 있다. 감정과 감성이 있는 우리 존재가 그들에게 고통을 준다고 해도,

이는 그리 놀라운 일이 아니다. 이런 과정의 목표는 오로지 그들에게 맞서 자유롭게 살도록 스스로 자신을 허용하는 데 있다.

자식에게는 부모와 맞선다는 것이 엄청난 두려움으로 남아 있기에 자연히 어린 시절에 겪었던 실망스러운 일들을 떠올리게 되고, 그들에게 맞서 하나의 독립적인 인격이 되려고 애쓸 때 느꼈던 고통이 되살아난다. 사랑받고 싶은 욕구는 사랑받지 못해 받았던 상처만큼이나 강렬하게 남아 있다. 우리가 부모에게 전달해야 할 메시지는 비난도 모욕도 아니지만, 그들은 그렇게 받아들일 수도 있다. 우리가 자기 목소리로 그들에게 해야 할 말은 '올바르고, 책임감 있고, 성숙하고, 애정이 깊은 부모'가 필요했는데 그런 부모를 갖지 못했다는 것이다. 이것은 사실을 왜곡하는 것도 아니고 부모를 고발하는 것도 아니다. 잘잘못을 가리자는 것이 아니라 우리가 경험한 것을 사실대로 이야기하고, 지금까지 우리 삶에서 족쇄가 됐던 것을 청산하자는 것이다.

정신의학자들이 말하는 것처럼 우리를 가장 자유롭게 하고, 카타르시스 효과가 가장 큰 방법은 부모와 정면으로 마주하는 것이다. 부모에게 방문을 미리 알리든 기습적으로 찾아가든, 그것은 가족의 유형에 따라 정하면 된다. 문제의 성격에 따라 두 사람을 함께 만나거나 따로 만난다. 먼저 그들에게 중간에 말을 끊거나 방을 나가지 말고 끝까지 들어달라고 요청한다. 그들이 요청을 거절해도 어쩔 수 없지만, 적어도 자신은 분명히 요청해야 한다. 그리고 자신이 원하는 것, 필요한 것을 논리적으로 말한다.

공격적이지 않으면서도 분명하고 책임감 있게 자기 생각을 피력하려면 다음의 네 가지 사항이 포함돼야 한다.

- 엄마가 …했을 때

- 난 …을 느꼈어.

- 내게는 …가 필요했어.

- 그런데 이제는…

몇 가지 예를 들어보자.

- 엄마가 내 말을 들어주지 않았을 때, 내 물건을 뒤졌을 때, 나를 비웃었을 때, 내 공연을 보러오지 않았을 때, 나를 때렸을 때, 나를 만졌을 때, 나를 괴롭혔을 때, 나를 버렸을 때, 이런저런 말을 했을 때, 이런저런 일을 강요했을 때, 나를 혼자 남겨뒀을 때….

- 난 내가 무시당하고, 웃음거리가 되고, 버림받고, 거부당하고, 조종당하고, 속고, 능욕당하고, 어리석다고 느껴지고, 짐스럽다고 생각되고, 가치 없다고 배척당하고, 너무나 슬프고, 너무나 외롭고, 너무나 쓸모없다고… 느꼈어.

- 아빠가 내 말을 들어주고, 내게 설명해주고, 내게 신경 써주고, 내게, 내 학교생활에, 내 어려움에, 내 성공에 관심을 보이고, 나를 존중해주고, 내 감정을 표현할 수 있게 해주는 게 필요했어.

- 그런데 이제는 우리가 서로 말을 들어주고 서로 이해해주고, 날 내버려두고, 나를 비난하지 말았으면 좋겠어, 이제 난 거리를 둘 거야, 더는 엄마를 전처럼 자주 보러오지 않을 거야, 난 이런저런 일을 해주지 않을 거야, 난 내 삶을 살 거야.

그러나 이런 만남이 이뤄지지 않을 수도 있다. 부모가 적대적이기 때문이 아니라 온 가족이 희생자가 됐던 너무도 고통스러운 사건이 있었다면 이를 풀어가기가 쉽지 않기 때문이다.

내가 상담한 환자였던 마크는 내게 편지를 보내왔다(제1장 43쪽 참조).

"전 아버지와 누나들을 앗아간 사고와 그 후 사고 이야기가 우리 가족에게 금기가 됐던 상황, 숨길 수밖에 없었던 제 슬픔, 형이 느꼈을 고통, 그해 제가 겪었던 정신적인 혼란, 그리고 선생님과의 만남과 선생님의 도움에 대해 어머니와 이야기했습니다. 눈물과 웃음으로 뒤범벅이 됐던 이 대화는 제게서 무거운 짐을 덜어준 유익한 기회였습니다. 금기가 깨진 겁니다. 이제 남은 것은 형과 금기를 깨는 일이어서 기회를 엿보고 있습니다. 아직도 여러 단계를 넘어야겠지만, 훨씬 편해졌어요."

때로는 부모가 완강히 부정하거나, 여러 가지 수단을 써서 방해하기에 이런 대면은 힘에 부치기도 한다. 감정적으로 여전히 무능하다고 느껴지고, 시기상조라는 생각이 들 수도 있다. 우리가 대화하고 싶은 대상이 사망했거나, 우리 인생에서 사라졌거나, 더는 사고할 수 있는 능력이 없는 등 소통할 수 없는 존재가 돼 이런 만남 자체가 불가능할 수도 있다. 이럴 때 우리는 더 객관적인 방법을 선택할 수 있다. 예를 들어서 하고 싶은 말을 편지에 적어 보낼 수 있다. 편지를 쓰면 생각을 더 명확하게 정리할 수 있다는 장점이 있다. 편지를 쓰는 것 자체가 어렵게 여겨질 수도 있지만, 처음 몇 줄을 쓰기가 어려울 뿐이다. 그러니 여유를 갖고 마음속에 품고 있는 이야기를 글로 쓸 수 있을 때까지 계속 다시 시도한다. 되도록 분명한 언어로 표현하는 이런 작업은 이미 해방을 향해 나아가는 큰 진전이다. 편지를 쓰면서 어려운 상황에서 벗어날 수 있다. 자신이 생각하고 느끼는 것의 극한까지 가는 것, 용기를 내서 자신에 대해 말하는 것은 현재 성인이 된 내가 어린 시절의 나를 인정하는 행동이다. '적어도 현재 성인인 나는 너를 이해한다, 꼬마야, 너를 인정한다, 너는 존재했다, 넌 고통을 말없이 감내했다, 하지만 이제 내가 네게 발언권을 주겠다.'라고 선언하는 행동이다.

그리고 각자의 상황에 따라 편지를 보낼지 말지 결정할 것이다.

나는 파니가 진료실로 들어오는 모습을 보았다(제3장 126쪽 참조). 그녀는 온화한 미소를 짓고 있었다. 그녀의 얼굴은 평온했다. 뭔가가 분명히 달라져 있었다.

"부모님한테 40장 넘게 편지를 썼어요. 사실 그건 미친 짓이었죠. 부치지도 않을 편지를 쓰는 게 도움이 되리라고는 절대 믿지 않았으니까요. 하지만 제가 그 편지를 보내지 않으리라는 사실이 제 속마음을 완전히 드러낼 수 있게 해줬어요. 처음에는 조금 힘들었죠. 하지만 시간이 흐를수록 점점 더 쉽게 이야기를 쏟아냈어요. 얼마나 속이 후련하던지! 제 마음속에 그토록 많은 게 들어 있었는지 저도 몰랐어요."

부모를 직접 만날 수 없을 때 우리를 해방하는 또 다른 방법은 대리인을 찾는 것이다. 우리가 원하는 대화 상대를 대리하는 다른 사람에게 하고 싶은 말을 할 수 있다. 그 역할을 정신과 의사가 해줄 수 있다. 혹은 부모의 사진에 대고 말하거나 무덤으로 찾아갈 수도 있지만, 혼자 있을 때 기억 속에 있는 상대에게 큰 소리로 말할 수도 있다. 비록 대리인에게 말하는 것이 흡족한 방법은 아니지만, 기대 이상으로 효과가 크다. 중요한 것은 과거로부터 해방되는 일이다.

그날 에디트는 눈에 눈물이 그렁그렁해서 진료실로 들어왔다. 그녀는 매우 고통스러워하고 있었다.

"오늘은 어머니에 대해 말할 수 있을 것 같아요. 사진 한 장을 가져왔어요. 제가 어머니를 직접 보고 말할 수 있을 것 같진 않아요. 어쨌든 아직은 아니에요. 사진에 대고 말하기가 어색하지만, 선생님이 도와주신다면 한번 해볼게요."

에디트는 차갑게 웃고 있는 어머니 사진을 내게 내밀었다. 그리고 어머니에 대해 말하며 눈물을 글썽거렸다. 그녀는 자신을 괴롭히고 성적으로 학대한 새아버지를 유혹했다고 부당하게 비난받았을 때 느꼈던 괴로움을 어머니에게 호소했다. 그녀는 어머니가 화를 내면 너무나 무서웠기에 감히 어머니에게 말할 수 없었고, 어머니 마음에 들려고 늘 노력했지만, 어머니의 요구 때문에 독립적이고 온전한 인간으로 살아갈 수 없었다고 고백했다. 그리고 이제야 드디어 어머니의 마음에 들려고 노심초사하지 않고, 오로지 자신을 위해 살기로 했다고 선언했다.

반 시간 넘게 울고, 화내고, 소리치던 에디트는 차츰 평정을 되찾았지만, 내면에 어떤 변화가 일어난 것이 분명했다. 그녀는 더 단호하고, 더 강하고, 더 차분해진 것 같았다.

어린 시절에 겪은 불행에 대해 책임이 있는 사람은 부모만이 아니다.

"전 열 살 때 남동생과 알코올 중독자였던 언니와 함께 살았어요. 아버지는 우리를 버리고 떠나셨죠. 마을 사람들은 우리가 어떻게 먹고사는지 전혀 궁금해하지 않았어요. 교장 선생님은 바로 앞집에 사셨으니 우리 사정을 알고 계셨을 테고, 적어도 사회복지과에 알릴 수 있었겠죠. 하지만 그분도 우리를 모른 척하셨어요. 그렇다고 이제 그분을 찾아가서 그때 우리가 얼마나 상처받고 분노했는지 이야기하는 것은 미친 짓이겠죠!"

가정에서 아이가 폭력을 당하는데 어른이 이를 보고도 모른 척했다면, 이 아이는 이중으로 학대받은 셈이다. 아이를 구해줬어야 할 증인들의 소극적인 태도는 가해자의 행동을 지지하는 것이나 마찬가지다. 아이는 대인기피증이 생겨 움츠러들고, 정신적으로 예민해지고, 모든 사람을 의심하게 된다. 게다가 이것은 근거 없는 죄책감의 원인이 된다. 아이는 이렇게 생각한다. '내가 뭔가를 잘못했기 때문일 거야. 아무도 도와주지 않는 걸 보면, 아빠가 날 때리는 게 옳았어. 내가 잘못하지 않았다면, 사람들이 날 보호해줬겠지.'

또 다른 내담자는 상담 과정에서 이렇게 분노를 쏟아냈다.

"온 가족이 집에서 일어나는 폭력에 대해 알고 있었지만, 개입한 사람은 아무도 없었어요. 모두 아버지를 너무나 두려워했죠! 그럼, 저는 어땠을까요? 오랜 세월 그토록 매질을 당했던 저는 무섭지 않았을까요? 왜 다들 아무 말도 하지 않았을까요? 왜 아무도 저를 걱정해주지 않았을까요? 하루는 눈이 시퍼렇게 멍든 채 학교에 갔지만, 선생님은 아무것도 묻지 않으셨죠. 저는 모든 게 제 잘못이라고 생각했기 때문에 아무 말도 하지 않았어요. 아버지는 늘 우리가 아무짝에도 쓸모없다고 하셨죠. 저는 삼촌과 고모들을 찾아가서 한바탕 욕이라도 해주고 싶었어요. 겁쟁이들! 여덟 살이었던 제가 어떻게 혼자 힘으로 아버지한테 반항할 수 있었겠어요? 하지만 그 사람들은 모른 척했죠! 어떻게, 도대체 어떻게 어린아이한테 그럴 수 있었을까요?"

아인슈타인은 "세상은 악행을 저지르는 사람들 때문이 아니라 방관하는 사람들 때문에 위험하다."고 했다. 방관자는 전혀 우리 책임이 아닌 불행마저도 우리가 스스로 알아서 책임지기를 바라는 사람들이다.

탯줄 끊기

성인이 되는 것은 의심하고, 경험하고,
자신의 철학과 정신을 발전시키는 법을 배우는 것이다.
지적 순응주의를 멀리하라.
-위베르 리브

해방은 때로 어려운 결심을 요구한다. 부모와 대면하는 일이 고통스럽다거나, 그들의 강압적이고 경멸적인 태도가 계속되고 있다거나, 오해를 풀고 갈등에서 벗어나려는 노력이 전혀 효과가 없다면, 자유를 선택한다는 것은 곧 그들과의 관계 단절을 의미할 수도 있다. 대부분 부모의 사랑과 인정을 포기할 때 이런 극단적인 선택을 하게 된다.

'사랑하고 사랑받는다'는, 어찌 보면 당연한 것처럼 보이는 이런 관계가 유아기와 청소년기를 거쳐 성인이 될 때까지 이어지기는 쉬운 일이 아니다. 때로 아이는 몹시 실망스럽고, 해를 끼치고, 폭력적이거나 이기적인 부모와 타협하려고 여러 해 동안 고통스럽고 눈물겨운 노력을 기울인다.

그럴 때는 미련 없이 과거를 잊어야 한다. 절대 이뤄지지 않을 것을 계속 기대하게 하는 육체적·정신적 탯줄을 완전히 끊어야 한다. 싸움을 포기하는 것, 변화의 희망을 포기하는 것은 패배가 아니라 해방이다. 패배할 것이 분명한 싸움에서 승리하는 가장 좋은 방법은 싸움을 멈추는 것이다. 있는 그대로의 자신을 인정받고 사랑받으려는 투쟁은 에너지를 고갈시키고, 끊임없는 고민과 혼란, 고통으로 번민하게 한다. 이런 싸움을 계속하는 것은 헛수고다.

모든 문화권에서 부모와 관계 단절은 금기로 여긴다. 그러나 부모가 자녀에게 주는 고통이 얼마나 파괴적인지를 아는 사람만이 부모와의 관계 단절이 얼마나 절실한 선택인지 이해할 수 있다. 어떤 상황에서든 자신에게 가장 중요한 과제는 최선을 다해 자신의 삶을 사는 것이고, 특히 아이를 낳고 길러야 하는 책임이 있을 때에는 더욱 그렇다. 때로는 부모와의 관계가 유지되는 한 자신이 원하는 삶을 사는 것이 불가능할 정도로 '부모의 독'은 끈질기게 피해를 준다.

그럼에도, 어떤 사회에서는 규범과 의무라는 이름으로 부모와 거리를 유지하거나 관계를 단절하는 것을 패륜으로 간주하고, 금지하고, 처벌한다. 유대교와 그리스도교의 도덕으로 형성된 "네 아버지와 어머니를 공경하라."는 계율이나 "네 몸과 털과 피부까지도 모두 부모에게서 받은 것이다."라며 효도를 중시하는 유교적 계율은 사람들의 뇌리에 각인돼 있지만, 시대가 달라지면서 개인의 위상도 변했고 가정과 사회를 지탱하는 가치와 이념과 규범도 변했다. 이제 아이는 부모의 '소유물'이 아니며, 사회는 부모의 자녀 학대를 처벌해야 할 범죄로 간주한다.

독이 되는 부모 때문에 어린 시절 고통을 겪었고, 지금도 여전히 그 영향 아래 놓여 있는 수백 명의 환자를 치료한 나는 다른 전문의들과 마찬가지로 때로 부모와의 결별이 자신의 해방으로 향하는 유일한 통로라고, 분명히 말할 수 있다.

살기 위해 관계를 단절해야 한다. 더는 고통받지 않기 위해 관계를 단절해야 한다. 자신이 사랑하는 사람들을 사랑하기 위해, 자신이 원하는 일을 하며 살아가기 위해, 자신이 옳다고 믿는 방식으로 자녀를 기르기 위해 관계를 단절해야 한다. 한마디로 '내가 존재하기 위해' 부모와의 관계를 단절해야 한다.

아무렇게나 용서할 수 없다

일어나야 할 일이 일어나기를 희망하라.
그러면 행복해질 것이다.
-에픽테토스

"전 부모님을 진정으로 용서하지는 않았지만, 삶을 용서했어요."

내가 상담한 어느 환자는 이런 멋진 말로 치료를 끝냈다. 이 말은 '용서'라는 행위가 내포한 여러 의미 사이의 미묘한 차이를 잘 설명해준다.

용서는 물이 끓는 냄비를 덮는 뚜껑이 돼서는 안 된다. 이것은 마음속에 억울하다는 감정이 남아 있는 아이에게 강제로 "잘못했다."고 말하기를 강요하는 것과 다름없다. 용서는 요구에 대한 응답이다. 하지만 온전히 용서하려면 잘못을 저지른 사람이 먼저 자신의 잘못을 인정해야 한다. 그런 다음, 가해자를 용서하거나 용서하지 않을 권리는 피해자에게 있다.

용서는 무엇보다도 자신과의 화해다. 타인과의 화해는 양쪽의 의지가 필요하지만, 늘 그런 상황이 되지는 않는다. 용서는 자신을 고통스럽게 했던 가학적인 행위를 잊는 것이 아니라 마음 편히 과거를 받아들이는 것이다. 때로는 용서하는 단계에 이르기 전에 분노나 증오의 과정을 거쳐야 할 필요가 있다. 이것은 당연한 일이다. 용서는 의무도 아니고 선행도 아니다. 용서는 그것이 우리를 자유롭게 하는 행위가 되는 경우에만 의미가 있다.

종교적 의미는 차치하더라도 '개인의 자유'라는 차원에서 용서는 가족이 주는 고통에서 스스로 자신을 해방하는 행위라고 의식하는 것이 바람직하다. 자신이 과거에 받은 상처를 분명히 인식하고, 거기서 해방되려고 노력하는 과정에서 용서는 초기가 아니라 말기에 해야 하는 결심이다.

과정 초기에 하는 용서는 시선을 다른 곳으로 돌리고자 자신이 그토록 벗어나려고 애쓰는 고통과 역겨운 과거를 아예 가려버리는 베일에 지나지 않는다. 반면에 과정 말기에 하는 용서는 상처를 충분히 인식하고, 과거를 분명히 이해하고 나서 지금도 견디고 있는 고통의 무게를 덜어내겠다는 근본적인 해방의 결심이다.

이처럼 용서는 불완전한 인생을 있는 그대로 받아들이는 용감하고 감동적인 태도다. 우리는 지금까지 살아오면서 불완전한 사람들과 마주쳤고, 앞으로도 마주치게 된다. 과연 누가 완전한 인간이라고 말할 수 있겠는가? 삶에서는 우리를 감동하게 하는 사람도 있고, 고통 속에서 헤매게 하는 사람도 있다. 우리에게 절대적인 영향력을 행사하는 부모 역시 우리에게 감동을 주기도 하고, 견딜 수 없는 고통을 주기도 한다. 우리는 더 행복해지기 위해, 더 좋은 부모가 되기 위해 그들의 영향력에서 벗어나야 한다.

5장. 그 아버지에 그 아들

세상이 변화하기를 원하면,
네가 스스로 그 변화가 되라.
-간디

부모 극복하기

인간의 위대함은
그가 다리일 뿐 목적지가 아니라는 데 있다.
인간이 사랑스러울 수 있는 이유는
그가 건너가는 존재이며, 몰락하는 존재라는 데 있다.
-프리드리히 니체

세상에 완벽한 가정이 있을까? 그런 것이 있을 수 없다면, 모자란 부모가 될 수밖에 없는 것이 우리 운명이란 말인가?

우리 부모 세대는 심리학이라는 학문이 생소하던 시대에 태어났다. 그들은 어려서 전쟁을 겪었고, 프로이트의 존재도 모르고 있었다. 하지만 우리가 자녀 교육에 관해 의욕적으로 책도 많이 읽고, 출산 선물도 한 꾸러미씩 받았다고 해서 좋은 부모가 되는 데 그들보다 더 잘 준비됐다고 말할 수 있을까? 좋은 부모가 되려면 스스로 자신의 정신을 분석하고, 아동학 분야의 서적들을 모두 읽어야 할까?

자녀 양육의 기준이 훨씬 유연해지고, 부모도 더 자유로워지고, 환경도 더 창의적으로 바뀌었지만, 좋은 부모가 되기는 오히려 더 어려워졌다. 부모의 역할에 관한 성찰은 비록 그것이 과거 우리 선조의 잘못을 어떻게 하지는 못하겠지만, 지나치게 복잡하고 급변하는 오늘날 사회 상황 때문에라도 반드시 짚고 넘어가야 할 문제다. 더는 과거의 기준에 따라 아이들을 기를 수도 없고, 요즘 세태에 휩쓸려 아이를 왕처럼 떠받들 수도 없다.

'좋은 부모'라면 자녀에게 최대한의 가능성을 제공해줌으로써 그들이 미래 사회에서 자신의 역량을 한껏 발휘하고 자신의 행복을 발견할 수 있게 그들을 도와줘야 한다. 그러려면 현재 그들에게 무엇을 제시해야 할까? 어떻게 올바른 기준을 발견할 수 있을까? 이미 유효성을 잃었을지도 모르는 우리의 체험을 바탕으로 그들의 미래를 계획할 수 있을까? 그렇지 않다면 무엇에 근거를 둬야 할까?

그들이 바라는 대로 진로를 선택할 수 있고, 가장 중요한 것은 그들의 행복이라고 말하는 것으로 충분할까? 이런 태도에 부모의 사랑이 담긴 것은 분명하지만, 부모가 자녀에게 완벽한 자유를 허락하기는 쉽지 않고, 특히 아이가 부모에게 실망을 안겨줄까 봐 부담을 느끼고 있다면, 아이의 전적인 자유는 실현되기 어렵다. 부모가 자녀에게 기대를 품는 것은 당연한 일이지만, 부모의 바람은 격려인 동시에 부담이다. 부모의 역할은 자녀에게 수단을 제공할 뿐, 자녀의 삶을 주도하는 것이 아니다.

부모가 자기 어린 시절에 대해 전반적으로 좋은 추억을 간직하고 있다면, 자녀가 그것을 그대로 재현하지 못하는 이유는 무엇일까? 혹은 부모가 고통을 겪었던 것을 그와 반대로 하지 못하는 이유는 무엇일까? 거기에는 여러 가지 이유가 있다.

- 사회가 급변해서 부모의 기준을 재검토하지 않을 수 없다. 예를 들어 부모에게는 직업의 안정성이 중요했지만, 자녀에게는 직업의 유연성이 더 중요해졌다. 부모 세대에는 끈기, 인내, 집중, 수용을 배우는 것이 도움됐지만, 자녀는 오히려 변화를 예상하고 감지해서 거기

에 빨리 적응하는 법을 배워야 한다.

- 오늘날 사회에서 남녀의 권리는 거의 동등하지만, 자녀 교육의 기준이 서로 달라 말다툼이 일어나기도 하고, 어머니와 아버지의 역할이 뒤바뀔 수도 있으므로 둘 사이에 힘겨루기가 벌어지기도 한다.

- 자녀가 부모의 경험을 되풀이하거나 혹은 그와 반대로 행동한다는 사실 자체가 자녀가 살아가는 환경을 자세히 관찰하지 않은 채 교육이 이뤄진다는 사실을 말해준다.

- 부모의 경험을 되풀이하게 한다는 것은 자녀의 특성을 무시한 행동이다. 부모의 어린 시절과 자녀의 현재는 동시대가 아닐뿐더러 어린 시절에 대한 부모의 기억이 부분적이고 주관적임에도 그 기준을 보편화하기 때문이다. 부모가 자녀에게 자신의 경험을 되풀이하게 하는 것은 자녀들의 고유한 개성을 살펴보지 않았음을 의미한다.

자녀가 마음껏 능력을 발휘할 수 있게 해주는 데에는 여러 가지 방법이 있다. 그중에서도 부모에게 그저 '충분히 좋은' 부모가 되라고 함으로써 부모를 올바른 방향으로 이끌었던 유아기 연구의 개척자 위니콧[1]의 행복한 주장을 떠올려보자. 부모에게 이의를 제기하고, 부모를 반박하고, 부모가 제시하는 모델을 따르지 않고, 부모에게서 독립해서 자기 삶을 살아갈 자유 등 부모가 자녀에게 허용하는 자유의 핵심 요인은 바로 '불완전'에 있기에 '완벽한 교육'이라는 환상적인 목표는 잊어버리는 것이 옳다.

그렇다면 불완전한 것이 최선일까? 그렇긴 하지만, 무조건 그런 것은

---

1) Donald Winnicott(1896~1971): 영국의 소아과 의사, 정신과 의사, 정신분석가. 영국 정신분석협회의 정신분석 교수법 전문가이다. 대상관계이론으로 많은 영향을 끼쳤다.

아니다! 의식하지 않은 즉흥적인 행동은 깊이 생각하지 않을 때 생길 수밖에 없는 수많은 실수의 원인이 된다는 사실을 부정할 수 없다.

이제 아이들이 성장하면서 거치는 단계들을 차례차례 살펴보자. 약간의 지식만으로도 부모는 각 단계에서 발생하는 문제들을 훨씬 쉽게 이해할 수 있을 것이다.

출산 전

자녀에 대한 기대, 바람, 걱정과 예상은 자녀가 태어나기 전, 심지어 임신 전에 이미 시작된다. 부모가 자녀에게 아무 기대도 하지 않는다는 가정은 아무 의미 없다. 환영받는 아이든 아니든 간에 부모는 아이가 태어나기 전에 이미 아이의 운명에 대해 무수히 많은 생각을 한다. 양육의 기준을 아직 세우지 못한 채 첫아이를 얻은 젊은 부모는 가족, 친구, 의사, 그리고 수많은 상업적 충고의 홍수에서 헤어나지 못한다. 잡지들은 현실과 동떨어진 이상적인 이미지를 심어주고, 이들을 몹시 불안하게 하면서 동시에 안도감을 주는 터무니없이 긴 출산 준비물 목록을 들이민다. 부모 자신이 꿈꾸는 모든 것, 그들의 욕구와 걱정, 혹은 이제 태어날 어린 존재 덕분에 불행했던 자신의 어린 시절을 만회하려는 그들의 희망 같은 것은 언급조차 하지 않는다. 바로 이것이 이 책에서 얘기하고자 하는 핵심이다. 반복해서 말하지만, 자신의 상태를 제대로 자각할수록 아이를 더욱 객관적으로 관찰할 수 있다. 사람은 누구나 자신이 이해하고 해결한 것만을 전달할 수 있는 만큼, 불안해하는 부모는 아이를 평온하게 양육하기 어렵다. 게다가 자신의 문제조차 감당하지 못하는 부모가 약속이나 제재만으로 아이에게 교육적인 메시지를 전달할 수는 없다.

목적이 수단을 정당화하지는 않는다, 목적은 수단과 합치해야 한다. 공정한 행동으로 정의를 가르치고, 침착한 행동으로 아이에게 안정을 줘야 한다. 존경에 대해 말하기보다는 평소에 존경받고, 아이를 독립된 인격으로 존중함으로써 존경받는 법을 가르쳐야 한다.

임신 전과 임신 중에 아이에 대해 품는 기대는 자기 어린 시절에 대해 생각하고, 자신의 바람과 열망을 명확하게 이해하고, 이 모든 것을 정리할 아주 좋은 기회다. 마음의 문단속을 제대로 해두지 않으면 예기치 못한 상황에서 열릴 가능성이 크다.

그리고 이제 낯설고 매력적이지만, 상상했던 것과 많이 다른 어린 화성인을 맞이하게 된다. 주위에서 끊임없이 들리는 충고와 의견에 귀를 기울이되, 잠시 보류하자. 그것들은 절대적 진리나 반드시 지켜야 할 지침이 아니라 그저 참고할 정보일 뿐이다. 그보다는 자신을 믿어야 한다. 충분한 정보를 갖춘 현명한 관찰자라면 모든 것이 잘 풀릴 것이다. 단계마다 문제들이 발생하고, 적절한 시기에 그 문제들에 대해 깊이 생각하게 된다.

이상적인 교육이란 존재하지 않는다. 완벽이란 부질없고 무익한 속박일 뿐이다. 부모의 의견이 늘 일치해야 할 필요도 없다. 물론 중요한 결정을 할 때는 의견이 일치하는 편이 낫지만, 소소한 문제에 반드시 의견이 일치할 필요는 없다. 자녀에게 두 가지 다른 의견을 제시하고 대답을 심각하게 강요하지 않는다면, 자녀가 참고할 사실들의 폭이 넓어진다.

모든 교육 시스템에는 장단점이 있다. 마치 초록, 빨강, 검정으로 나뉘는 스키 코스와 같다. 완만한 코스에서는 경치를 즐길 수 있고, 가파른 코스에서는 긴장감을 즐길 수 있다는 등 코스마다 서로 다른 매력이 있다. 교육도 마찬가지다. 규칙의 틀 안에서 자라는 아이들은 인격을 형성하고 자기 활동을 조직화하기에 훨씬 쉽지만, 자유롭게 자라는 아이들은 좀 더 창의적일 수 있지만 혼란스러울 수도 있다. 전자의 아이들이 느끼는 불안은 실수에 대한 두려움과 관련 있고, 후자의 아이들이 느끼는 불안은 따라야 할 기준의 부족과 관련 있다.

아기 용품을 준비할 때는 자신의 양식을 신뢰할 만한 기준으로 삼아야 한다. 구매 목록을 손에 들고 스트레스를 받으며 이리저리 가게를 찾아다니기보다는 달콤하게 늦잠을 자고 오래도록 아기와 마주 보며 이 소중한 순간을 즐길 수도 있다. 좋은 부모가 되려면 유행하는 유모차 모델이나 비싸고 불필요한 기구들을 사러 다니기보다는 부부 관계가 안정되고 편안한 상태에서 평정심을 유지하는 것이 훨씬 값지다. 부족할까 봐 걱정하지 말고, 필요하다고 느껴질 때까지 기다리면 요란을 떨지 않아도 언제가 적절한 구매 시기인지를 저절로 알게 된다. 자신의 양식을 신뢰하자.

영유아기, 첫 근심

아기가 울면 그대로 둬야 할까? 침대에서 꺼내 안아줘야 할까? 아기가 원하면 아무 때나 수유를 해야 할까? 정해진 시간에 해야 할까? 육아법이 달라지고, 다양한 조언이 범람하기에 최선을 다하려고 의욕이 넘치는 부모는 걱정이 많다.

심리학적 관점에서 볼 때, 생후 몇 주밖에 되지 않은 신생아에게는 무슨 일이 일어나고 있을까? 엄마 배에서 나온 아기는 자신이 한 사람의 인간이라는 사실을 알지 못한다. 엄마의 자궁에서 자신이 놓여 있는 독특한 상황에 대해 어떤 결론을 내릴 수 있다면, 자신이 안락하고 커다란 신체 기관에 속한 작은 부분이라고 생각할 것이다. 탄생 후에도 아기는 여전히 그 상태에 머물러 있다. 자기 울음이 부모에게 끼치는 영향이나 누군가가 자기 울음에 반응한다는 사실을 짐작조차 하지 못한다. 아기는 그저 불편함(배고픔, 추위, 젖은 기저귀)을 느껴서 소리를 지를 뿐이다. 그것은 어떤 목적을 이루기 위한 의식적인 부름이 아니라, 단지 자신의 불쾌감을 나타내는 생리적 신호다. 그런데 불편함에 위로가 따라오고, 모든 게 해결된다. 아이는 진정되고 세상은 좋은 곳이라고 기억한다. 따라서 아이가 울도록 내버려두는 것은 아무 소용없다. 이처럼 불편과 위로가 번갈아 나타나면 세월이 흐르면서 아이의 정신에 그 흔적이 남고, 안전의 기준이 되는 첫 토대가 구성된다. 아기는 자신의 긴장 상태가 진정될 수 있다는 것을 본능적으로 알고 안심한다. 폭력과 평온이 뒤섞이면서 아기의 무의식에 행복의 첫 추억이 새겨진다.

신생아를 자기 몸에 밀착해서 안아주는 것은 아이가 안정성의 바탕을 형성할 수 있도록 돕는 매우 좋은 방법이다. 그렇다면 밤에 아이를 곁에 둬야 할까, 아니면 아이 방에서 따로 재워야 할까? 진화한 포유동물 중에서 어떤 종도 오랫동안, 특히 밤중에 자기 새끼를 버려두지 않는다. 갓 태어난 어린 인간은 지극히 약하고 의존적이다. 아이는 여러 달 엄마의 '쿠바드'[2]가 필요하다. 원시 부족들은 매우 오랫동안 엄마가 자녀를 곁에 두고 보살폈다. 아기가 엄마와 떨어지게 된 것은 가족 구성원이 각자 독립적인 자기 방이 있는 사치스러운 생활 때문에 생긴 변화다. 우리는 부모와 아기를 부당하게 너무 일찍 떨어뜨리는 문화에서 살고 있다.

병원에서 퇴원해 집으로 돌아왔을 때 아기를 곁에 두는 것은 현명한 처사다. 그래야 시간을 두고 아기를 알아가면서 잠자는 모습을 지켜보고, 아이가 울면 달래줄 수 있다. 밤중에 수유하기도 한결 수월해지며 모두가 편히 잘잘 수 있다. 부모 곁에서 자는 아기는 신생아 돌연사로 사망할 확률

---

2) couvade: 아내가 출산할 때에 남편이 금기를 지키거나, 분만의 고통을 함께 겪는 것을 상징적으로 나타내는 일. 중남미 지역에서 흔히 볼 수 있다.

이 거의 없다. 아기가 밤에 잠자고, 다른 아기들보다 더 튼튼하고, 부모가 다시 사생활을 갖고 싶다면, 아기가 너무 오랫동안 도움을 받지 못한 채 혼자 울지 않도록 방문을 열어 놓고 서서히 아기방에서 따로 재울 수 있다.

일반적으로 산후 휴가는 무엇보다도 엄마와 아기가 서로 익숙해지고, 휴식하는 데 쓰여야 한다. 갓난아기를 여기저기 데리고 다니면서 이전처럼 살려고 하는 것은 어리석은 생각이다.

너와 나

"내가 어떻게 하는지 봤어, 엄마?"

"그래, 아이디어가 정말 기발하구나!"

"내 맘대로 했어!"

"그래, 알아, 엄마라면 절대로 그런 생각을 못 했을 거야."

"난 그렇게 해, 엄마!"

"그래, 그래, 엄마가 봤단다. 나랑은 정말 다르게 하던데? 네가 하는 걸 보니 아주 신기하더라, 재밌었어! 너와 난 정말 다르더구나!"

"난 내가 원하는 대로 할 수 있어!"

"그럼, 넌 네 방식대로 할 수 있지. 게다가 그렇게 하는 게 참 좋은 거야! 사람들이 모두 같은 방식으로 할 순 없어. 그래서 재밌는 거야! 넌 너고, 난 나야! 우리가 같은 방식으로 할 필요는 전혀 없단다!"

세 살배기 막스의 엄마는 아들을 지나치게 간섭하지도 않고, 충고와 경고로 괴롭히지도 않고, 깊은 관심을 보이며 바라보곤 한다. 그런 엄마 앞에서 막스는 이런저런 시도를 하면서 자신만의 방식을 찾는다. 아들을 도와줄 필요를 느끼지 못한 엄마는 뒤로 물러나 있다. 엄마는 어설프지만 어려움을 극복하는 아들을 존중하고 자랑스럽게 생각한다. 막스는 엄마가 자신을 있는 그대로 받아들이고 호의를 보인다는 것을 알고 있고, 엄마가 자신의 독립을 허락했다고 느낀다. 막스는 도움이 필요하거나 위험한 순간에 엄마가 곁에 있으리라는 것을 알고 있다. 엄마는 아들이 실패해도 놀리지 않고, 채근하지도 않는다. 아들이 도움을 청하면 도와주고, 다시 시작할 수 있게 용기를 북돋아준다.

이런 어머니가 자식을 잘 이해하는 것처럼 보이는 이유는 자신과 아이를 마치 하나가 된 것처럼 혼동하지 않기 때문이다. 아기가 태어나서 처음 몇 달 동안 어머니와 아기는 하나가 되는데, 이것은 지극히 정상적인 상황이다. 하지만 시간이 흐르면서 아기는 자신이 어머니의 일부가 아니라는 사실을 이해한다. 아기는 경험을 통해 자신의 육체적 한계를 자각하고, 자신이 독립적인 개체라는 사실을 이해한다. 태어났을 때는 몰랐던 이런 사실을 생후 8개월쯤 되면 자각하며, 자신이 엄마나 가족에게 연결돼 있지 않다면 살아남을 수 없다는 것을 알게 된다. 이 시기는 아이가 낯선 사람에 대해 특히 불안감을 드러내는 민감한 시기며, 상식이 있는 부모라면 이런 아이를 아무 준비 없이 어린이집이나 유치원처럼 낯선 환경에서 지내게 하지 않는다.

어머니가 아이의 자립이 건전한 정신 구조 형성에 반드시 필요하다는 사실을 이해하면, 멀리서 지켜보면서 아이가 세상을 탐험할 기회를 주고, 걸음을 잘못 디뎌 넘어져도 곧바로 달려가 일으켜주지도 않을 것이고, 쓸데없이 걱정하지도 않을 것이다.

엄마가 아이와 자신 사이의 경계를 분명히 인식하면, 자기중심적 사랑은 점차 대상적인 사랑으로 변한다. 자기 배 속에 있을 때에는 '내 것'이었던 이 작은 존재는 생후 몇 달 동안 엄마에게 계속 '내 것'으로 남아 있다. 아이가 스스로 나아가야 할 길을 보여주는 것도 사랑이지만, 엄마가 스스로 만족하고 안심하게 하는 행동으로 이끄는 것도 사랑이다.

"네가 젖을 잘 빨면, 엄마는 무척 기뻐. 네가 잘 자면, 엄마는 안심해. 네가 재잘거리면, 그렇게 사랑스러울 수가 없단다. 네가 그 작은 다리로 섰을 때 엄마는 네가 무척 자랑스러웠지. 네가 날 바라보고 미소 지으면, 엄마는 황홀할 정도로 행복하단다. 넌 착한 아기고, 난 더 바랄 게 없는 엄마란다."라고 말하는 것이 사랑이다.

이와 반대로 "네가 울면, 엄마는 짜증이 나. 네가 잠들지 않고 보채면, 사랑스럽지 않아!"라고 말하는 것도 사랑이다. 말로 표현하지는 않지만, 행동에서 드러나는 긴장감이 그것을 암시하기도 한다. 아기는 사랑받기 위해 엄마 마음에 들어야 하고, 엄마의 바람대로 행동해야 하며, 이 관계를 훼손하지 말아야 한다는 것을 본능적으로 이해하며 자신을 형성해간다.

아기에 대한 엄마의 자기중심적인 사랑은 아기가 태어나고 처음 몇 달 동안은 필수적이지만, 시간이 흐르면서 점차 "네가 뭘 하든 널 사랑한다."고 말하는 대상적인 사랑으로 바뀐다. 이것은 아이에게 그만의 개성, 감성, 세계관을 갖춘 존재로 살아가도 된다고 말하는 사랑이다. 아이는 부모를 만족시키기 때문이 아니라, 부모의 자녀이기에 존재 자체가 사랑의 대상이 된다.

아이가 독립적인 개체로서 존재하기 위해 엄마에게서 떨어지는 '모자 분리' 과정은 아이의 올바른 성장에 절대적으로 필요하다. 모자 분리가 이뤄지려면 부모는 아이에게 자기만의 삶이 있고, 부모가 아이를 선택한 것이 아니라 단지 찾아온 아이를 받았을 뿐이라는 것을 인정해야 한다. 부모의 임무는 그 아이를 건강한 성인이 될 때까지 기르는 것이지, 자기 작품으로 만들거나 자기 계획으로서 실현하는 데 있지 않다.

부모가 자녀에게 희망을 품는 것은 당연한 일이지만, 아이는 결국 자신이 원하는 대로, 능력이 허락하는 대로, 자기 삶을 살아갈 것이다. 물론 아이에게 기대를 걸 수는 있지만, 그 기대를 따르거나 따르지 않을 것을 아이가 자신의 자유 의지로 선택할 수 있음을 분명히 밝히는 메시지가 수반돼야 한다. 부모의 소망이나 부모의 실패한 열망을 아이에게 짐으로 지우는 것은 부당한 일이다.

아이가 운동에 소질을 보이면, 미술이나 음악에 재능이 있어 보이면 부모는 아이를 부추겨서 그 소질이나 재능을 '완벽하게' 만들어야 한다고 생각한다. 하지만 그것은 부모 자신의 열망일 뿐이며, 아이는 자신이 좋아하지 않는 분야에 전념해야 하는 고통을 대가로 치를 수도 있다.

아이를 도와주고 싶다면 아이의 말을 경청하고 관찰하자. 아이는 때로 컴퓨터처럼 복잡하지만, 사용법은 밖이 아니라 안에 있다!

능력과 한계

아이가 걷고 말하기 시작하면서부터 아이의 지적 발달 속도가 빨라진다. 아이는 세계를 더 효과적으로 탐험하고, 언어를 통해 개념화하며, 조금씩 자신의 세계를 제어한다. 아이는 명명하고, 지정하고, 찾으려 하고, 욕구한다. 이것은 자기 능력과 한계를 체험하는 단계다. 아이는 자신이 원하는 것을 얻을 역량과 가능성을 시험하고, 뭔가를 수용하거나 거부할 수 있음을 알게 된다. 바로 이것이 모든 부모가 알고 있는 것처럼 아이가 무엇이든 "싫어!"라고 말하는 단계다.

아이는 위험하지 않은 곳에서는 자신의 능력을 개발하고, 그렇지 않은 곳에서는 안전 규칙, 사회화 규칙, 가족 규칙에 따라 자신의 능력을 조절하게 된다. 각 가정은 자신들에게 적합한 규칙을 선택하고, 그 규칙이 계속 유지될수록 아이의 인격은 더욱 바람직하게 형성된다. 예를 들어 우리가 기분 좋을 때 아이가 소파에서 소란스럽게 뛰어도 내버려둔다면, 아이는 그것을 허용된 행동으로 인식한다. 그런데 다음날 우리가 피곤할 때 소파에서 뛰는 아이를 언짢은 말투로 꾸짖으면 아이는 그 행동이 허용된 것인지 아닌지 알 수 없게 된다. 아이는 허용된 행동의 한계를 찾으려고 애쓰면서 지칠 때까지 그 행동을 계속할 것이다.

하지만 아이에게 토론에서 이길 기회를 주면 자신의 장점, 설득력, 자율성을 발달시키는 데 도움이 된다. 아이는 주장하고, 반박하고, 설득하는 법을 배운다. 예를 들어 복장이나 헤어스타일의 선택 같은 것은 토론하기에 좋은 주제다. 엄마를 기쁘게 하려고 엄마가 골라준 옷을 입고 괴로워하기보다는 스스로 선택한 옷을 입고 편안함과 만족감을 느끼는 편이 낫다.

마르쿠스 아우렐리우스는 "바꿀 수 있는 것을 바꾸는 용기, 바꿀 수 없는 것을 받아들이는 평정심, 이 두 가지를 알아보는 현명함"을 달라고 신에게 빌었다. 부모는 자녀가 이런 통찰력을 갖추도록 도와줄 수 있다. 늘 규칙을 지키면 균형 있게 행동하게 되지만, 삶에는 융통성이 필요한 예외적 상황이 있다. 얼마나 엄격하게 규칙을 적용할지는 나이에 따라 다르겠지만, 아무튼 아이는 규칙의 정당성을 잘 이해할수록 규칙을 더 잘 지킨다.

아이가 살아가면서 좌절할 만한 상황을 일부러 만들 필요는 없지만, 그런 상황과 직면하게 된다면 피하지 않고 부딪치게 할 필요가 있다. 아이가 경험하기 전에 미리 정리하지 말자. 어린 자녀는 작은 시련을 겪고, 성인이 된 자녀는 큰 시련을 겪는다. 아이는 훈련하고 대처하면서 거기서 교훈을 얻는 법을 배워야 한다.

아이는 학기가 시작될 때마다 새로운 선생님을 만나고, 선생님의 성격을 파악하게 된다. 로라의 엄마는 아이의 담임교사인 프랑수아즈가 지나치게 엄격하다고 판단해 몇몇 학부형과 함께 교장을 찾아가 이 문제를 호소했다. 그녀는 이런 식으로 교장을 난처하게 하고, 자기 딸에게 '네가 어려움을 겪지 않도록 우리가 알아서 세상을 바꿔줄 거야.'라는 비교육적인 구조 신호를 보냈다. 현명한 엄마였다면 딸에게 "그래, 네 말이 맞아. 프랑수아즈 선생님은 다른 선생님보다 훨씬 엄격해서 학생들이 견디기 어려울 거야. 하지만 이 문제를 부모가 어떻게 할 수는 없어. 너는 일 년 동안 엄격한 사람과 함께 지내는 법을 배우게 될 거야. 앞으로도 너는 프랑수아즈 선생님 같은 사람들을 또 만나게 될 거야. 그러니 네가 너를 단련해야 해. 네가 원한다면 도와줄 테니, 우리 이 어려움을 함께 극복해보자."라고 충고했을 것이다.

아이가 살아가면서 당연히 겪게 되는 실망스러운 상황에 스스로 맞설 기회를 주는 것은 아이의 자아 존중감 형성에 도움을 준다. 부모가 곁에서 단순히 아이를 칭찬하고, 자신의 자긍심을 보여주는 것만으로는 부족하다. 자아 존중감은 아이가 문제에 부딪히고 좌절을 극복한 경험이 있을 때 비로소 발휘될 수 있다. 예를 들어 새로운 환경에 적응하고, 규칙을 지키고, 욕구 충족을 미루는 노력 등은 아이가 스스로 해결해야 할 문제다. 아이는 처음 이런 난관에 부딪혔을 때 극복하지 못할 것처럼 느끼지만, 끝내 이런 어려움을 이겨냄으로써 자아 존중감을 강화한다. 아이가 부닥칠 어려움을 예견하고 난관을 교묘하게 피해 가게 해주는, 지나치게 관대한 교육은 아이가 어쩔 수 없이 겪어야 할 어려움과 맞설 기회를 빼앗고, 노력의 결과로 얻는 성장의 기회 또한 차단한다. 자아 존중감 형성에서 강제성의 역할은 뼈의 형성에서 칼슘의 역할과 유사하다. 의무감과 어려움을 느끼지 못하는 아이는 자아 존중감의 중추를 이룰 때 결핍을 느끼게 될 것이다.

분노와 사회화

자기 한계를 실험하는 훈련은 좌절감을 낳고, 아이는 이것을 분노로 표출한다. 교육은 사랑받지 못해 표출되는 감정인 분노를 가혹하게 다룬다. 성난 아이에게 "네 방으로 가서 화가 가라앉을 때까지 나오지 마."라고 하거나 구석에 세워놓고 벌을 주면, 분노는 단절과 대치한다. 자신의 분노를 정당하다고 여기는 아이는 이런 처사에 반발하고, 자신을 부당함 혹은 배반의 희생자로 여기며 이해받지 못한다고 생각한다. 당연히 그 아이는 자신을 위해, 자신이 진실이라고 믿는 것을 위해, 자신의 권리라고 생각하는 것을 위해 투쟁한다. 아이가 자기 입장을 방어하는 것과 부모의 거부를 관련짓기 시작하면, 부모에게 거부당하고 버림받을까 봐 두려워서 갈등을 피하고 기가 꺾여서 자신의 관점을 옹호하고 저항할 힘을 잃는다.

어려운 일이지만, 부모의 역할은 자녀가 갈등을 관리하는 능력을 기르도록 돕는 데 있다. 그러려면 어떻게 해야 할까?

우선 감정과 행동을 분리해야 한다. 분노는 어떤 사건에 반응하는 정당한 감정 중 하나다. 부모는 아이의 감정인 분노 자체를 부정하지 말아야 한다. 그렇다고 분노에서 비롯한 모든 행동을 허용하라는 뜻은 절대 아니다. 가족과 사회에서는 지켜야 할 규칙이 있고, 부모의 역할은 자녀가 이런 규칙을 따르고 사회화하도록 돕는 데 있다. 하지만 자녀의 감정을 고갈시키지 말아야 한다. 예를 들어 "네가 화내는 것은 이해하지만, 그래도 동생을 때려선 안 돼!"라고 자녀의 분노를 분명히 인정하되, 용인할 수 없는 행동을 금지함으로써 자녀의 사회화를 도울 수 있다.

또한, 관계를 단절하지 말아야 한다. 분노하는 아이를 무조건 보이지 않는 곳으로 보내지 말고, 아이의 행동을 옳은 방향으로 유도할 때까지 함께 있어야 한다. 이럴 때 부모는 침착한 태도를 유지하면서 아이에게 격앙된 목소리를 낮추게 해야 한다. 아이에게 "진정해, 소리 지르지 마."라고 말할 수는 있지만, "입 다물어." 혹은 "울지 마."라고 감정 표현 자체를 금지하지 말아야 한다. 그리고 아이가 혼자 슬퍼하지 않도록 곁을 지켜줘야 한다. 결국, 이런 노력은 아이에게 발전의 원동력이 되며, 이런 방법으로 자녀가 자신의 좌절감을 관리하고, 자신의 감정을 지나치게 가혹하게 통제하지 않고, 자신이 반대 의사를 표현하면 배척당하리라는 두려움을 키우지 않도록 도와줄 수 있다. 그러면 아이는 훨씬 수월하게 자신의 고민과 걱정을 털어놓을 수 있다.

그러나 아이의 분노가 폭발해서 통제할 수 없는 지경에 이르면, 아이가 진정하고 스스로 통제력을 되찾을 때까지 아이를 잠시 떨어트려 놓는 것도 좋다. 하지만 이것은 벌이 아니다! 좌절한 아이에게 거부당한다는 느낌까지 들게 하는 것은 전혀 교육적이지 않다. 아이가 과격한 반응을 멈추면 차분히 아이를 데려와서 자기감정을 충분히 표현할 수 있게 해줘야 한다.

아이가 사람들이 자신을 이해했다고 느낄 때까지 충분히 아이의 말을 들어줘야 한다. 그러려면 부모는 아이의 주장을 반박하지 말고, 그것을 자신이 이해한 대로 자신의 언어로 바꿔서 다시 표현해주는 것이 좋다. 아이가 왜 분노하는지를 분명히 알았다는 것을 보여주는 것이다. 적어도 아이가 자기 생각을 인정받았다는 점에서는 마음이 풀릴 수 있게 해주고 나서 부모의 입장을 설명하고 규칙을 제시해야 한다. 왜 어떤 행동은 허용되고 어떤 행동은 허용되지 않는지, 왜 이러저러한 결정을 내리는지, 그 이유를 설명한다. 부모가 감정을 헤아려주면, 아이는 자신과 관련된 여러 결정에 대해 이의를 제기하지 않는다. "지금 너는 자제력이 없어서 학교에 가기 싫어하는 거야. 그 마음은 이해하지만, 그래도 학교에는 가야 해. 그건 법으로 정해진 거야."라는 식으로 아이에게 규칙을 지키기가 힘들어도 꼭 지켜야 한다고 말해준다. 그리고 아이가 느끼는 어려움을 줄여주기 위해 아이에게 도움을 제안하며 함께 노력할 수도 있다. "내가 어떻게 해야 네게 도움이 될까?", "어떤 것이 네게 도움이 될까?"라는 식으로 아이가 처리해야 할 일을 어떻게 하면 더 쉽게 할 수 있을지를 아이에게 묻는다.

냉정함을 되찾고 나면, 아이를 좌절하게 했던 그 사건에 대해 이야기하고, 다시 그런 일이 일어나지 않도록 아이와 함께 방법을 찾는 것도 좋다. 이미 내린 결정이나 불만스러운 규칙에 관해 함께 이야기하고, 그것을 개선할 수 없는지 살펴보는 것이다. 또한, 아이가 거기서 어떤 교훈을 얻었는지, 현재와 같은 결함 있는 삶에서 무엇을 배웠는지를 스스로 살펴보도록 도와줄 수 있다.

형제간 불화

"아이들 싸움을 그저 지켜보기만 해야 할까?"

이것은 사소한 주제지만, 큰 걱정거리다. 보편적인 대답은 '그렇게 해야 한다.'는 것이다. 하지만 못 본 척하고 내버려두라는 말은 아니다. 예를 들어 형이 동생에게 폭력을 행사하지 못하게 하고, 위험한 물건도 사용하지 못하게 해야 한다. 싸움은 오직 입으로만, 혹은 맨손으로 해야 한다.

아무 데서나 싸워서도 안 된다. 아이들이 존경하고 순종해야 할 부모는 아이들의 다툼으로 불쾌함을 느끼지 않도록 스스로 자신을 보호해야 한다. 예를 들어 아이들이 말다툼할 수 있는 장소는 집 밖이나, 놀이방이나, 아이들 방으로 한정하고, 가족이 공동으로 사용하는 공간이나 공공장소에서는 다투지 못하게 해야 한다.

아이들이 자신의 싸움을 스스로 해결하게 하면 어떤 일이 벌어질까? 그들은 서로 죽이려고 싸우는 것도 아니고, 서로 상처를 입히기를 원하지 않는다. 혹시 다치는 일이 있더라도 그런 사고는 자주 일어나지 않는다. 아이들은 서로 소리를 지르고 있지만, 사실은 그런 상황을 즐기고 있다. 물론 그것은 부모에게 괴로운 일이지만, 싸움의 원인이 그토록 견딜 수 없는 것이었다면, 아이들은 일찌감치 다른 전략을 찾아냈을 것이다. 그런데 아이들에게 그것은 대수롭지 않은 것 같다. 잘 관찰해보면 아이들은 서로 찾고, 뒤엉키고, 짓궂게 굴다가, 결국 싸움을 벌인다. 다시 말해 무슨 일이 일어날지를 잘 알면서 계속하는 것이다.

아이들은 거칠게 행동하면서 자기 자신을 알아가고, 방어하는 법을 배운다. 부모에게 이런 '놀이'는 몹시 불쾌하지만, 아이들에게는 유익하며,

모든 포유동물에게서 이런 사례를 찾아볼 수 있다. 만약 이것이 지나치게 고통스럽다면 아이들은 반복하지 않을 것이다.

이처럼 일정한 틀 안에서 아이들의 싸움을 허용하면 놀랍게도 그 횟수가 줄어드는 현상을 확인하게 된다. 왜냐면 부모의 주의를 끌고, 부모를 증인으로 삼고, 자기편으로 만들어 형제 혹은 자매를 정죄하는 것이 싸움의 동기 중 일부를 이루는데, 부모가 단호하게 행동함으로써 무관심하게 반응하면 이런 의도가 통하지 않기 때문이다.

일반적으로 집에서 공동 영역과 사적 영역을 구분해놓는 것은 매우 건전한 조처로, 이것은 나중에 직장 생활과 사회생활에서도 효과를 발휘한다. 아이는 공동으로 생활하는 공간에서는 공동생활의 규칙(질서, 소음, 행동에 관한 규칙)에 순응하고, 개인 공간에서는 각자의 사생활을 존중하게 된다.

권위와 자유방임

히피 시대의 전통적인 권위의 붕괴와 자유방임적인 이상의 실패로 교육 문제가 새롭게 대두했다. 어떻게 하면 아이에게 도덕적·사회적으로 수용할 만한 상황에서 불가피한 의무와 한계를 시험하는 건설적인 체험을 하게 할 수 있을까? 아이의 교육과 관련해서 일반적으로 세 가지 방식의 교육, 즉 권위적인 교육, 자유방임적인 교육 그리고 엄격하면서도 유연한 교육을 생각해볼 수 있다.

먼저 권위적인 교육은 부모가 정하고 강요하는 규칙에 자녀가 따르도록 감시하면서 자녀의 행동과 태도를 통제하고 평가하는 방식으로 이뤄진다. 이런 부모는 순종에 규율의 가치, 노동의 의미, 권위에 대한 존중, 전통적 질서와 가치의 보존이라는 의미가 있고, 순종 그 자체에도 가치가 있다고 믿는다. 이런 가정에서 부모는 아이가 그들의 말을 기준으로 삼아야 한다고 생각해 협상을 허락하지 않는다. 자녀가 규칙을 어기면 제재하고 처벌한다.

제재와 처벌의 차이는 논리다. 제재가 규칙 위반의 논리적 결과라면, 처벌은 임의적이다. 예를 들어 규칙으로 정한 귀가 시간이 자정인데, 자녀가 새벽 두 시에 들어왔다면, 다음부터는 열 시까지 귀가하도록 강제하는 것이 제재다. 컴퓨터 게임을 못하게 처벌할 수도 있다. 교육적 측면에서 제재가 훨씬 유익한 이유는 자녀가 규칙을 어긴 행위의 논리적 결과를 깨닫고 자신의 행동을 교정하는 데 도움이 되기 때문이다. "네가 더럽혔으니 네가 청소해."라고 제재를 가하는 것이 "네가 더럽혔으니 네 방에서 나오지 마."라고 처벌하는 것보다 훨씬 유익하다. 처벌은 자신의 잘못을 교정할 수 없다는 데서 비롯한 좌절감에 죄책감을 더할 뿐이다.

어떤 상황에서도 규칙을 지키고 철저하게 조직된 가정의 아이들은 불안해하거나 소극적으로 행동하는 경향이 있다. 그들은 대체로 학업 성적이 우수하고, 효과적이고, 조직적이며, 마약, 알코올 혹은 범죄 같은 반사회적 행동을 거의 하지 않는다. 반대로 그들은 죄의식이 있는 성향을 보이고, 자신에게 주변 환경을 변화시킬 능력이 있다는 생각을 하지 못한다.

부모가 지나치게 엄격할 때 독립성과 반항심이 꽃피는 시기인 청소년기 자녀는 흔히 학업을 거부한다. 학업에 성공하면 부모가 기뻐하므로 자녀는 그렇게 하고 싶지 않은 것이다. 아이는 자기모순에 빠져 부모의 바람에 부응한다는 것이 얼마나 지긋지긋한 일인지를 이처럼 역설적이고 자기 파괴적인 방식으로 보여준다.

이와 반대로 자유방임적인 부모는 자녀의 권리를 교육의 기준으로 삼는다. 이런 부모는 자녀의 행동과 희망에 가치를 부여하고 질서, 집안일, 공부 등을 그다지 중요시하지 않는다. 그리고 자녀가 자기 리듬에 따라 활동할 수 있게 모든 것을 자녀에게 일임하고 통제하지 않으려고 한다. 자녀가 부모의 의사를 따라야 할 때면 부모가 권위적으로 영향력을 행사하기보다는 자녀를 설득하거나 협상한다.

뚜렷한 규칙이 없어서 거의 조직화하지 못한 이런 가정의 아이는 때로 자신감이 지나치고, 어떤 일을 하든지 보상을 바라며, 제대로 알지 못하는 시련에 부딪히면 자신을 무능력하다고 느낀다. 싸워볼 기회도 없었고, 자신의 능력을 행사할 기회도 없었기에 자신에게 닥친 문제에 어떻게 대처해야 할지 모른다. 자신이 들인 노력과 끈기와 비교하면 주목할 만한 결과를 거두지 못하고, 자신에게 엄격하지도 않다. 이런 아이는 청소년기에 태도 불량과 부모의 지원 부족으로 학업을 그만둘 위험도 있다. 특히 뭔가를 결정하는 데 남에게 의지하려는 경향이 있으며, 선과 악에 관해 명확한 개념이 없다. 자신의 바람이 어긋나면 반항하거나 의기소침해지며, 참을성도 없다. 그리고 이런 태도는 성인이 돼서도 계속된다.

마지막으로 엄격하면서도 유연성 있는 교육은 이 두 가지 형태의 교육을 유연하게 통합한다. 이렇게 교육하는 부모는 자녀에게 자신과 똑같은 권리와 의무가 있다고 생각한다. 자녀의 희망을 고려하지만, 규칙이 필요한 이유와 그 정당성을 설명하고 상당한 권한을 행사한다. 규칙을 어기면 제재를 가한다. 부모는 틀을 정하고, 그 틀 안에서 자녀가 자유롭게 행동하는 것을 허용하는데, 이는 아이의 의사와 규칙의 존중을 동시에 높이 평가하는 태도다. 아이는 자신의 요구가 인정받는다고 느끼지만, 어른들에게 특별한 권리가 있다는 것을 배워서 알게 된다. 갈등이 생길 때 부모는 이성적으로 생각하고 영향력을 행사하지만, 자신이 완전무결하다고 생각하지는 않는다.

규칙이 상황에 따라 조정되는 이처럼 유연한 구조의 가정에서 자란 아이는 낙관적이고 만족할 줄 아는 기질을 보인다. 감정을 잘 조절하고, 상대적으로 자신감도 높다. 자신이 놓여 있는 상황에서 어떻게 능력을 발휘해야 하는지를 알고, 반드시 따라야 할 규칙을 따를 줄 안다. 어른들의 태도가 부분적으로 자신의 행동에 달렸다는 것을 이미 어릴 때부터 이해하고 있어서 자율적으로 생각하고 혼자 결정하는 능력을 갖추고 다른 사람들과 안정적인 관계를 맺는다.

지켜야 할 규칙을 경험하지 못한 아이에게 스스로 규칙을 만들어 지키게 하는 것보다는 지나치게 엄격한 교육을 포기하는 편이 더 쉬울 것이다. 하지만 부모에 대한 두려움과 거리감을 바탕으로 형성된 전통적인 권위와는 달리 오늘날에는 부모가 아이 곁에서 아이를 사랑하고 돌보는 존재라는 사실 자체가 바로 권위의 바탕을 이루고 있다. 애석하게도 직장 일로 바쁜 부모들은 자녀와 함께 있는 시간의 양보다 관계의 질을 중시해야 한다는 생각에 필사적으로 매달리지만, 비록 표현이 그럴듯해 보여도 그런 생각은 무의미하다. 왜냐면 교육에서 질과 양의 가치는 같기 때문이다. 부모는 자녀와 함께 있고, 언제든 함께할 수 있다는 가능성 덕분에 자녀를 관찰하고, 이해하고, 자녀의 말을 들어주고, 자녀에게 말하고, 기쁨과 슬픔, 크고 작은 비밀을 나눌 수 있다.

역할과 영역

역할과 영역 개념은 교육, 가정 생활, 개인 간의 관계에서 매우 중요하다. 사회 조직은 형태도 골격도 없는 콩가루도 아니고, 그렇다고 군대처럼 엄격하지도 않다. 가정에도 계급이 있다. 아이는 어른의 축소 모델이 아니라 단지 어리고, 자아가 형성돼가고 있는 존재다. 부모의 역할은 그들에게 사랑을 주는 것만이 아니라 그들을 양육하고 교육하는 것이며, 요즘 흔히 볼 수 있듯이 제멋대로 행동하는 어린 폭군이 되지 않게 하는 것이다.

학업 중단, 반사회적 행동, 마약, 폭력과 더불어 증가하는 범죄 문제는 대부분 자신이 맡은 교육자의 역할을 제대로 이해하지 못한 부모에게서 비롯한다. 오늘날 자녀 양육은 매우 어려운 일이지만, 그것은 부모의 역할이고 의무다. 부모는 자녀에게 틀을 정하고(한계, 규칙, 격려, 설명 등), 안정감을 주는(들어주기, 이해하기, 수용하기, 위로하기 등) 울타리가 돼야 한다. 자유는 이런 틀을 벗어나거나 파괴하는 것이 아니라 그 안에서 모든 형태의 가능성을 탐색할 수 있음을 뜻한다. 틀이 지나치게 좁아지면 아이와 부모는 그것에 대해 함께 토론하고, 온 가족을 위해 더 나은 방법을 찾아야 한다. 역할과 영역이 불분명하면 모든 유형의 조종이 가능해진다. 전반적으로 조직과 규칙이 가족 간의 상호 작용에 영향력을 발휘하지 못하면, 의식하지 못하는 사이에 권위가 교활하고 은밀하게 작용한다.

자신의 역할, 위치, 의무를 제대로 이해하지 못한 부모 밑에서 자란 아이는 성인이 됐을 때 원래 자신이 속했던 가족과 자신이 새로 구성한 가족 사이에서 '자기 가족'을 선택하지 못해 자기 부모와 같은 부모가 될 위험이 있다. 그리고 이런 상황은 해결할 수 없는 갈등의 원인이 된다. 즉, 자기가 결혼해 배우자로 맞이한 사람을 의식적이든 무의식적이든 부모와 동등한 존재, 대부분 부모보다 열등한 존재로 간주하고, 배우자는 상대의 부모와 원치 않는 경쟁에 휘말리게 된다. 정서적으로 매우 부담스러운 이런 상황은 당연히 과거보다 미래를 중요하게 여기고, 유연성과 일관성이 필요한 책임감을 갖추고, 진정한 자기 가정을 이룸으로써 풀어가야 한다. 갈등이 발생하면 자기 가정을 과거에 자신이 속했던 가정보다 당연히 우선시해야 하지만, 가족 내에서 자기 역할과 위치에 대한 분명한 의식이 없는 부모 밑에서 자란 사람에게 이것은 몹시 어려운 일이 될 수 있다. 하지만 각자 자기 것에 집중해야 한다.

'각자 자기 것에 집중한다.'는 생각은 이기적으로 보일 수도 있지만, 전혀 그렇지 않다. 누군가의 방 앞에서 문을 두드렸을 때 방에 있는 사람이 어떤 반응을 보일 것인가는 전적으로 그의 결정에 달렸다. 그는 문을 열어줄 수도 있고, 열어주지 않을 수도 있다. 나는 문을 열어달라는 나의 요구에 대해 책임이 있고, 그는 문을 열어주거나 열어주지 않은 자신의 반응에 대해 책임이 있다. 사회생활을 하면서 우리는 상대에게 뭔가를 요구했을 때 그가 우리에게 상처 줄 것이 두려워 차마 거절하지 못하고 거북해할 것을 예상해 아예 요구하기를 포기하기도 한다. 그러면서 각자 자기 것에만 집중하면 된다고 생각한다. 하지만 자기 것에 집중한다는 것이 타인이 겪는 어려움을 고려하지 않는다는 의미는 아니다. 단지 그것을 고려할지 고려하지 않을지를 선택할 수 있다는 것이다. 일방적으로 상상하기보다는 원인과 결과를 이해하고 예상하는 것은 각자의 능력에 달렸다.

이혼과 별거

아이에게 육체적·정신적으로 더 큰 외상을 주는 것은 부모의 이혼이 아니라 이혼하는 방식이다. 물론 자녀는 부모가 다시 화합하기를 바라지만, 부모가 이혼한 후에도 자녀에게 관심을 보이고 자신의 결정을 죄책감 없이 받아들이면, 부모의 이혼이 자녀에게 정신적 창상이 되지는 않는다.

특히 부모가 자녀를 직접 교육하지 않는 문화권에서는 아이의 정신적 안정과 성장에 영향을 주는 사람들이 있는 환경에서 자라는 것이 아이의 성숙을 돕는다. 아이의 교육을 담당한 사람들이 반드시 결혼했거나 같은 집에서 살아야 할 필요도 없고, 아이를 양육하는 사람이 실제로 아이의 생물학적 부모일 필요도 없다. 아이는 조부모, 양부모, 삼촌, 이모, 고모만이 아니라 아이를 사랑하고 관심을 보이는 어른이라면 누구라도 함께 살며 안정과 행복을 찾을 수 있다.

부부가 서로 악감정 없이 순탄하게 이혼했어도 이별은 결코 유쾌한 경험이 아니다. 하지만 이후에 안정이 찾아오면 대부분 아이가 불평하지 않고 받아들이는 새로운 인생의 국면이 열린다. 온화하고 행복하고 자신에게 훨씬 더 마음을 쓰는 부모, 쾌적한 환경, 함께 놀 수 있는 새로운 형제자매, 두 번의 생일, 두 번의 크리스마스, 더 많은 선물, 그리고 더 많은 휴가 등 아이는 부모의 이혼에서 장점을 발견하기도 한다!

물론 모든 것이 장밋빛은 아니다. 재구성된 가족에도 그 나름의 고난이 있다. 하지만 부모와 양부모가 지혜롭고, 애정과 열의가 있다면, 아이는 성장함에 따라 그런 어려움과 문제들을 극복하고 더 강해진다.

베르나르와 실비는 합의 이혼을 택했지만, 갑작스러운 변화 때문에 몇 주 동안 혼란스러웠다. 그들은 자녀가 등교하기 쉽고, 부모 도움 없이도 두 집을 왕래할 수 있게 학교 가까운 곳에서 살기로 했다. 그들은 자녀의 생활이 복잡해지지 않도록 양쪽 집에 아이들 옷과 침구만이 아니라 수영복, 테니스라켓과 운동 기구들도 준비해서 불편하지 않게 했다. 그들은 중요한 일이 있으면 서로 알리고, 나머지 것들은 서로 믿고 맡겨서 간섭하지 않았다. 새로운 계획이 생기면 미리 알려줘서 차질이 없게 했으며, 방학 중에도 별문제 없이 양육을 분담했다. 그들은 각자 맡은 양육 일정을 존중했지만, 특별한 경우(아버지날, 어머니날, 조부모 생신 등)에는 유연하게 적용했다.

그들은 아이들이 처음에는 새아버지나 새어머니를 환영하지 않더라도 새 식구가 아이들의 인생을 풍요롭게 하고, 서로 사랑하게 되리라는 것을 알고 있었다. 실제로 계부와 계모는 아이들을 판단하기보다는 아이들의 말에 귀를 기울였고, 그들은 비록 아직 긴장 관계에 있었지만, 서로 존중했다.

사별

누구나 자녀가 어릴 때 죽음을 경험하지 않기를 바란다. 하지만 누구도 삶의 여정에서 만나게 되는 죽음을 피할 수 없다. 아이에게 죽음을 어떻게 말해야 할까? 어떻게 죽음에 대해 마음의 준비를 하게 해야 할까? 이 시련을 겪어야 하는 아이를 어떻게 도울 수 있을까?

아이의 나이와 아이가 겪은 사건에 따라 대처하는 방식이 달라야 하고, 아이의 성격과 죽음의 상황을 고려해야겠지만, 자신의 언어 능력에 따라 설명하게 될 것이다. 우리는 보통 그 죽음이 자신에게 의미가 있을 때, 자신의 느낌과 말이 정당하다고 느낄 때 매우 감정적으로 생각하게 된다.

아이는 결국 살아 있는 모든 것에 끝이 있다는 사실을 이해할 수밖에 없다. 예를 들어 아이가 어린 나이일 때 함께 산책하면서 나뭇가지에 붙어 있는 살아 있는 잎과 바닥에 떨어져 있는 죽은 잎을 보면서 죽음을 너무 어렵지 않게 설명해줄 수 있다. 창틀에서 발견한 죽은 파리나 어항에 죽어 있는 금붕어처럼 작은 동물의 죽음은 아이에게 아무도 죽음을 피해갈 수 없음을 알게 해주는 예로 적절하다. 죽음에 관해 아무것도 숨기지 않고 솔직하게 말해주면 아이에게 큰 의미가 있는 존재에게 죽음이 닥치기 전에 이 개념을 서서히 이해시킬 수 있다. 예를 들어 개나 고양이 같은 친숙한 동물의 죽음은 가족을 포함한 모든 생명체가 언젠가 죽으리라는 사실을 설명하기에 감동적인 기회가 된다. 나뭇잎처럼, 나비나 고양이처럼 우리는 어느 날 태어나고, 한참 뒤에 죽는다. 아이가 주변에서 너무 이른 죽음을 경험하지 않았다면, 너무 겁먹게 할 필요는 없다. 아이는 보편적인 예상이 어그러질 수 있다는 것을 좀 더 일찍 알게 될 것이다.

인생이 순리대로 흘러간다면, 사랑하는 사람 중에서 아이가 겪게 될 최초의 죽음은 대개 조부모의 죽음이다. 예상치 못하게 죽음이 찾아왔다면 우리는 아이에게 할아버지 혹은 할머니가 꽃이나 동물처럼 죽었다고, 이제 생명이 끝났다고 설명해주는 것이 좋다. 아이는 상징, 암시, 중의적 표현을 아직 이해하지 못하기에 상황을 분명하고 단순하게 말해줘야 한다. 물론 상냥하고 솔직하게 말해야 한다.

아이가 잠과 이별과 죽음을 구별하는 것은 매우 중요하다. 아이의 작은 세계에서도 이 세 가지 개념은 분명히 다르게 인식하게 해야 한다. 예를 들어 "할아버지가 영원히 잠드셨다."고 말하면, 아이는 자신에게도 그런 일이 일어날까 봐 두려워서 수면 장애가 올 수도 있다. 아이에게 "할머니가 영원히 떠나셨다."라고 말하면, 아이는 할머니가 어딘가로 떠나셨는데, 잘 있으라는 작별 인사도 하고 싶지 않을 만큼, 혹은 다시 보고 싶지 않을 만큼 자신을 사랑하지 않았기에 떠났다고 생각할 수 있다.

종교의 도움을 받아 설명할 때도 주의를 기울여야 한다. 가정마다 믿는 종교가 있고, 종교적 설화는 아이가 육체와 영혼을 분명히 구분해서 인식하도록 도움을 주지만, 아이에게 그런 구분은 명확하지 않다. 예를 들어 아이에게 어린 예수님이 할아버지를 데려가서 할아버지가 하늘로 올라갔다고 말한다면, 아이는 영혼이 아니라 육체를 떠올리고, 할아버지를 많이 사랑하는 예수님이 할아버지를 선택해 구름 속으로 데려갔다고 이해할 수 있다. 그럴 때 아이는 자신도 '선택받을 수 있다'는 두려움으로 공포에 떨며 예수가 자신을 선택하고 싶은 마음이 들지 않게 하려고 못된 악동으로 변할 수도 있다. 어른이 보기에는 우스운 상황이지만, 아이에게는 진지한 고민의 원인이 될 수 있다.

가족 중 한 사람이 매우 연로하거나 병이 깊어 죽음이 임박했을 때 아이에게 그것을 말해야 한다. 어쨌거나 아이도 부모가 걱정하고 슬퍼하는 것, 분위기가 가라앉았다는 것을 감지한다. 가장 좋은 방법은 가족의 일원으로 아이를 존중하고, 변화하는 상황을 아이에게도 알려주는 것이다. 그럴 때 아이도 가족의 유대를 느끼며 함께 협력할 것이며, 무거운 침묵에 억눌리지도 않고, 영문도 모르는 채 놀이터를 뛰어다니지도 않을 것이며, 무엇보다도 상황을 이해하고 있다는 점에서 안심할 것이다. 그리고 다른 사람들처럼 사랑하는 사람의 죽음을 서서히 준비했기에 시련을 잘 이겨낼 것이다.

언젠가 내가 감독하던 부서에 아직은 약간 미숙한 응급 의료팀이 실습하러 온 적이 있었다. 간호사들은 내게 이것저것 의견을 물으며, 응급 상황에 적절히 대처하고 있는지 봐달라고 했다. 사정을 모르는 사람이 보면 상당히 충격적인 장면이었다. 열댓 살짜리 어린 소녀가 병실 구석에 앉아 있고, 소녀의 어머니는 등을 돌린 채 말없이 침대에 누워 있었다. 분위기는 평온했다. 교대 간호사는 '아이를 이렇게 내버려둬도 괜찮을까? 다른 곳으로 데려가서 달래야 하는 게 아닐까?' 하고 생각했다.

그런데 알아보니 이 모녀는 불가피한 일을 함께 받아들이는 중이었고, 가족도 이런 방식을 지지하고 있었다. 암 투병에 지친 어머니는 임종이 가까웠고, 딸은 어머니의 그런 상태와 현재 상황을 정확하게 알고 있었다. 모녀는 서로 위로하며, 많은 이야기를 나눴다. 그리고 이 과정에서 허심탄회한 대화가 이뤄졌다. 차분하고 조용한 분위기에서 모녀 관계가 지속하고 있었다. 어머니는 조용히 죽어가고 있었고, 딸은 차분하고 평화롭게 그 상황에 적응하고 있었다. 아무도 그런 소녀를 막을 수 없었다. 그것은 충격적이었지만 적절한 상황이었다.

당시에 도움을 받아야 할 사람은 오히려 간호사들이었다. 그들은 개입하지 않은 것이 옳다고 느끼고는 있었지만 확신하지는 못했다. 소녀는 응급 의료팀이 자신을 위해 거기 있다는 것을, 자기가 언제든지 그들을 호출하고 위로받을 수 있다는 것을 잘 알고 있었으며, 바로 그것이 응급 의료팀의 역할이었다.

너무 갑작스럽게 찾아온 가까운 사람의 죽음으로 아이가 충격을 받았을 때는 곁에 있는 사람이 진실하고 성실하게 대하는 것이 가장 좋은 방법이다. 쉬쉬하며 사실을 숨기면 그것은 감당하기 어려운 비밀이나 금기가 돼버린다. 아이는 자신이 알 수 없는 비극적인 사건이 일어났다는 것과 부모에게 큰 고통을 주거나 부모를 잃을 끔찍한 위험을 무릅쓰지 않는 한 자신이 해서는 안 될 질문이 있다는 것을 본능적으로 안다. 아이의 삶에서 매우 중요한 일부분을 지움으로써 아이를 괴롭히는 이 침묵은 오랜 세월 아이의 가슴을 아프게 할 수 있다.

부모는 그것이 이례적인 사건이라는 것을 잘 설명하고, 진행되는 상황을 아이에게 알려줘야 한다. 일찍이 찾아온 죽음은 생명의 덧없음에 대한 자각을 마음 한구석에 심어주고, 안전에 대한 환상을 무너뜨리므로 아이는 매우 심각한 두려움을 품게 된다. 그런 일이 일어나지 않았더라면 좋았겠지만, 이미 일어났기에 그 일에 관해 이야기하고 거기에 합당한 의미를 부여해야 한다. 상황에 따라, 하물며 아이가 사망한 가족에게 실망을 안겨줬거나 반항했다고 해도 그 죽음이 아이의 책임이 아니라고 설명해주는 것은 매우 중요하다.

아이가 장례를 치르며 체험하는 감정은 매우 강렬해서 이후 몇 년 동안 그 여운이 사라지지 않는다. 장례는 충격에서 수용으로 넘어가는 과정으로 이 시기의 지배적인 감정은 분노와 슬픔이다. 사회적으로 이런 감정은 억제되고 때로 금지되지만, 이것은 인간의 자연스럽고 다양한 정서적 스펙트럼의 한 부분일 뿐이다. 우리가 살아가면서 겪는 여러 사건 중에서 어떤 것은 극도로 고통스럽고 끔찍할 정도로 가슴 아프다. 하지만 어떤 일이 있어도 부모는 그 사건에 관계된 아이들이 이해하고, 의미를 찾고, 마음

한구석에 잘 정리해두는 데 도움을 줘야 한다. 그리고 거기에서 교훈을 얻고, 좌절하거나 불안해하지 않도록 적당한 이야기를 들려줘야 한다.

아이는 아무리 고통스러워도 자신이 겪고 있는 사건을 납득할 만한 표현으로 논리정연하게 설명해주면 충분히 이해한다. 살아가면서 비극적 사건이 일어난다면, 어른이 아이를 위해 할 수 있는 최선은 곁에 있으면서 아이가 이해할 수 있게 돕는 것이다.

에브는 6층에서 창문 밖으로 뛰어내렸다.

그녀의 무한한 창의성에 열광하는 아이들에 둘러싸여 광대 옷을 입고 많은 아이의 생일잔치와 파티를 즐겁게 진행하던 에브는 당시 스물세 살의 젊고 아름다운 여인이었다.

아이들은 경악했고, 그 죽음을 이해할 수 없었다. 아이들은 이 사건에서 아무런 의미도 찾을 수 없었다.

나는 아이들이 이 사건을 이해하고, 머릿속을 맴도는 "왜?"라는 의문을 해결하고, 충격을 극복하고, 성장하려면 이 젊은 여인의 자살에 의미를 부여하고 거기서 어떤 교훈을 얻을 수 있는 말을 해주는 일이 꼭 필요하다는 생각이 들었다.

나는 에브가 그들처럼 매우 평범한 소녀였고 행복한 어린 시절을 보냈지만, 어느 날부터 더는 행복하지 않게 됐다고 말해줬다. 아이들에게 그런 일이 일어나지 않게 하려면 무엇을 조심해야 할까?

우선 에브는 '진정한 친구'가 없었다. 친구가 많았지만 자주 바뀌었고, 나쁜 일이 있을 때 의지할 수 있는 사람이 없었다. 그녀를 제대로 알고 있는 사람도 없었고, 그녀가 마음속에 품고 있는 의심과 어려움을 아는 사람도 없었다. 가족이 우리에게 실망을 안겨줄 수 있지만, 그것은 우리 책임이 아니다. 하지만 친구 관계는 우리 책임이다. 좋은 친구는 우리를 지지해주고, 어려운 시기에 안정을 찾게 해준다. 나는 아이들이 그 점을 생각하고 명심하기를 바랐다.

또한, 에브는 '이상'도 없고 음악, 춤, 운동 같은 것에 대한 '열정'도 없었다. 고통받는 젊은이들은 대개 이런 것들에 대한 열정을 도피처로 삼아 어려운 시기를 극복하기도 한다. 열정을 느끼는 일에 몰두하고 거기서 자신의 가치를 알아주는 곳을 찾는다. 자신의 본질적인 가치를 되찾고, 위기를 극복할 힘을 주는 이런 돌파구를 찾고 개발하는 일은 매우 중요하다.

에브는 '계획'도 없었다. 열정적으로 미래에 뛰어들지도 않았고, 미래에 관심을 끄는 것도 없었다. 그녀는 하루하루를 되는대로 살았고, 일상이 우울했으며, 짙은 안개를 헤치고 나올 용기도 없었다. 우리는 미래를 상상하고, 선택하고, 바라고, 그런 미래에 근접하려고 노력하고, 그 목표를 향해 기준을 마련할 수 있다. 그것은 우리 자신에게 달린 문제다. 전망도 목표도 없는 상황에서 알코올과 환각제는 도피처, 은신처, 의지할 목발이 된다. 이런 방법으로 얻은 현실 도피는 자신의 공허한 삶을 직시하지 않게 해주는 유일한 수단이 된다. 현기증이 날 만큼 공허해서 에브는 어느 날 아침 그 공허 속으로 뛰어드는 것밖에 다른 출구를 찾을 수 없었다.

나는 아이들이 고립되지 않고, 좋아하는 활동에 참여하고, 성장하고 싶은 욕망을 불러일으키는 미래를 구체적으로 시각화하라고 말하고 싶다. 악착같이 살다 보면, 어느 날 혹시라도 마주칠 작위적인 낙원의 유혹에 빠지지 않고 자신을 보호할 수 있을 테니까.

사춘기와 위기

왜 사춘기는 위기일까? 피할 수는 없을까? 이 단계를 충돌 없이 지나가는 문화가 있을까? 부모는 청소년기의 자녀를 어떻게 대해야 할까?

어떤 관점에서 보면 사춘기는 우리 사회가 취학 기간을 연장하면서 생긴 함정이다. 우리 사회의 교육 시스템은 젊은이들이 몸은 성인인데 정신은 아동기에 머무는 새로운 성장 단계를 만들었다. 호르몬 분비로 성장이 촉진된 그들의 육체는 자유, 독립, 성을 요구하지만, 그들은 아직 몇 해 더 부모의 통제를 받아야 하고, 학교 책상 앞에 앉아 있어야 한다. 거기에 자신의 안전과 미래가 달렸음을 그들 자신도 잘 알지만, 받고 싶지 않은 형벌이고 고난이다. 그러나 그들에게는 선택의 여지가 없다.

옛날에는 이런 단계가 없었으며, 지금도 우리가 '원시 사회'라고 일컫는 지역에서도 이런 단계는 없다. 이런 문화권에서 성적 성숙기의 젊은이들은 공식적이든 비공식적이든 성인기로 접어든다. 여러 민족이 성인식을 통한 젊은이의 지위 격상을 때로 고통스러운 시련이 포함된 통과 의례로 축하한다. 이 의식을 통과한 젊은이는 성인으로 승격하며, 성인에게만 부여하는 모든 책임과 특권을 갖추고, 결혼하고 자손을 낳을 수 있다.

하지만 우리 시대, 우리 사회에서는 전혀 그렇지 않다. 아무리 중등학교에 입학하고 가슴이 나오거나 턱에 수염이 나도 여전히 어린아이다. 아버지보다 힘이 세거나 어머니보다 키가 커도 여전히 부모에게 순종해야 한다. 이것은 자연 질서에 완전히 어긋나는 인위적인 현상이지만, 우리 사회처럼 지식을 끝없이 획득해야 하는 복잡한 사회에서는 불가피한 단계다. 청소년들에게 조금이라도 관용을 베풀기는 쉬운 일이 아니다. 그들의 부모도 마찬가지다. 그리고 이것 역시 어려운 일이지만, 부모로서 우리의 역할은 그들을 세상에 풀어놓기 전에 그들이 가는 길의 마지막 순간까지 그들과 함께하는 것이다.

그러나 만약 자녀가 심각한 문제가 표면화하는 사춘기를 너무 힘겹게 겪고 있다면 그들을 어떻게 도울 수 있을까?

첫째, 기본 원칙에 충실하되, 그들 관심을 보이는 다양한 대상(예를 들어 의복, 헤어스타일 혹은 그들이 듣는 음악 등)의 상대적인 가치를 인정해주고, 그들의 인생을 통제하려고 들지 않는 것이 좋다.

둘째, 검토하고, 경청하고, 대화하고, 타협하고, 이해하려고 노력하자. 청소년이 지켜야 할 규범을 재검토할 수는 있지만, 규범에 따라야 할 때는 따르게 해야 한다. 그러나 그들과 함께 규범의 필요성과 기능에 대해 냉철하게 생각해보는 것도 흥미로운 일이 될 수 있다. 그들은 더 나은 규범을 제안하며 변화를 요구할 수도 있다. 이런 작업은 처음에는 어렵겠지만, 언젠가 그들이 사회인이 돼 주도해야 할 다양한 타협을 위해 훌륭한 실습이 될 수 있다.

셋째, 그들과 맺는 관계의 성격을 점진적으로 통제에서 신뢰로 전환한다. 신뢰는 합의를 존중하는 한 유지된다. 부모가 닦달하고 숨 막히게 할수록 그들은 어떻게든 통제를 벗어나려고 한다.

넷째, 나무랄 때 자신을 기준으로 삼지 않는다(내가 네 나이 때는…). 오히려 '성인 대 성인'으로 가까워지는 순간이 때로는 서로 이해할 좋은 기회가 된다. '우리도 그들 나이와 같은 시기를 거쳤다. 그리고 그 시절의 우리가 지금의 그들보다 나았다고 생각하지 않는다. 우리도 많은 실수를 저질렀고, 그들처럼 고민했다.'는 사실을 고백하면, 진정한 공감이 이뤄지기도 한다. 이런 소통의 방법은 그들의 영역을 침범하지 않고도 서로 가까워지는 길이기도 하다.

다섯째, 그들의 사생활을 존중하고, 교우 관계, 애정 관계, 특히 성관계에 간섭하는 질문을 피한다. 그것은 이제 우리가 관여할 일이 아니다. 과거우리 역할은 그들을 그런 것들에 준비하게 하는 것이었고, 지금 역할은 언제든 그들이 도움을 청할 때 그들을 도울 수 있게 대기하는 것이다. 반면에비록 그들이 한심하다는 듯이 허공을 쳐다보며 우리를 비웃는다 하더라도그들이 호기심을 느끼는 포르노물이 현실에서 사랑과 성을 체험하는 방식과 전혀 상관없다는 사실을 강조하는 것도 나쁘지 않다.

여섯째, 그들도 우리 영역을 존중하게 하자. 그들이 우리 옷장을 뒤지고, 노크도 하지 않고 침실로 들어오거나, 허락도 받지 않고 자동차를 사용하는 무례한 태도를 용납하지 말자.

일곱째, 폭력은 보편화해서도 허용해서도 안 되며, 우리에게 폭력을행사하게 해서는 절대 안 된다. 청소년기의 자녀가 드러내는 미숙한 면, 즉폭력적인 행동보다는 언어를 통해 분노를 표현하는 적당한 말을 찾게 하는 것은 우리의 의무이자 권한이다.

여덟째, 무슨 일이 있더라도 관계를 유지하자. 어려움에 부닥친 청소년들과 관계를 단절하는 것은 최악의 선택이다. 그들의 반항은 우리가 보호해줄 수 있는 울타리를 벗어나서 극단으로 치달을 것이다. 관계를 단절하면 젊은이는 위험에 빠지게 된다. 설령 우리가 그들의 어떤 행동을 용납할 수 없더라도, "너는 아무것도 이루지 못할 것이다." "너는 불성실하다." "너는 쓸모없는 인간이다." 따위의 단정적이고 모욕적인 말을 하는 것은좋지 않다. 청소년들이 학교생활, 인간관계, 더 나아가 자신의 인생을 망치고 싶어 하는 듯한 행동을 하는 것은 바로 도움을 요청한다는 메시지다. 비록 세대 간 갈등이 있더라도 이해해주고 사랑해주자. 부모와 자녀는 평등한 관계도 아니고 정면으로 대결하는 관계도 아니다. 뒤로 물러나자. 우리는 그들의 부모, 교육자, 길잡이, 보호자다.

성인 자녀의 부모와 조부모

부모들은 흔히 "부모는 평생 부모다."라고 말한다. 하지만 다 자란 자녀는 비록 미숙하긴 해도 이제 어린아이가 아닌 것만은 분명하다. 지금도 많은 부모가 자식에게 "네가 원하든 원하지 않든, 넌 언제나 내 아이야!"라고 말한다. 자식은 그런 부모에게 "그래요, 하지만 난 이제 어린아이가 아네요!"라고 말한다.

성인이 된 자녀와 부모 사이에 친자 관계는 있지만, 이제 교육적 관계는 없다. 성인 자녀의 부모는 자녀의 동의하에 도움을 주는 역할 말고 부모로서 해야 할 다른 역할이 없다. 유일한 법률상 의무는 필요한 경우에 부모가 자녀에게, 그리고 자녀가 부모에게 경제적 도움을 주는 것뿐이다. 그리고 모든 상호 작용은 각자의 영역, 생활양식, 그리고 각자의 판단과 결정을 존중하는 가운데 이뤄져야 한다.

늙어가는 부모가 부모로서 해야 할 역할을 잃었다고 느끼는 것은 그리 기분 좋은 일이 아니다. 그 이유는 자신이 쓸모없어졌기 때문이 아니라 자신이 변해야 하고 햇병아리 같던 자녀가 성인이 됐다는 사실을 받아들여야 하기 때문이다. 세상의 모든 자식은 무엇보다도 부모의 사랑이 필요하고, 그 사랑을 되도록 오래 유지하기를 간절히 바란다. 관계가 악화하는 것은 변화, 분화 그리고 자녀의 선택에 적응하지 못하는 부모의 무능 때문일 가능성이 크다. 그 점을 잘 이해한 늙은 부모는 성인이 된 자녀와 좋은 관계를 유지하지만, 자식의 당연한 변화를 받아들이지 못해 관계를 망친 부모는 외톨이가 되기 쉽다.

성인 자녀를 둔 부모의 역할은 자녀의 배우자 선택과 교육에 대한 견해를 존중하면서 자녀가 원할 때 언제든 도움을 줄 수 있도록 곁에 있어주고, 자녀가 원할 때 손자들에게도 도움을 주는 것이다. 비록 자녀의 선택이 마음에 들지 않더라도 이제 그것은 부모가 관여할 바가 아니다. 부모의 반대는 자녀에게도, 자녀와의 관계에도 전혀 좋은 영향을 주지 못한다. 서로 존중하는 관계가 유지된다면, 연장자로서 인생의 경험은 자녀와 손자들에게 유용할 것이다. 그들은 이제 주도하거나 판단하기보다는 후세가 참고할 만한 기준이 돼야 한다. 배우자와 사별하거나 병에 걸려 요양원에 들어가야 하는 어려움을 겪을 때, 부모에 대한 존경심을 잃지 않은 자녀는 자발적으로 부모를 지지하고, 따뜻하게 감싸준다.

더 푸르게, 덜 빨갛게

선생님들은 학생들의 답안지에서 틀린 부분을 빨간색으로 표시함으로써 정답 숭배 의식을 고취해왔다. 자신의 잘못을 인정함으로써 올바른 길을 찾는 것, 그것은 특히 죄의식에 바탕을 둔 유대교·그리스도교 문화가 독려하는 '메아 쿨파(나의 탓이로소이다)'의 실천적 자세다. 이것은 비뚤어진 사고라고 아니할 수 없다. 이런 사고에 사로잡힌 부모는 자녀의 잘못을 강조하고, 심지어 저지르지도 않은 잘못을 상상하면서 별다른 의식 없이 자녀에게 부정적인 명령을 퍼붓는다.

"일어나, 옷 입어, 외출할 때 꾸물거리지 마, 양치해, 머리 빗어, 게으름 부리지 마, 똑바로 행동해, 얌전히 굴어, 옷 좀 더럽히지 마, 넌 뭐든지 잊어버리는구나, 빨리 와, 안전띠 매, 아무것도 건드리지 마, 넌 안 돼, 하지 마, 서둘러, 숙제해, 그건 옳지 않아, 다시 해, 어질러놓지 마, 정리해, 가서 씻어, 음식 남기지 마, 똑바로 앉아, 예의 바르게 행동해, 늦지 마, 어서 자…"

내가 대학생이었을 때 했던 첫 심리학 실습이 생각난다. 나는 관찰 노트를 들고 한 살에서 세 살 사이 유아들이 하루를 보내는 어린이집 한 귀퉁이에 서서 어린이집 교사들이 어린이들에게 사용하는 지시어의 종류를 기록했다. 한쪽에는 무시하고, 조롱하고, 벌주고, 굴욕감과 죄책감이 들게 하는 부정적인 지시어들과 다른 한쪽에는 칭찬하고, 애정을 표시하고, 격려하고, 좋게 평가하는 긍정적인 지시어들을 기록했다. 결과를 보니 긍정적인 지시어 항목 칸은 거의 비어 있었고, 부정적인 지시어 항목 칸은 한 시간도 채 지나지 않아 가득 채워졌다. 이 실험이 입증하듯이 부모, 교사, 보모, 교육자 등 성인이 아이의 삶에 관여하는 모든 점에 이런 엄청난 불균형이 지속하고 있다.

완벽을 포기하자. 자신도 불완전한 존재면서, 자녀에게 완벽한 존재가 되기를 강요하지 말자. 그들이 발을 잘못 디딜 때마다 벌주는 것은 소용없다. 넘어지거나 쓰러진 것만으로도 그들은 이미 자기 실수에 대해 충분히 벌을 받았으니 더는 처벌을 보태지 말자. "내가 얘기했지? 넌 뭐 하나 제대로 하는 게 없어! 넌 늘 모든 걸 엉망으로 만들어! 넌 정말 서툴러! 그렇게 해서라도 남의 주목을 받고 싶니?" 자녀의 잘못된 행동을 교정하려는 이런 잔소리는 원래 의도와 달리 오히려 그들의 신경질, 죄의식, 실수만을 가중할 뿐이며, 아이는 끊임없이 쏟아지는 지적과 비난 때문에 갈피를 잡지 못하게 된다.

교육 전문가들은 흔히 자녀에게 한계를 정해주라고 한다. 그러나 한계를 넘어 시선을 다른 곳으로 돌려보자. 정체되지 말고 적극적으로 행동하자. 비관주의에 빠지거나 자신을 희생양으로 간주하는 패배주의도 버리자. 오늘날 사회적 경향은 잘못된 것만을 지적하는 데 지나치게 몰두해 있다. 위기, 파업, 실업, 불안, 전쟁, 자연재해, 방사능 등등 세상의 어두운 면만을 보는 습관을 버리자. 극단주의 정당들이 세력을 확장하는 이유는 사람들이 스스로 담을 쌓고 그 안에 틀어박혀, 무력하고 편협한 시선으로 세상을 바라보기 때문이다!

우리는 영구적으로 불안정한 세계에서 살고 있지는 않다. 그리고 인생이 오로지 위험으로만 가득 찬 것도 아니다. 전쟁이 목전에 있지도 않고, 학교를 졸업한 젊은이들이 모두 청년 실업자가 되는 것도 아니다. 노동계에는 폭력만이 난무하는 것도 아니고, 모든 정치인이 부패한 것도 아니며, 교수들이 모두 능력 없는 사람들도 아니다. 그리고 우리 인생은 미스터리 영화가 아니다. 사람들은 대부분 정직하고 성실하며, 선량한 사람이 부패한 사람보다 훨씬 더 많다. 우리가 달리는 인생길에는 붉은 신호보다 푸른 신호가 훨씬 더 많다는 점을 잊지 말자.

자녀를 격려하자. "잘하고 있구나? 너 점점 나아지고 있어. 방 정리도 참 잘했어. 자부심을 가져도 되겠는걸. 넌 혼자서 잠옷도 입을 줄 아는 멋진 소년이야, 브라보! 그래, 넌 할 수 있어. 난 널 믿어. 네겐 능력이 있어. 난 네가 자랑스럽다."

자녀가 어려움에 부닥쳤을 때 용기를 주자. "그게 쉬운 일은 아니지만, 네겐 끈기가 있으니까 잘해낼 거야. 완벽하지 않아도 괜찮아, 한 번에 성공하는 일은 없잖니. 넌 최선을 다했어, 네가 원하면 나머지는 내가 도와줄게. 우리 같이 해보자. 나도 남의 도움 없이는 할 수 없단다. 네가 많이 노력했다는 걸 알 수 있어. 네가 자랑스러워. 넌 자부심을 가져도 돼!"

자기가 좋아하는 팀이 경기에서 져도 여전히 지지하는 응원자들처럼 자녀의 응원자가 되자! 자녀에게 쏟는 사랑에 그들의 성공을 조건으로 내세워서는 안 된다. 무조건 그들을 사랑하고, 시행착오를 겪는 그들과 늘 함께한다.

더 많이 들어 주고 적게 말하자. 자녀의 호기심, 문제를 제기하는 태도를 높이 평가하자. "재미있는 질문이구나. 세상에 바보 같은 질문이란 없어. 모든 질문이 중요해. 눈앞에 보이는 것들이 모두 당연하고 확실한 것은 절대 아니란다. 너처럼 궁금증을 품고 깊이 생각하는 건 아주 중요한 거야. 호기심을 품고, 의심하고, 탐구하고, 문제를 제기하는 태도는 아주 바람직하단다."

"그래."라고 말하자. 물론 정해진 규칙과 한계에 따라 적절하게 "안 돼!"라고 말해야 할 때도 있겠지만, 같은 규칙과 한계에 따라 "그래!"라고 말할 줄도 알아야 한다. "그래, 날씨도 좋은데 잠깐 멈춰서 아이스크림을 먹자. 그래, 외투를 입지 않고 나가도 돼. 하지만 추워질지도 모르니까 외투는 여기 두자. 그래, 네가 원하는 대로 머리를 깎아도 돼, 네 몸이니 네 취향대로 해. 그래, 네 방식대로 방을 꾸며도 돼, 거긴 네 방이니까."

너그럽게 평가하고, 조건 없이 친절하게 대하자. "옷이 정말 예쁘네,

네게 참 잘 어울리는구나! 저녁 준비 도와줘서 고마워, 기분 좋은걸! 욕실 정리 잘했더라, 고마워! 이 색깔 정말 예뻐, 잘 골랐어! 혼자서도 숙제를 정말 잘했어! 멋진 슈팅이야, 챔피언의 킥이었어! 힘이 정말 센데? 정말 좋은 생각이야, 난 미처 생각하지 못했어!" 긍정적인 지시어 목록을 만들고, 마음속으로 그 수를 세어보라. 매일 푸른 신호가 빨간 신호보다 더 많아야 한다. 훨씬 더 많아야 한다!

자신의 어린 시절과 같은 상황을 되풀이하지 않으려면 진지한 성찰이 필요하다. 먼저 어린 시절의 상처를 인정해야 상처를 치유할 수 있다. 또한, 자녀를 책임감 있는 시민으로 자라게 하려면 더 깊이 자신을 성찰하고, 자신과 자녀가 함께 성숙해질 수 있도록 스스로 교육자 역할을 해야 한다.

6장. 정신적 발달과 성숙

신중함, 정직함, 정의로움 없이 행복한 삶에 이를 수 없고,
신중함, 정직함, 정의로움에는 쾌락이 따른다.
미덕은 행복한 삶에서 유래하며,
행복한 삶은 미덕과 불가분의 관계다.
-에피쿠로스

도덕을 말하다 ✐

....

> 늘 더욱 확장된 정신 구조로 사고해야 한다.
> 확장된 정신 구조는 올바른 판단의 필요불가결한 조건이다.
> 정신 구조를 확장할 가능성을 제공하는 것은 공동체의 견해다.
> 우리는 자신이 인간이라는 단순한 사실로 세계 공동체의 구성원이며,
> 공동체의 구성원으로서 공동의 감각을 판단한다.
> -한나 아렌트

이 마지막 장은 인간적 성숙에는 물론이고 부모의 역할에 매우 중요하지만 거의 언급되지 않은 주제를 다루고자 한다. 몇몇 전문 서적을 제외하면 일반인이 이해하기 쉬운 책에서 이 주제를 다룬 적은 거의 없는 듯하다.

도덕을 거론하는 것은 진부한 일일까? 도덕을 시대에 뒤떨어진 경직되고 독단적인 가치 체계로 간주한다면 아마도 그럴 것이다. 새로운 세대는 이처럼 시대착오적이고, 강압적이며, 논리적 일관성도 없는 도덕을 아무 미련 없이 쓸어버리고 싶어 한다.

오늘날 사회는 이전보다 엄청나게 다원화됐다. 특히 도덕적 차원의 여러 가지 지표가 산산이 조각나버렸다. 규칙뿐 아니라 규칙의 계승 방식도 변했으며 성직자, 교사, 가장은 그들의 권위를 상실했다. 아이 스스로 옳고 그름을 찾아야 한다고 생각하는 부모가 있는가 하면, 자신을 절대적 기준으로 간주하는 부모도 있고, 전통적으로 부모에게 부여된 교육자의 역할

을 학교에 떠넘기는 부모도 있다.

하지만 심리학도, 종교도, 영성도, 지배적 이데올로기도 우리가 삶에 대해 지고 있는 책임을 면제해줄 수 없다. 왜냐면 우리의 삶과 행복은 오로지 우리 자신의 책임이기 때문이다.

이 장에서 나는 도덕률을 언급하지 않는다. 옳고 그름을 규정하는 것은 나의 소관이 아니기 때문이다. 하지만 은밀하고 빈번하게 일어나는 학대 중 하나인 '스스로 생각할 권리를 박탈하는 학대'를 극복하려면, 우리 머릿속에 각인된 익숙한 시나리오가 아니라 양식에 바탕을 두고 이성적으로 사유하는 법을 배워야 한다.

따라서 사회적·생태적 환경에서 질서를 존중하며 통찰력을 갖추고 살기로 했다면, 그리고 우리가 사는 동안 스스로 해결할 수밖에 없는 여러 가지 문제에 도덕적으로 대응하기로 했다면, 반드시 우리 행동의 근거에 대해 이성적으로 사유해야 한다는 것이 나의 생각이다. 이런 관점에서 도덕과 성숙은 거의 같은 뜻이며, 지성의 가장 중요한 근거가 된다.

이 주제는 책임감 있는 성인이 어린 시절의 무거운 짐에서 벗어나 자신의 삶을 선택하고, 부모로서 자기 역할을 감당해야 하는 과제의 핵심을 이룬다. 그런 점에서 이 장은 한 권의 책으로 다룰 만한 가치가 있지만, 여기서 나의 역할은 성찰의 실마리를 던져주는 데 있다. 나는 이 책을 읽는 사람들이 내가 제시한 단서를 더 발전시키고 자신을 성찰할 용기와 능력을 발휘하리라고 확신한다.

도덕적 차원에서 우리는 아이에게 무엇을 요구할 수 있을까? 어떻게 하면 아이가 선과 악의 의미를 이해하도록 도와줄 수 있을까? 도덕 차원에서 마치 백지 상태와 같은 아이는 어떻게 자신만의 기준을 하나씩 만들어

갈까? 자신의 감정, 욕구, 바람과 자신을 옥죄는 규칙 사이에서 어떻게 타협하는 법을 배우고, 자기 욕심과 상대의 욕심이 상충하는 갈등의 소용돌이 속에서 도덕적으로 행동하는 법을 어떻게 배울 수 있을까? 아이를 돕고 자신도 행복해지려면, 우리 자신이 더 현명해져야 하지 않을까? 더 나은 삶을 살아가려면, 무엇보다도 더 올바르게 사유해야 하지 않을까?

살아가면서 끊임없이 부딪치는 '실존적 갈등'을 해결하는 데 필요한 도덕의식과 지성을 확대해야 성숙한 인간이 될 수 있다. 이런 갈등이 우리에게 영향을 미치는 이유는 그것이 배우자, 연인, 부모, 형제자매, 친구, 직장 파트너 혹은 권력의 대리인처럼 우리가 사랑하거나 우리에게 중요한 존재와 관련 있기 때문이다. 그리고 이런 갈등이 실존적인 이유는 우리 삶의 본질과 직접적인 관계가 있기 때문이다. 우리는 갈등의 당사자고, 갈등은 우리의 안정과 행복을 위태롭게 하며, 인생의 중요한 계획들과 삶의 질에 영향을 미친다.

우리가 성장하면서 필연적으로 부딪치는 이런저런 문제를 같은 방법으로 해결할 수는 없다. 어린 시절에 시작된 정신적 변화는 우리가 겪는 온갖 딜레마를 통해 평생 계속된다.

- 가족 딜레마: 별거나 이혼에 이른 부모의 갈등, 자기 가족과 배우자 가족의 갈등, 사랑, 직업, 종교를 선택할 때 생기는 부모와의 갈등, 생활 방식, 자녀 교육, 직업 선택을 두고 부모, 자녀, 배우자와 대립하는 갈등 등 가족 내에서 일어나는 딜레마.

- 법적 딜레마: 시험에서 부정행위를 하고 싶은 유혹, 가게에서 계산하지 않고 물건을 가져가고 싶은 유혹, 도로교통법을 위반하고 싶은 유혹, 탈세의 유혹 등 법의 테두리와 개인적 욕구 사이에서 일어나

는 딜레마.

- 사회적 딜레마: 범죄를 저지른 친구를 도와줘야 할지 고발해야 할지 결정하지 못하는 망설임, 매춘이나 도박 등 사회적 장소에서 일탈행위를 할지 말지 결정하지 못하는 망설임, 도덕적으로 의심스러운 일에 연루돼 큰 이익을 내는 금융 기관에 재산을 맡길지 말지를 결정하지 못하는 망설임 등 도덕성과 욕망 사이에서 일어나는 딜레마.

- 직업적 딜레마: 기업의 목적이 자신이 지지하는 가치와 일치하지 않는 회사에서 일해야 할지 말아야 할지 판단하지 못하는 혼란, 기업 임직원의 직업상 비밀 보호 규정, 의사나 변호사의 비밀 준수 규정, 신자의 고해에 대한 성직자의 침묵 서약 등의 의무와 이를 위반해야 하는 상황에서 생기는 혼란 등 직업 영역에서 일어나는 딜레마.

- 철학적 딜레마: 낙태, 안락사, 동성애, 양심적 병역 거부 등을 인정해야 할지 말아야 할지를 고민하는 등 인간의 본질적인 문제를 두고 일어나는 딜레마.

이런 문제들은 단계적으로 찾아오는데, 우리는 어느 순간 그때까지 실존적 갈등을 해소하는 방법으로 제시됐던 것들이 지나치게 제한적이라는 사실을 깨닫게 된다. 왜냐면 우리 지능이 점점 발달하면서 더욱 폭넓게 인지하게 된 복잡한 상황에 그런 방법으로는 이제 우리 자신이 동화될 수 없기 때문이다. 그렇게 평소에 우리가 준거하고 있던 기준과는 다른 기준에 동화돼야 할 필요성을 느낀다. 그리고 우리를 괴롭히고, 동시에 자극이 되는 내적 갈등을 경험한다. 이런 불편은 변화의 원동력이다. 이전에 중요하게 여겼던 것을 포기하고 싶지 않지만, 새로운 기준도 고려해야 한다.

정신적으로 성숙할 때 나타나는 특징

성숙과 도덕심의 발달에 관한 성찰은 가족의 환경과 문화적 특성에 따라 달라지는 도덕 규칙의 구체적인 내용과는 관계없지만, 개인이 어떤 선택을 할 때 준거하는 기준의 유형을 이해할 수 있게 해준다. 자신의 태도를 정당화할 때 내세우는 동기와 논리는 그 사람의 나이나 성숙도에 따라 달라진다. 왜냐면 그것은 그의 세계가 확장되고, 그의 시각이 넓어지고, 그가 삶의 복합성을 이해하는 폭이 커지면서 조금씩 다듬어지기 때문이다.

그렇게 나이가 들고 성숙해지면 쾌락, 호감, 애정, 사회 규칙, 가치 척도, 보편적 윤리와 같은 새로운 기준에 동화돼 실존적 선택을 하게 된다.

인지 발달 이론을 정립한 장 피아제와 그의 영향을 받아 도덕성 발달 이론을 제시한 로런스 콜버그[1]의 저작은 특히 이 분야에 의미 있는 전제를 남겼다. 콜버그는 인지의 발달과 도덕성의 발달 사이에, 그리고 정의에 대한 판단과 지적 능력 사이에 비례적인 상관 관계가 있다고 봤다. 다시 말해 논리적·비판적 사고의 발달은 도덕성의 발달과 일치한다는 것이다. 그는 여기서 몇 가지 전제를 제시했다.

첫째, 도덕적 성숙의 과정은 범문화적이다. 도덕성의 발달은 인류 공통으로 유아에서 성인으로 단계적으로 전개되므로 모든 문화에서 유사한 형태로 나타난다. 그러나 모든 문화가 똑같은 가치를 바탕으로 성립하는

---

1) Lawrence Kohlberg(1927~1987): 미국의 심리학자. 장 피아제의 인지발달 이론의 영향을 받아 도덕성 발달에 대한 이론을 제시했다. 시카고 대학교에서 박사 학위를 받았다. 학창 시절 장 피아제의 인지 발달 이론의 영향을 받았다. 예일 대학, 하버드 대학 교수가 됐으며 그 시기에 도덕 이론을 둘러싸고 논쟁을 벌이게 될 캐롤 길리건(Carol Gilligan)을 만나게 된다. 1969년 이스라엘 방문을 계기로 정의 공동체(just community)라는 신개념을 도입했다. 하버드 대학 도덕교육센터 소장으로 일했다.

것은 아니다. 아이가 각 단계에 도달하는 나이와 각 단계의 기간도 다양하다. 예를 들어 유목 문화에서는 집단의 이익을 개인의 이익보다 우선시하기에 준거로 삼을 만한 사회적 행위를 개인주의적인 서양 문화권에서보다 훨씬 일찍이 그리고 자주 접하게 된다.

둘째, 도덕적 성숙의 과정은 연속적으로 이뤄진다. 각 단계가 연대적·논리적으로 찾아오며, 그 순서가 바뀌는 일은 없다. 그것은 인생의 위기를 계기로 나타나는 질적인 도약이며, 이런 변화는 자신의 문제를 더 잘 해결하고 인생을 재편성하기 위해 덜 자기중심적이고 더 현실적이며 더 대범하고 더 윤리적인 기준에 따른다는 사실을 통해 이해할 수 있다. 새로운 균형은 새로운 성숙의 단계에 이르게 한다.

셋째, 도덕적 성숙의 과정은 돌이킬 수 없다. 한번 어느 단계에 도달하면 병적인 경우를 제외하고는 이전 단계로 되돌아가지 않는다. 이전 단계에서 실존적 갈등을 해결한 방식은 이제 더는 적합하지 않고, 갈등에서 생기는 고통을 더 깊이 생각하며, 자신이 준거하는 것들을 재검토하게 한다. 도덕적 성숙은 스트레스를 주고, 괴롭히고, 존재 자체를 위태롭게 하는 갈등 상황에서도 어느 정도의 평정을 찾을 수 있게 해주며, 자연스럽게 더 높은 단계로 인도한다. 그래도 우리는 문제를 해결할 때 이전의 준거를 따르기도 하며, 전적으로 어느 한 단계의 준거만을 따르지는 않는다.

넷째, 도덕적 성숙의 과정은 통합적이다. 하위 단계의 준거는 상위 단계에 흡수돼, 개인이 중요하게 생각하는 기준 일부는 다음 단계에서도 계속 유효하다. 예를 들어 첫 번째 단계의 준거에서 쾌락의 개념은 다음 단계에서 성찰할 때도 계속 유지되지만, 이미 더 높은 수준에 도달하면 다르게 인식한다. 새로운 단계마다 우리는 앞 단계에서 짐작조차 하지 못했던 실존적 갈등을 겪는다. 상위 단계에 도달한 사람은 하위 단계에 있는 사람의 이성적 사유를 잘 이해할 수 있지만, 반대의 경우에는 반드시 그렇다고 할 수 없다.

이처럼 도덕적 성숙의 과정은 아주 어린 나이에 시작돼 평생 계속되지만, 어떤 사람들은 중간 어느 단계에 형성된 기준에 따라 그 수준에서 머물며 살아간다. 성숙의 과정은 물 흐르듯 유연하게 이어지는 변화가 아니지만, 그렇다고 이성적 사유의 변천-안정-고착의 과정은 더더욱 아니다. 실존적 문제의 해답을 찾는 과정에서 이전 단계들의 준거와 우리가 지향하는 단계의 준거에 따르는 과도기는 고통스럽다. 성숙은 바로 이런 새로운 시각을 점진적으로 보강하고 안정시키는 과정이다.

이제 아이에게서 확인할 수 있는 전형적인 태도를 통해 각 단계를 살펴보자. 예를 들어 자녀에게 스스로 자기 방을 정리하게 하거나, 자기 방에서는 자기 마음대로 할 수 있다는 것을 설명할 때, 십 대 딸에게 노출이 심한 옷을 금지하거나 허락할 때, 어린 자녀에게 휴대전화를 사주거나 사주지 않을 때 부모는 어떤 기준을 따르고 어떤 근거를 제시할까?

비록 이런 결정이 도덕적 성숙도와 관계된 입장 표명은 아니지만, 그것을 뒷받침하는 근거에 주목해야 한다. 물론 부모의 선택은 자유지만, 제시된 근거가 문제시된 요소들의 복합성을 고려할수록 더 사려 깊은 것이 된다는 사실을 확인할 수 있다.

1단계: 쾌감 - 불쾌감

이것은 '충동적인 감정'과 '쾌락주의적인 윤리'의 단계다. 막 태어난 아기는 도덕이 무엇인지 짐작조차 할 수 없기에 선악이 아무 의미 없다. 아기는 본능에 따라 쾌감을 주는 쪽으로 향하고, 불쾌감을 주는 것을 피한다. 두 살쯤 되면 걷고, 말하고, 사람들이 정해놓은 한계를 시험하려고 한다. 아기의 반응은 충동적이고 감정적이다. 이때가 아이에게 규칙을 주입하기 시작할 시기다. 이 나이에 아이는 관계의 의미를 이해하는 기초를 배울 능력이 있으며, 자기가 타인에게, 그리고 타인이 자신에게 미치는 영향을 인식한다. 물론 아이는 전에도 부모에게 영향을 미쳤지만(숱한 불면의 밤과 부모 마음을 녹이는 미소를 기억하지 못하는 사람이 있을까?), 그것은 아이가 의식한 것이 아니라 무의식적인 것이었다. 이제 아이는 관계의 작용을 인식한다. 자신이 상대의 기분에 영향을 미쳐서 상대를 기분 좋게 할 수도 있고, 짜증 나게 할 수도 있다는 사실을 발견한다. 이런 이해는 지배하고 싶은 욕망과 더불어 타인에게 지배당할지 모른다는 불안이 그러듯이 아이 삶에 영향을 미쳐 다양한 결과로 나타난다.

아이는 여전히 세상을 자기중심적으로 바라본다. 선善은 부모의 기분 좋은 행동이나 보상하는 행위와 관련 있고, 악惡은 기분 나쁜 행동이나 처벌과 연결된 불쾌감과 관련 있다. 따라서 아이는 쾌락을 좇고 불쾌와 처벌을 피한다.

지켜야 할 규칙이 정해지면, 아이는 그 규칙을 따를 수밖에 없다. 두세 살 아이가 이유를 몰라도 규칙을 따라야 하는 것은 당연한 일이다. 이 나이의 아이에게 이유를 이해시키는 것은 무익하고 부적절하다. 규칙을 정하는 것은 아이가 아니다. 아이는 억지로라도 부모의 의사에 따라야 한다.

물론 부모가 금지 사항을 결정할 때는 주안점에 초점을 맞춰 현명하게 생각해야 한다. 아이는 이런 금지 사항에 이의를 제기하고, 불만스럽게 생각하며, 화를 내기도 한다. 이는 당연한 반응이다. 하지만 이 시기의 아이는 규칙에 따라야 하고 규칙에 동화되는 법을 배워야 한다. 규칙을 정할 때는 엄마와 아빠가 동의해서 일정하게 지속하는 일관성 있는 규칙을 정하는 것이 현명하다. 이 같은 복종 단계에서 아이는 아직 타인의 이익을 고려해서 행동할 줄 모르고, 오로지 즐거움을 찾고 처벌을 피하려고만 한다.

전반적으로 이런 자기중심적 단계는 아이가 학교에 들어갈 때까지 지속하지만, 평생 이 단계에 머무는 사람들도 있다. 그들의 이성적 사고와 행동의 목적은 자신의 욕구를 충족하고, 불만과 처벌을 피하는 데 있다. 아이였던 우리는 모두 이 단계를 거쳤기에, 이 시기 아이들의 논리, 결정, 자기중심적 특성, 편협성을 이해한다. 이 단계의 아이는 여기저기 뒤지면서 장난감을 찾고 싶은 욕구가 질서를 지켜야 한다는 '강요' 혹은 처벌의 두려움보다 더 크게 작용하기 때문에 방을 어질러놓는다. 하지만 같은 단계에 있어도 아이 스스로 자기 물건이 잘 정리된 것을 좋아하고, 불안을 진정시키고 엄마의 꾸중을 피할 수 있기에 방을 잘 정돈하기도 한다.

이 단계에서 이치를 따지는 부모는 자기 가정을 자기 생각대로 운영한다. 아이에게 자기가 원하는 행동을 강요하고, 자기 태도를 정당화하려고 '쾌감-불쾌감'이라는 기준을 사용한다. '나는 내 아이의 방이 정리돼 있기를 원해.'라고 생각하는 유형의 부모는 방이 정리되지 않았을 때 이런 논리로 아이에게 말한다. "네가 방을 정돈하지 않으면 엄마가 화낼 거야. 아빠 말대로 하지 않으면 혼내줄 거야." 이런 부모는 자기가 원하는 것을 얻기 위해 소리를 지르거나, 위협적으로 겁을 주거나, 아이를 '걱정'하게 한다. 아이의 방이 정리되면 그들은 "방이 정리돼서 기쁘다, 만족스럽다."고 말한다.

이와 반대로 '아이는 자기 방을 자기가 원하는 대로 쓸 수 있다.'고 생각하는 부모는 '별로 참견하고 싶지 않아서', '아이에게 강제로 시키는 게 싫어서', '아이에게 자유를 주고 싶어서' 아이가 자기 방에서 원하는 대로 하게 내버려둔다고 말한다.

이런 논리는 이 단계의 아이, 즉 취학 전 연령의 아이를 대상으로 할 때 당연하다. 아이는 아직 더 성숙한 동기를 받아들이지 못하기에 부모는 다른 분야의 더 복잡한 문제들을 해결할 때 아이가 도달한 첫 단계의 바탕이 되는 근거만이 아니라 아이가 이해할 수 있는 더 사려 깊은 근거도 활용한다. 더 복합적인 근거들을 내세우는 것도 소용없는 일이고, 아이의 미숙한 수준으로 아직 이해하지 못하는 사고를 이해하라고 강요하는 것도 소용없는 일이다. 올바른 행동은 허용되거나 대가를 치른 행동이고, 잘못된 행동은 금지됐거나 벌을 받는 행동이다. 그뿐이다. 물론 아이는 유용성, 호감, 존경 등 상황에 걸맞은 근거를 이해할 수 있다. 따라서 아이가 성숙하는 데 도움이 되도록 이런 개념들을 잘 설명해주는 것은 매우 긍정적인 일이다. 하지만 이 나이의 아이는 자신이 속한 단계의 논리와 관련 있을 때만 그런 개념들을 기억한다. 아이는 어떤 행동의 정당성을 설명하기 위해 제시하는 이유를 이해하지만, 단지 그 이유를 바로 그 행동과 직접 연결할 뿐이다. 다음 단계에서야 의미가 있는 새로운 범주의 논리를 이해하지 못하는 미숙한 아이는 그 이유를 그 자체로서 이해하지 못한다.

어린 딸이 옷을 입을 때 드러내는 '롤리타' 취향을 확인한 어머니는 기분에 따라 아이의 그런 취향을 존중하거나 존중하지 않는다. 그녀는 이렇게 말한다. "나는 이 아이가 이렇게 귀여운 게 좋아. 인형 놀이 하는 것 같잖아!" 혹은 "나는 절대로 네게 이런 옷을 사주고 싶지 않아. 네가 어른처럼 옷을 입는 게 마음에 들지 않아!" 아이가 휴대전화를 사달라고 조를 때에도 1단계의 부모는 "나는 이 문제로 아이하고 더는 말다툼하기 싫어서 사줬다."고 말한다. 거절한 경우에는 "어린 나이에 휴대전화를 들고 건방지게 구는 꼴을 보고 싶지 않다."고 말한다. 이처럼 1단계에 있는 사람은 자기 욕망에 따라 선택한다. 그는 '마음이 내키지 않아서' 어기거나, 처벌이라는 '불쾌한 일을 피하려고' 자신에 대한 통제를 존중한다.

이처럼 첫 단계의 준거에 따라 행동하는 사람은 무질서하고, 강자의 지배가 법칙으로 작용하는 동물 무리와 비슷한 행태를 보인다. 즐거움을 추구하고 불만을 피하려는 본능에 따라, 문제에 부딪히면 충동적이고 감정적으로 반응한다. 권력 행사는 "내가 곧 법이다!"라는 간단한 말로 표현할 수 있다.

이 단계에 머물러 있는 사람들은 본능적으로 육체적 쾌락을 추구하는데, 감정(즐거움, 분노, 두려움, 불안, 슬픔)이 그들을 부추긴다. 그들에게 성은 관능적인 쾌락을 추구하는 수단일 뿐 아니라 불만에서 도피하는 수단이기도 하다. 그들은 자기 심리를 투사해서 타인을 이해한다. 타인도 자기처럼 즐거움으로 동기가 부여되고, 그가 느끼는 즐거움도 자기가 느끼는 즐거움과 같다고 믿는다. 그리고 자기가 직접 체험하지 않은 것은 생각할 수 없기에 복잡한 동기는 상상하지 않는다.

아이들은 자유방임적이거나(상을 받는다) 권위적인(벌을 받는다) 부모를 통해 권력을 체험한다. 그리고 그들의 생각은 감각과 육체, 성, 행복에 대한 전반적인 욕구에 영향을 미친다. 우리는 타인과 겪는 갈등의 원인이 즐거움과 관련이 있다고 마음대로 생각한다. 타인이 우리의 즐거움을 질투하거나, 우리가 즐거워하는 것을 용납하지 않는다고 생각하는 것이다. 예를 들어 어떤 가정주부는 세상 모든 여자가 성적인 쾌락과 경제적 안정을 추구한다고 확신하고, 자기 남편이 그런 여자들의 유혹에 넘어가 부정한 짓을 저지를까 봐 걱정한다. 그리고 남편이 다른 여자들의 유혹을 물리치고 자기 곁에 남아 있는 이유가 성적 만족이나 경제적 안락함 때문이라고 생각한다. 그래서 남편을 곁에 붙잡아두려면 어떻게든 좋은 성적 서비스와 경제적 유리함을 제공해야 한다고 믿는다. 남편이 '분별 있는' 이유(애정, 정절의 약속, 안정된 부부 관계를 유지하고 싶은 욕구, 도덕적·이념적 신념 등)로 유혹에 빠지지 않는다는 사실을 머리로는 인정해도 가슴으로는 받아들이기 어려운 것이다.

이 단계에 있는 사람은 딜레마를 자기중심적으로 해석하고 해결한다. 이런 사람은 타인의 이익을 고려하지 않거나, 혹은 고려한다고 해도 타인의 이익과 자기 이익의 성격이 전혀 다를 수 있다는 사실을 이해하지 못한다. 왜냐면 서로 다른 두 가지 관점을 통합하는 해결책을 생각해낼 능력이 없기 때문이다.

다음 단계로 넘어가도록 도움을 주는 실존적 갈등은 자신의 즐거움과 이익을 대치되는 개념으로 이해한다. 왜냐면 즐거움과 이익은 양립할 수 없다고 믿기 때문이다.

2단계: 유용성 – 무용성

'극단적인 감정'과 '공리주의 윤리'의 단계, 즉 자아의 실현을 위해 이익에 관심을 두는 단계다. 아이는 자기 이익을 실현하기 위해 즐거움을 연기하거나 포기할 필요가 있음을 이해함으로써 1단계의 목표(즐거움의 실현)보다 더 중요한 목표(이익의 실현)를 위해 더 복잡한 이성적 사고를 시도한다. 예를 들어 초등학생은 그날 자기 의무에서 해방되려면 친구들과 놀러 가기 전에 숙제부터 해야 한다고 스스로 생각한다. 그리고 이익을 얻기 위해 타인을 고려하기도 한다. 하지만 아직 그에게 인도주의적 동기 같은 것은 없다.

우리는 일반적으로 초등학교 입학 시기가 분별력이 생기는 나이와 일치한다고 생각하는데, 바로 이때 도덕적 성숙의 제2단계가 시작된다. 아이는 현실감을 갖추게 되고, 더는 꿈속에서 살지 않고, 사고 능력을 발휘한다. 그리고 자연스럽게 시도하는 여러 가지 행동을 통해 자신의 욕구를 실현한다. 즐거움의 단계에 계속 머문다면 학교생활을 해나갈 수도 없고, 공동 작업 능력을 기를 수도 없다. 아이의 세계는 이제 자신과 가족에 국한되지 않으며, 상호성, 경쟁, 타협 같은 초보적인 사회화 규칙들을 습득하면서, 준거할 기준이 되는 친구들에게 점점 더 관심을 보인다. 이 단계에서도 여전히 자신의 욕구와 안락을 충족하는 것(1단계의 준거)이 선이지만, 친구들과 선생님처럼 자신에게 중요해진 타인의 욕구와 행복을 고려하는 것이 바람직하다는 것을 알게 된다. 비록 여전히 자기중심적이긴 해도(극단적인 감정), 타협과 교환의 유용성을 배우고, 공유, 단결, 대화의 필요성을 이해한다. 하지만 아이가 뭔가를 공유하는 것은 이타주의의 발로가 아니라 상호성의 목적이나 친구를 사귀기 위한 유용성, 안전(공리주의 윤리) 때문이다. 이 단계에서 아이가 규칙을 익히고 타인을 존중하는 것은 단순한 편의주의, 이익에 대한 기대, 승자가 되고 싶은 욕망에 따른 것이다.

아이는 나쁜 결과가 예상되는 성적표를 내밀며 부모에게 용서받기 '위해서' 혹은 외출 허락을 받아야 하기 '때문에' 자기 방을 정리한다. 필요하다면 점수가 좋은 답안지를 훔쳐보기 '위해서' 우등생 옆자리에 앉는다. 아이는 유용성에 따라 부정행위를 할지 말지를 선택한다. 모르는 답이 중요한 것이 아니면 하지 않고, 중요한 답이라면 한다. 선택의 준거는 즐거움(이전 단계)도 아니고, 아직 규칙이나 가치(다음 단계)도 아니다. 바로 유용성이다.

이런 분별력은 훈련과 사회화 과정이라는 새로운 두 방향에서 아이를 자극하기에 이 연령대(초등학생)에 필요한 요소와 완벽하게 일치한다. 이 시기에는 부모 노릇 하기가 그리 어렵지 않다. 아이는 혼자서도 복종하는 법을 배우고(복종하면 이익이 생긴다는 것을 알기 때문이다.), 나중에 생길 이익을 위해 즐거움의 실현을 유보할 줄 알며(공부하는 법을 배우려면 절제가 반드시 필요하다.), 모든 것에 호기심을 느끼며, 사회화의 영역을 넓힌다.

전반적으로 이런 상태는 아이가 초등학교에 다니는 동안, 그리고 청소년기에도 내내 지속하지만, 평생 이런 상태로 사는 성인도 많다. 도덕적 성숙이 2단계에 머물러 있는 성인은 자신의 이익에 따라 행동하고, 이 목적을 위해 타인을 더 많이 조종하려 든다. 다시 말해 자기 의사에 반하는 모든 것을 무시하고, 타인의 본질적인 가치를, 그리고 다음 단계의 기준인 규칙과 가치를 포함하는 더 큰 맥락의 복합적인 관계 상황을 등한시한다.

이 단계에서 부모는 자기 이익과 관련된 논리에 따라 "네 방을 치우는 데 시간을 낭비하기보다 내게는 더 중요한 일이 있으니까, 네 방은 네가 치워라."라고 말하거나, 혹은 아이의 이익에 주목해서 "네 방을 정리하지 않으면 게임기를 압수할 테니 치우는 게 좋을 거야."라고 말한다.

그러나 이들과 달리 아이에게 방 정리를 요구하지 않는 부모는 "내 아이에게 그런 걸 요구하는 게 무슨 소용이 있는지 모르겠어요."라거나, "시간이 없어요. 다른 할 일이 있어요."라고 말한다. 그렇게 모녀는 서로 미모를 경쟁하고, 딸은 어른처럼 선정적인 옷을 입는다. 엄마가 '선정적인 옷을 입지 못하게' 한다면 딸은 나중에 그런 금지가 소용없는 짓이었고, 그런 요구가 자신의 삶을 힘겹게 했을 뿐이었다고 불만을 토로할 것이다. 왜냐면 거기에는 쾌감의 준거(딸에게도 어머니에게도)도 없고, 규칙과 가치의 준거도 없기 때문이다.

이 단계에 있는 부모는 아이에게 휴대전화를 사주는 것을 '유용성'의 관점에서 정당화한다. 자녀의 휴대전화 사용을 찬성하는 부모라면 "아이한테 휴대전화가 있으면 아주 편해요." 혹은 "그래야 아이가 밖에 나가 놀 때 쫓아다니지 않아도 되고, 필요할 때 언제든지 전화할 수 있죠."라고 말한다. 그러나 자녀의 휴대전화 사용을 반대하는 부모라면 "그게 왜 필요한지 모르겠어요." 혹은 "아이 용돈에 전화 요금까지 추가로 부담할 생각은 없어요."라고 말한다.

이 단계에 도달한 사람은 자기중심적이고 기회주의적인 관점에서 성 문제도 처세술, 상호성, 협력 전략에 포함한다. 그에게 누군가를 사랑한다는 것은 마음에 들든 말든 관계를 강화하는 거래에 참여하는 일이다. 사랑을 거부하는 태도는 간통이나 결별의 위험이 따르기에 자기 이익에 해가 된다고 생각한다. 그에게 사랑은 바람직하고 정당한 의무이며, 폭넓은 교환 체계의 일환일 뿐이다. 여러 의무 중에서 성은 집안일이나 요리, 집단속처럼 편의, 안전, 보호와 교환할 수 있는 것으로서 더 풍부하고 더 견고하고 더 유용한 충성을 상징한다. 이 단계에 있는 사람에게 성은 즐거움보다 유용성의 의미가 크다.

이 단계에서 공리적인 권력과의 관계는 유용한 정보의 탐색과 수집이 바탕이 된다. 가장 간단하고, 가장 흥미롭고, 가장 수월한 협력 방법에 관한 정보를 제공할 수 있는 권력과 좋은 관계를 유지하는 것은 매우 유리하다. 상대방이 주는 도움이 클수록, 유용한 능력을 갖추고 있을수록, 그는 막강한 권력을 쥐고 있는 것처럼 보인다. 실제로 이런 준거를 따르는 기업이나 사회는 독재적인 방법으로 작동한다.

아이를 고민하게 하고 3단계를 향해 성장하도록 도와주는 실존적 갈등은 무리에 속하고 싶은, 혹은 연인이 되고 싶은 욕망(3단계의 기준)과 대치되는 자신만의 이익에 집착할(2단계의 준거 기준) 때 느끼는 두려움과 관련있다.

3단계: 호감 – 반감

이 단계는 융합과 충성의 단계다. 타인과 맺는 관계의 단계이기에 특히 이타성이 중요해진다. 대체로 이 단계의 시작은 사춘기와 일치한다. 평생토록 이 상태에 머물러 있는 사람도 많지만, 이것은 분명히 청소년기의 특징적인 상태다. 이 시기에는 집단의 준거가 가장 중요해서 청소년들은 자신이 속한 집단의 기준에 쉽게 동화된다. 자신의 정체성이 집단이나 좋아하는 사람들의 무리 유형에 융합되면서, '우리'라는 의식을 형성한다(융합 단계).

윤리 의식은 한정된 집단에 의해 결정되는데, 때로 사회와 적대적인 관계에 있는 경우도 있다. 법이나 사교적 규범과 전혀 상관없는 그들 집단의 규칙은 일종의 고유한 특징이 되기도 한다. 이 단계에서는 인간관계에 대해 제한적인 시각이 형성되고, 선은 집단이 허용하는 구성원들의 행동을 대변한다.

집단의 정신(공동 목표, 삶의 방식, 집단 문화 등)을 가장 잘 구현하는 사람이 자연스럽게 영향력을 행사하고, 구성원들은 그에게 충성으로 헌신한다.

행동은 1단계 즐거움의 추구도, 2단계 개인적 이익의 추구도 아닌, 충성심으로 결정되며, 더욱 사회적인 특징을 보인다.

즐거움과 이익이라는 준거만으로는 해결할 수 없는 실존적 갈등이 증폭돼 청소년들을 이 단계로 이끄는 비판적 사고는 전 단계의 준거들과 집단에 대한 충성을 조화시키는 방법을 탐색하게 한다. 경쟁, 협동, 상호성은 공생, 우정, 사랑의 원천이다. 이런 것들을 의식적으로 추구하는 것은 협력의 경험(3단계의 준거)을 넘어 자신의 이익(2단계에서 유지하고 싶어 하는 것)과 즐거움(1단계에서 유지하고 싶어 하는 것)의 실현을 목표로 삼는다. 청소년들이 애착을 느끼는 가족, 연인, 집단, 공동체 등을 향한 충성심과 소속감은 애정과 유대감에 바탕을 둔 이런 융합의 경험을 더욱 심화한다. 그리고 이것은 충성심의 토대가 된다.

3단계의 특징을 정치적으로 말하자면 족벌 체제라고 할 수 있다. 이것을 극대화한 것이 바로 마피아다. 이 3단계의 기능이 족벌 규칙의 절대 엄수에 바탕을 둔 가족 체제를 지배한다. 따라서 외부에서 이입된 사위나 며느리는 이들의 족벌 체제에 별로 가치 있는 존재로 간주하지 않고, 내부 조직에서 연결 고리를 형성하는 존재로 여기지도 않는다. 명망 있는 가문의 사위나 며느리가 된 사람들, 족벌로 구성된 재벌가 자녀와 혼인한 평범한 집안의 사위나 가난한 집안 출신 며느리의 삶은 고달플 수밖에 없다.

이처럼 3단계에 있는 전형적인 청소년은 자기 방을 정신없이 어질러 놓는데, 그것은 자신이 속한 무리 친구들이 대부분 그렇게 하기 때문이다. 혹은 다른 친구들이 그렇게 하듯이 집에 놀러 오는 여자친구 마음에 들려고 자기 방을 깨끗하게 정리할 수도 있다.

어떤 부모는 자기 친구들이 그러듯이 아들에게 "얘, 네 방 좀 치워라!"

라고 말하고, 또 어떤 부모는 자녀에게 멋지게 보이려고 그 무질서를 받아들인다. 다른 어머니들도 그렇게 하므로 자신이 시대에 뒤떨어진 사람처럼 보이고 싶지 않을뿐더러, 자녀와 거리감을 느끼고 싶지 않아서 '롤리타'의 요구를 들어주기도 한다. 그러나 이런 반응을 보이는 부모는 자기 자녀도 다른 청소년들처럼 행동할 권리가 있다는 생각에만 집착해 다른 쥐들을 따라 절벽 아래로 뛰어드는 레밍스 쥐 떼 같은 신세가 될 수도 있다. 휴대전화도 마찬가지다. 자기 행동을 냉정하고 객관적으로 판단하기보다는 남들이 하는 대로 따라 하면, 안정적으로 소속감도 들고 자신만 소외됐다는 열등감도 들지 않겠지만, 결국 떼를 지어 함께 소비하고, 함께 빚을 지고, 함께 지쳐 쓰러지게 마련이다. 그러나 그들은 여전히 이 소모적이고 경쟁적인 소비 행태를 버리지 못한다. '모두가 그렇게 하는데, 나만 그렇게 하지 않는다면 다른 사람들이 나를 어떻게 생각하겠는가?' '아이를 명문 사립학교에 입학시키지 않는다면, 아이를 유명한 사교육 학원에 보내지 않는다면, 아이의 생일파티를 고급 레스토랑에서 열어주지 않는다면, 아이에게 스마트폰, 노트북, 명품 옷을 사주지 않는다면 내 가련한 아이가 어떻게 그들 무리에 섞일 수 있겠는가?'

그러다 보면 언젠가는 집단과의 충성스러운 융합이 더 넓은 기준, 즉 규칙과 법이라는 성인 사회의 기준과 충돌하는 날이 찾아온다.

4단계: 합법 – 불법

'제도'와 '법률 존중'이 특징으로 드러나는 이 단계에서 사회는 매우 중요시되고, 사회 규범 또한 반드시 고려해야 할 준거가 된다. 이 단계에서는 특히 사회 질서와 사회의 올바른 기능을 추구한다. 선과 악은 법으로 정해지고(법과 규칙 존중 단계), 사회의 규칙을 존중하는 시민을 올바른 인간으로 간주한다(제도의 단계).

점점 더 복잡해지는 실존적 갈등은 자신의 욕망(1단계), 이익(2단계), 충성(3단계), 그리고 법과 규범에 대처하는 행동의 정당성에 대해 심사숙고하게 하며, 갈등의 해법은 결국 4단계에 이르게 한다.

이 단계에서 즐거움의 실현은 우리가 절박하다고 생각했던 1단계의 충동적이고 쾌락주의적인 상태, 즉 육체적이고 감정적인 만족의 추구와 거리가 멀다. 그리고 2단계의 극단적이고 공리주의적인 상태, 즉 기회를 적절하게 이용해 자신의 이익을 실현하는 상태도 넘어선다. 또한, 3단계의 융합적이고 충성스러운 상태, 즉 집단과의 융합의 감정 경험도 초월한다. 이제 즐거움은 올바른 행동을 한다는 확신과 가족이나 소속 집단에 대해 책임을 다하는 경험 자체에 있다. 이런 책임에는 즐거움, 시의적절한 감각, 더 엄격하고 새로운 상황에서 동료에 대한 충성을 포함한다. 그러지 않을 경우, 책임에 대한 훈련은 실망을 낳거나, 좋은 결과를 거두지 못하는 의무에 불과하거나, 경제적인 필요에 의한 어쩔 수 없는 행위가 된다.

젊은이는 집안의 규칙을 존중하는 데서 즐거움을 느끼고 자기 방을 정리한다. 이런 규범의 존중은 그에게 유익하고, 그가 보기에 이 규범은 즐거움(의무를 다했다는 보람을 느낀다), 유용성(가족의 호의로 더 많은 이익을 얻는다), 충성(부모에 대해 자식의 역할을 충실히 수행한다), 그리고 거기에 덧붙여 준수해야 할 규칙을 포함하고 있기에 그는 기꺼이 규범을 존중한다. 앞의 세 단계를 수용하지 않았다면, '따라야 하는 규칙이기 때문에' 자기 방을 정리하고, 이를 불만스러운 강요로 받아들였을 것이다.

필요하다면 부모는 다음과 같은 식의 근거를 제시한다. "넌 내 집에서 살고 있고, 여기에는 지켜야 할 규칙이 있으니까, 네 방을 정리해." 혹은 "네 방에서는 네가 원하는 대로 해. 그 대신 네 방은 네가 관리하고, 네 빨래도 네가 해, 이건 명령이야."

롤리타에게 어머니는 이렇게 말한다. "네가 그런 옷차림을 하고 싶다고 해서 마음대로 할 수는 없는 거야. 그리고 다른 애들도 그렇게 입는다는 것도 설득의 수단이 될 수 없어. 이 집에는 규칙이 있고, 아이는 아이답게 옷을 입어야 한다는 게 그중 하나야! 네가 그 옷을 입고 싶어 하는 마음은 이해해. 그러니 재미삼아 입어볼 수는 있겠지만, 그런 옷차림으로 학교에 갈 수는 없다."

휴대전화를 원하는 아이에게는 "네가 중학교에 입학하고, 귀가 시간, 식사 시간 같은 우리 집 규칙을 잘 지킬 수 있다는 걸 보여주면 휴대전화를 사주마. 다른 애들이 모두 가지고 있든 말든, 그건 중요하지 않아. 난 네 아빠고, 내가 옳다고 생각하는 대로 결정할 거야."

이 단계는 규칙을 통해 사회를 안정시키는 협약의 단계다. 대부분 성인이 이 협약에 따르고, 자녀가 둥지를 떠나기 전에 이 단계에 이르게 하려고 노력한다. 부모 자신이 이미 이 단계에 도달해 있다면, 현재 자녀가 속해 있는 단계보다 더 높은 단계의 논리를 통해 설명함으로써 자녀의 이성적 사고를 자극한다. 아이는 아직 그것을 이해하지 못하지만, 이런 관점에 친숙해진다. 지난날 아이에게 적용되던 기준이 불편해지고 한계를 느끼는 날, 이런 새로운 준거로 생각할 준비가 된 것이다.

하지만 성장하는 아이에게 영향을 주는 것이 아이의 도덕적 발달의 바탕이 되는 부모의 태도와 사고만은 아니다. 때로 아이의 도덕적 판단 수준이 다행히도 부모의 수준을 뛰어넘을 수도 있다. 이것은 아이가 자신에게 미치는 영향에 무조건 순응하지 않고 부분적으로 반발하는 행동으로 설명될 수 있다.

갓 어른이 된 젊은이들이 직장 생활을 시작하고, 가정을 꾸밀 때 겪는 실존적 문제를 해결하고 싶다면 정신적 성숙의 4단계에 도달하는 것이 이상적이다. 이것은 균형 잡힌 사회생활을 하기 위해 필수적인 단계다. 4단계의 기준으로 통제되는 사회는 민주적으로 운영된다.

불행히도 점점 더 많은 젊은이가 전 단계에 멈춘 상태로 성인의 삶에 편입되고, 점점 더 많은 사람이 평생 그 수준에서 살아간다. '규칙은 위반되기 위해 정해졌다'는 주장처럼 겉으로는 그럴듯해 보이지만 그 의미가 변질된 주장의 영향을 무시할 수는 없다. 개인주의, 극단적인 경쟁, 과도한 물질주의 문화와 연결된 우리 시대에 도덕적 성숙은 돌이킬 수 없이 퇴보하고 있다.

5단계: 나의 가치와 일치 - 불일치

자신이 속한 사회의 규칙과 법을 받아들인 사람은 도덕적 가치와 원칙을 중요시한다. 그리고 양심의 문제가 제기되는 복잡한 갈등이 일어날 때 중요도 순으로 가치를 살펴보면서 관계된 모든 요소를 통합하는 해결책을 찾으려고 모색한다. 살아가면서 다른 사람들과 갈등을 빚는 상황에는 여러 가지 가치가 얽혀 있어서 갈등을 해소하기 위해서는 중요도에 따라 가치의 등급을 정할 필요가 있다.

이 단계에 진입한 사람들의 사고는 자기중심주의에서 이타주의로 옮겨 간다. 따라서 비록 자기 이익을 고려하긴 하지만, 공동의 이익을 우선시한다. 도덕은 사람들을 공동체의 행복과 타인의 권리를 존중하는 방향으로 유도하고, 다수의 더 큰 행복의 추구로 얻을 수 있는 혜택의 합리적인 평가에 바탕을 둔 집단 구성원 사이의 합의를 존중한다.

앞서 예로 든 자녀의 자기 방 정리의 경우에도 가족은 각자의 고유 영역을 존중하고, 자녀에게 이런 환경을 제공한 부모의 노고도 역시 존중한다. 이처럼 사안을 복수적인 가치의 관점에서 판단한다. 부모는 이 두 가지 가치 사이의 갈등을 해결하려고 노력한다. 다시 말해 자녀가 자기 방을 어떤 상태로 유지하고 있든 간에 그들의 의사를 존중하면서도 부모 자신이 노동한 대가로 자녀에게 마련해준 여러 가지 물건에 대해 그들이 감사하는 마음을 품게 한다. 또한, 부모는 가정이라는 조직을 통해 전체 사회 조직의 의미를 학습하게 하는 교육자로서의 가치를 드러내기도 한다.

공동체 구성원 각자의 권리와 그들 행동의 기초가 되는 가치 사이의 균형을 찾으려는 노력은 전문적이고 제도화된 참여의 정당성에 대해 성찰하게 한다. 이런 성찰은 자신의 개인적 한계를 뛰어넘는 존재론적 인식의 산물이고, 정신적 성숙을 향한 훈련의 일환이기에 피상적으로 이루어질 수 없다. 때로 이런 성찰은 지금 자신이 속해 있는 제도나 집단의 이념과 자신이 더 중요하게 여기는 자신의 가치 사이의 불일치에서 비롯할 수도 있다.

비록 자신이 지키고 싶은 가치라고 하더라도, 그것을 매 순간 철저하게 지키기는 쉬운 일이 아니다. 하지만 인간은 스스로 자신을 만들어가는 존재다. 자신의 삶과 가치의 일치에 관해 성찰하도록 자극하는 간단하면서도 어려운 훈련은 가치 등급과 시간 등급이라는 두 등급을 비교하는 것이다.

한편으로 우리는 자기 고유의 가치 등급을 정하려고 노력한다. 지키고 싶은 가치는 어떤 것인지, 자신을 감동하게 하고 자신의 개성을 실현하는 데 정신적 토대가 되는 이상적인 가치는 어떤 것인지를 결정하는 것이다. 이런 결정은 필수불가결한 기준이 된다. 우리가 결정한 이런 가치들은 삶에 의미를 부여하고, 또 자신이 지향하는 바를 대변한다. 자신이 판단한 중요도에 따라 이런 가치들을 분류한 것이 바로 가치 등급이다.

다른 한편으로 우리는 하루 24시간을 되도록 정확하게 일정을 짜서 먹고, 자고, 일하고, 자기 몸을 돌보고, 자녀를 돌보고, 사랑하고, 운동하고, 이동하고, 집을 관리하고, 청소하고, 텔레비전을 보며 여유 시간을 보내는 등 각각의 활동에 중요성을 부여하고 그 중요도에 따라 시간 등급을 매긴다. 이렇게 각각의 활동이 미치는 영향을 관찰하면서, 가치와 시간 목록을 비교하고, 진심으로 원하는 것과 일치하는 삶을 살기 위해 등급에 따라 이런저런 결정을 한다.

자신에게 부과된 책임을 진실하게 추구하다 보면 위선이나 자기기만이 배제된 '실존적 고독'을 높이 평가하게 된다. 이런 단계에서는 사회적 기준이나 제도가 문제시되지 않을뿐더러 다른 사람이 자기 대신 행동의 방향을 결정할 수도 없다. 사람은 누구나 혼자라는 사실을 깨닫고, 혼자 책임지고, 혼자 결정해야 하며, 그 결과도 혼자 감당해야 한다. 이것은 교양 있고, 책임감 있고, 당당하고, 명석하고, 공정하고, 안정된, 인간다운 가치를 존중하는 성인에게 기대할 수 있는 단계다.

성인 인구의 4분의 1도 채 되지 않는 사람만이 5단계에 도달하고, 6단계까지 도달하는 사람은 지극히 소수에 불과하다.

6단계: 보편적 윤리

이 단계에서 개인의 도덕 체계는 통합적이다. 일관성 있고, 총괄적인 도덕의식은 자율성, 보편적 도덕 원칙, 정의, 억압에 저항하는 투쟁, 인권 평등, 생명의 존중과 같은 가치에 바탕을 두고 있다. 이런 것들은 단지 우리가 인정하는 가치일 뿐 아니라, 의무로서 체험하는 도덕 원칙이기도 하다. 어떤 사실이 정의로운지 아닌지를 결정하는 것은 인류 보편적 원칙과 일치하는 도덕의식이 결정한다. 법률적·사회적 합의는 이런 가치를 기준으로 성립하기에 일반적으로 유효하지만, 법이 인간의 존엄성에 바탕을 둔 원칙과 갈등을 빚는다면, 개인은 법보다 원칙을 지키는 쪽을 택한다.

발전 과정에 있는 우리 행동의 윤리적 근거를 제시하는 깊은 성찰은 책임의 핵심 요소이며, 어린 시절의 사고와 행동 체계에서 벗어나고, 스스로 생각하는 법을 배우고, 자신이 선택한 삶을 현명하게 받아들이기 위해 반드시 필요하다.

2011년 아카데미 프랑세즈 회원으로 선출된 아랍계 작가 아민 말루프는 그의 작품 『기원』에서 이렇게 썼다.

"나는 '뿌리'라는 말을 좋아하지 않을뿐더러, 그 이미지도 좋아하지 않는다. 뿌리는 땅속에 숨어 진흙 속에서 몸을 비틀며 어둠 속으로 뻗어 나간다. 뿌리는 나무가 태어난 순간부터 나무를 포로로 잡고, '넌 벗어나면 죽는다!'고 협박하며 그 대가로 나무에게 영양을 공급한다. 나무는 체념하고 받아들여야 한다. 나무에게는 뿌리가 필요하지만, 사람은 그렇지 않다. 우리는 빛을 호흡하고, 하늘을 갈망한다. 우리가 땅속에 몸을 파묻는 것은 썩기 위해서다."

누가 빛을 숨 쉬고, 날개를 펼치고, 자기가 선택한 삶을 향해 자유롭게 날기를 열망하지 않겠는가? 그러기 위해서는 번데기에서 빠져나와야 하는 나비처럼 오랜 시간과 성실한 노력이 필요하다. 생물학자들은 우리가 고치의 구멍을 크게 벌려 나비가 쉽게 나올 수 있게 해주면 날개가 몸을 지탱하기에 너무 약해져서 날지 못하게 된다고 지적한다.

어린 시절의 고통에서 벗어나서, 자신이 원하는 삶을 만들어갈 힘을 얻고, 스스로 일, 친구, 사랑을 선택하려면, 갇혀 있는 곳에서 벗어나기 위해 시간과 노력을 기울여야 한다. 이런 노력과 인내 덕분에 자신을 이해하고, 스스로 강해지고, 결정하고, 행동할 수 있다.

사랑하라

어린 시절이 마음속 깊은 곳에 남기는 가장 혼란스럽고 가장 고통스러운 흔적은 누군가가 자신의 감정, 사랑하고 사랑받고 싶은 욕구를 학대했던 흔적이다. 우리는 사랑한다는 것이 무엇을 의미하는지 정말 알고 있을까? 조건 없는 사랑, 헌신적인 사랑을 한 번도 경험한 적이 없는 아이, 반발하고 반항할 때 인정받지도 위로받지도 못했던 청소년, 대가 있는 사랑밖에 경험하지 못했거나 사랑이라는 이름으로 사물, 부하, 장난감, 성적 수단 취급을 받았던 사람이 어떻게 진정한 사랑, 존중하고 인정하고 수용하는 사랑을 알겠는가? 실망스럽고 고통스럽고 혼란스러웠던 어린 시절이 남긴 흔적은 필연적으로 포기, 공허, 복종, 고통을 사랑과 결부시킨다.

그래도 사랑은 기분 좋은 것이다! 사랑은 기쁨을 주고, 더 큰 가치를 부여해주고, 계획을 실현하게 도와준다. 사랑은 타인의 어두운 면과 밝은

면을 있는 그대로 수용하는 것이다. 사랑은 자기 길을 개척하는 타인을 애정으로 지지하고, 어떤 행동이 마음에 들지 않더라도 모두 인정하면서 우리와 많이 다른 타인과 그의 특성을 그대로 수용하는 것이다.

자유롭게, 행복하게

> 우리가 힘써야 할 가장 중대하고 유일한 일은
> '행복하게 사는 것'이다.
> —볼테르

자신과 화해하라

> 행복의 비결은 자신과 사이좋게 지내는 것이다.
> —베르나르 드 퐁트넬

냉철해지자. 자신의 약점과 잘못을 인정하고, 소질과 능력을 파악하고 계발하자. 그래도 결국 의심, 번민, 두려움, 죄책감에서 완전히 벗어나지는 못한다. 여전히 화를 참지 못하거나 남을 무시하는 말도 할 수도 있다. 이런 사실을 정직하게 인정하면 자신을 더 잘 통제할 수 있다.

우리는 어둠과 빛으로 돼 있다. 우리는 분명히 정의롭고 공정한 세상을 꿈꾸지만, 세상이 어두운 구석을 감추고 있음을 알고 있다. 우리도 마찬가지다. 프리모 레비가 말했듯이 정의롭고 공정한 세상을 바라는 것은 선과 악, 과거와 미래를 지나치게 명백히 구분하려는 사람만큼이나 순진한 희망이다.

우리는 불완전하지만 자유롭고 행복할 수 있다. 행복한 사람들은 그들이 가진 것과 현재의 자신을 좋아하지만, 불행한 사람들은 그들이 갖지 못한 것, 이루지 못한 것 때문에 괴로워한다. 그러나 술병에 술이 반만 남았다고 좋아하든, 반이나 사라졌다고 슬퍼하든 무엇이 얼마나 달라지겠는가? 모든 것이 관점의 차이고, 부정할 수 없는 사실은 자기에게 술병이 남아 있고, 그 안의 술을 마신 사람도 자기 자신이라는 것이다.

자신과 사이좋게 지낸다는 것은 자신에게 귀 기울이고, 자신을 인정하고, 자신을 이해하고, 자신을 받아들이고, 자신을 사랑하는 것이다.

우리가 생각하는 것을 듣는다는 것은 우리의 뇌의 소리를 듣고, 숙고하고, 추론하고, 자신이 집착하는 가치에 대해 다시 생각하고, 결정의 지침으로 그 가치들을 선택하는 것이다.

우리가 느끼는 것을 듣는다는 것은 우리 몸의 소리를 듣는다는 것이다. 몸은 거짓도 왜곡도 없이 행복하다, 불행하다고 말한다.

우리가 좋아하는 것을 듣는다는 것은 마음의 소리를 듣고, 이해관계가 아니라 자기 마음이 이끄는 대로 기분 좋은 사람과 사물과 일을 향해 다가가고, 함께 즐기는 것이다. 자신과 화해하기는 생각보다 어렵지 않다.

자기 삶을 작품으로 만들라

우리는 인간의 역할이 무엇인지, 운명에 어떻게 대응해야 하는지도 모르면서
매일 그것을 몸소 실천하며 살아간다.
이기는 삶이 되기 위해서는, 자신의 조건을 수용하기 위해서는
끊임없이 기발함을 발휘하는 다양한 수단이 필요하다.
                                                    −알렉상드르 졸리앙

밝은 쪽을 보고, 주변 사람들을 존중하고 좋아하고, 자유롭고 불완전
한 자신을 받아들일 때 마음속에 가둬뒀던 내적 갈등의 에너지가 방출된
다. 그렇게 진하고 감미로운 기쁨의 감정이 짜릿하게 혈관을 타고 흐르고,
따뜻하게 흐르는 생명의 힘을 다시 느끼면서 우리는 제자리를 찾는다.

지금까지 고난의 장을 힘겹게 넘어온 우리 앞에 새로운 장이 열렸다.
그 백지에 무엇을 쓸 것인지는 우리에게 달렸다.

우리는 마음속에 있는 작은 방향키를 어느 쪽으로 향하게 할 것인지
현명하게 선택함으로써 미래의 삶을 조망할 수 있다. 그리고 잠시 이 땅에
서 머물다 가는 길지 않은 인생에 각자 원하는 흔적을 남기기 위해 자기 인
생에 의미와 가치를 부여할 수 있다.

우리 삶은 우리 작품이다. 죽음을 목전에 둔 앙드레 지드가 그랬듯이
"나는 내 작품을 만들었다. 나는 체험했다."라고 말할 수 있어야 한다.

우리는 불완전한 삶을 있는 그대로 받아들이고, 삶이 우리에게 제공하

는 풍부함을 남김없이 만끽하고, 쓸데없는 원한과 분노는 모두 버려야 한다. 잡초가 아니라 꽃에 물을 줘야 한다.

당신이 모를 뿐 이미 오래전부터 문이 열려 있는 새장에서 밖으로 나가야 한다. 문이 열려 있었다는 것을 몰랐든 알면서도 망설이고 있었든, 이제 행동할 시간이다.

우리는 우리가 되고 싶어 했던 사람이다. 우리는 우리가 될 수 있는 사람이다. 우리는 우리 자신이기에 아름답다. 우리에게는 시작도 끝도 없다. 오로지 삶을 향한 끝없는 열정이 있을 뿐이다.

엠에서
2011년 부활절에

나는 당신이 이 책을 읽기 전에 명확한 생각이 있었다고 생각한다. 이제 그 생각이 혼란스러워졌기를 희망한다. 의심해야 하기 때문이다!

보리스 시륄니크

가족의 굴레
문 열린 새장에 갇혀 사는 사람들

1판 1쇄 발행일 2017년 10월 25일

지은이 | 마리 안더슨
옮긴이 | 김희경
펴낸이 | 김문영
펴낸곳 | 이숲
등록 | 2008년 3월 28일 제301-2008-086호
주소 | 서울시 중구 장충단로8가길 2-1(장충동 1가 38-70)
전화 | 2235-5580
팩스 | 6442-5581
홈페이지 | http://www.esoope.com
페이스북 | http://www.facebook.com/EsoopPublishing
Email | esoope@naver.com
ISBN | 979-11-86921-49-4 03190
ⓒ 이숲, 2017, printed in Korea.

▶ 이 도서의 국립중앙도서관 출판시도서목록(CIP)은 e-CIP홈페이지(http://www.nl.go.
kr/ecip)와 국가자료공동목록시스템 (http://www.nl.go.kr/kolisnet)에서 이용하실 수 있
습니다.(CIP제어번호 : CIP2017024603)